山田浩之・徳岡一幸［編］

Compact

地域経済学入門
[第3版]

有斐閣コンパクト
YUHIKAKU COMPACT

はしがき

　今日,「地域」は,経済社会の大きな変動のなかで,いろいろな観点から関心を呼び,注目されて論議されている。

　その1つは,地方分権化の流れである。地方分権の推進は,高度経済成長が終わった1970年代以降,日本における最も重要な課題となってきた。70年代後半に「地方の時代」が声高く語られたが,80年代に入って東京一極集中が進行する過程で,その声はかき消されていった。しかし,バブル経済崩壊以後,地方分権(あるいは地域主権)を求める声が盛り上がり,1995年に地方分権推進法が制定された。そして2000年4月に地方分権一括法が施行され,行政制度の面で地方の自主性の確立が少しずつ進みつつある。そして,この動きに呼応して,さまざまな形をとって,住民参加による「地域づくり」(あるいは「まちづくり」)の運動が展開されている。

　もう1つの流れは,20世紀末から勢いを増したグローバリゼーションの進行と,それに対抗するローカリゼーションの台頭である。1990年代はじめの冷戦構造の崩壊とIT革命の進展により,今日,地球レベルですべてを均質化・画一化しようとするグローバリゼーションが,政治・経済・社会・文化の各領域で進行している。これに対して,個性的な地域の創造,多様な地域の発展を求める動きもまた強まり,ローカリゼーションが主張されている。そして最近には,グローバリゼーションとローカリゼーションを統合・両立させるグローカリゼーション(glocalization)という方向が模索されるようになった。これは,一方ではグローバルに進行するさまざまな現象のプラス面(たとえばITの普及)を吸収し,マイナス面(たとえば環境破壊)を除去すると同時に,ローカ

ルな生活世界,すなわち地域の個性(歴史的・文化的風土)を尊重し発展させる方向を求める動きといってよいであろう。

Think globally, Act locally!(地球規模で考え,地域で行動しよう)という言葉は今日ひろく知られるようになったが,グローカリゼーションの観点からは,*Think glocally, Act locally!* というべきであろう。そして,グローカルに考えるためには,地域と世界を貫く経済の論理を把握することが必要となる。そのためにはまず,地域経済学を学ばなければならない。グローカルに考えることが地域経済学の課題だからである。

地域とは,地理的空間において,全体のなかの部分である。全体を世界とすれば,アジアやヨーロッパも,EU も,個々の国も,その部分であり,地域である。他方,国を全体とすれば,国のなかの国より小さい部分が地域である。したがって,何を全体とし,どのレベルの部分を地域とするかは,研究の目的・対象によって異なることになる。いずれにしても,地域の研究は全体を視野に入れながら,その部分である地域を理解しなければならない。各地域は,独自の歴史・風土・文化や社会構造をもち,それぞれに個性的でありつつ,他の地域とさまざまな交流関係にある。したがって,地域を研究し,地域政策のあり方を考察するにあたっては,それらの事情を十分に把握しなければならない。その場合,地域経済学の役割は,すべての地域に働く経済の論理を明らかにすることであり,その意味で地域研究の基礎作業を担当するものだといってよい。

さて,本書は『地域経済学入門』と題しているが,本書の目的は「広義の地域経済学」の入門書となることである。ここで,「広義の地域経済学」とは「狭義の地域経済学」と「都市経済学」から構成される経済学である。狭義の地域経済学(regional economics）は地域の経済構造や経済成長を分析しつつ，地域の経済問題（地域間格差など）に対する政策を論じようとする経済学であり，第2次世界大戦後に発展した分野である。本書で対象とする「地域」は，主として国民経済を全体として，その部分を構成する地理的に区分された圏域であるが，研究目的に応じて，その地域は関東，中部，近畿などの地域ブロックの場合もあれば，都道府県や市町村の場合もある。もっとも，日本の地域データは都道府県レベルが最も整備されているので，都道府県を対象とすることが多い。また，手法的には，地域レベルのマクロ・データ（人口や県民所得など）を取り扱うことになり，マクロ経済学の理論が用いられ，応用マクロ経済学的性格が強い。

これに対して，都市経済学（urban economics）は，対象とする地域を都市に絞って，都市の空間的経済構造，すなわち種々の経済活動の土地利用構造の経済学的分析を中心として，土地利用と関連して生じる都市問題を解明し政策のあり方を論じようとするものである。主としてミクロ経済学の分析手法を用いるので，応用ミクロ経済学的性格が強い。

本書では，まず第1章で広義の地域経済学の課題を述べ，第2章で日本の地域構造を概観する。次いで，狭義の地域経済学の中心部分――地域所得の形成（第3章），地域経済の成長（第4章），地域間交易（第5章），地域間格差と人口移動（第6章）――を解説する。続く第7章では，産業立地に関する重要なトピックスを取り上げる。

第8章からは，都市経済学の主要テーマを取り上げる。まず第8章では，都市の成立・発展の諸要因を説明した後，都市化と都市圏の概念と日本の都市の現状を概観する。第9章は，都市の分布と階層性の問題を都市システムとして説明する。第10章では，都市経済学の核心である，経済活動の立地と土地利用に関する理

論を説明する。次に，重要な都市問題である土地問題（第11章），住宅問題（第12章）と都市交通問題・環境問題（第13章）への経済学的アプローチが行われる。そして最後に，都市・地域に対する政府の役割に関する地方財政論（第14章）と地域政策（第15章），都市政策（第16章）を論じることになる。

　ところで，本書は，2002年に出版した初版を2007年に改訂した新版の再改訂版である。幸い新版は多くの大学で教科書として採用され，2017年に9刷に達した。新版から10年を経て，この間に日本は少子高齢化が進み，2008年には人口減少が始まって地域再生（地方創生）が課題となり，他方，大都市では都心回帰が始まるとともに，多くの都市で衰退現象がみられ，縮退都市に対する政策が問われている。したがって，地域経済学の重要性はますます大きくなった，といえよう。また，理論的にはクルーグマン（P. R. Krugman），藤田昌久らによる空間経済学の発展があり，その成果を地域・都市経済学に組み入れることが必要となった。もちろん，新版で示したデータを最新のものに変更することも必須である。

　そこで，第3版における改訂は多岐にわたるが，主要な改訂は，第1に，地域政策の新たな動向をみるために，第15章として地域政策の章を拡充するとともに，都市政策を独立させて第16章としたことである。地域政策としての観光政策が重要となったため，第15章に第3節「地域再生と観光政策」が加わった。第16章では，都市再生政策の説明を拡充するとともに，最近のまちづくり論の展開を組み入れるため第3節「まちづくりの展開」を加え，第16章を「都市政策とまちづくり」とした。

　第2に，空間経済学の成果を取り入れるため，第8章第2節を「集積の経済と都市発展」に改め，全面的に改訂した。第3に，

第6章第4節を「人口移動と労働市場」として内容を充実させつつ，最近，女性労働力の重要性が大きくなったことを受けて，最後に「女性の労働市場」の項を加えた。その他では，第13章で，都市の環境問題について，地球環境問題を加えるなどの拡充を行った。なお，以上の拡充にともない，頁数が増加したため，補論はすべて割愛せざるをえなくなった。

　これらの改訂を行うため，新たに坂西明子（第6章第4節），亀山嘉大（第8章第2節），朝田康禎（第15章第3節）の3氏に執筆陣に加わっていただいた。

　第3版の刊行にあたっては，有斐閣書籍編集第2部の渡部一樹氏に大変お世話になった。記して感謝の意を表したい。

　2018年1月

京都にて　山田　浩之

徳岡　一幸

執筆者紹介・執筆分担 (＊印は編者)

山田 浩之＊（やまだ ひろゆき）
  京都大学名誉教授，大阪商業大学名誉教授，羽衣国際大学名誉教授
  担当：第6章2, 3，第8章1，第10, 11, 12, 13章，第16章

徳岡 一幸＊（とくおか かずゆき）
  同志社大学名誉教授
  担当：第1章，第3章4，第4章2，第5章，第8章1, 3, 4，
     第9章4，第15章1, 2，第16章1

綿貫 伸一郎（わたぬき しんいちろう）
  大阪府立大学名誉教授
  担当：第3章1～3，第4章1

伊多波 良雄（いたば よしお）
  同志社大学経済学部教授
  担当：第14章

須田 昌弥（すだ まさや）
  青山学院大学経済学部教授
  担当：第2章，第7章，第9章1～3

谷岡 弘二（たにおか こうじ）
  前大阪女子短期大学教授
  担当：第6章1～3

坂西 明子（さかにし あきこ）
  立命館大学政策科学部教授
  担当：第6章4

亀山 嘉大（かめやま よしひろ）
  佐賀大学経済学部教授
  担当：第8章2

朝田 康禎（あさだ やすさだ）
  摂南大学経済学部准教授
  担当：第15章3

目　次

第1章 地域経済学の課題 ─────────────── 1

1 地域経済学の目的と方法 ……………………… 1

経済学と空間(1)　地域経済学の目的(2)　空間経済学(3)

2 地域の概念 ……………………………………… 4

地域の定義(4)　同質地域と結節地域(5)　日本の地域区分(6)

3 グローバル化と地域経済 ……………………… 10

地域経済の開放性(10)　グローバル化と人口減少社会(13)

4 地域経済分析のための統計データの入手 …… 14

第2章 日本の地域構造 ─────────────── 17

1 産業構造の変化と地域構造 …………………… 17

ペティ＝クラークの法則(17)　日本の場合(19)　製造業の変化(20)　企業の中枢管理機能の発展(21)

2 人口動態からみた地域構造 …………………… 22

高度成長期(22)　低成長期(23)　東京一極集中以降(24)

3 情報化・国際化と東京一極集中 ……………… 25

東京の拠点性を向上させる情報化・国際化(26)　「情報化」と対面接触(27)　情報の東京への一極集中(28)

第3章 地域経済と所得形成 ─────30

1 地域経済計算とその概念 ─────30
3つの対概念(30)　主要概念の相互関連(32)

2 地域所得の決定 ─────33
閉鎖体系モデル(33)　所得乗数のメカニズム(35)
均衡所得の決定(36)　開放体系モデル(37)

3 単純な地域所得モデル ─────38
比率モデル(38)　係数・乗数値の比較(40)

4 地域の産業連関分析 ─────42
産業連関表(42)　中間需要の波及と産業連関分析(45)　経済波及効果(50)

第4章 地域成長の経済分析 ─────53

1 需要主導型モデル ─────54
移出基盤モデル(54)　移出部門と域内部門への配分(57)　労働市場からみた移出基盤モデル(59)
累積的因果関係モデル(60)

2 供給主導型モデル ─────63
新古典派の成長モデル(64)　技術進歩と成長(67)
地域経済の成長モデル(68)　内生的成長(70)

第5章 地域間交易の理論 ─────73

1 地域間の交易パターン ─────73
日本の地域間交易(73)　産業間交易と産業内交易(76)

2 比較優位と地域間交易 ─────77
比較優位(77)　生産の特化と交易(79)　比較優位をもたらす要因(80)　生産技術の違いと比較優

位：リカード・モデル(80)　　資源の賦存量と比較優位：ヘクシャー＝オリーン・モデル(81)　　日本の地域間交易(84)

3　産業内交易 …………………………………………… 85

4　地域間交易の経済効果 ………………………………… 88
地域間交易の利益(88)　　輸送費の影響(91)

第6章　地域間格差と人口移動 ─────── 93

1　日本の地域間格差 ……………………………………… 93
日本の地域間所得格差の推移(95)

2　経済発展と地域間格差 ………………………………… 97
ウィリアムソンの実証的研究(98)

3　地域間格差が存続する理由 …………………………… 100
移動費用の存在など(100)　　産業構成比の差異(101)　　賃金格差の存在(102)　　福祉水準の格差の存在(103)

4　人口移動と労働市場 …………………………………… 105
地域間の賃金格差と労働力の移動(105)　　人口移動モデル(107)　　グラビティ・モデル(110)　　地域間人口移動の経済的機能(112)　　日本の地域間人口移動(114)　　女性の労働市場(115)

第7章　産業の立地 ─────────── 119

1　立地論の考え方 ………………………………………… 119
立地因子と立地条件(119)　　中位点立地の原理(120)　　立地論の2つの流れ(121)

2　工業立地理論 …………………………………………… 122
いくつかの概念(122)　　1原料地・1市場の場合

(123)　複数原料を使用する場合(125)

3 空間的競争 ……………………………………………… 126

ホテリング・モデル(127)　価格競争の導入(129)
小売立地と集積(130)

4 外部性と産業集積 ……………………………………… 132

外部性とは(132)　マーシャルの外部経済と集積(133)

第8章 都市の成立・発展 ——————————— 135

1 都市とは ………………………………………………… 135

都市人口の増加(135)　都市の諸性質(138)　都市の空間構造(140)

2 集積の経済と都市発展 ………………………………… 142

比較優位(142)　社会資本（都市施設）の存在(144)　集積の利益：従来の都市経済学における都市発展のメカニズム(145)　集積の不経済(149)　空間経済学における都市発展のメカニズム(150)　技術的外部効果と金銭的外部効果の想定に基づく集積の分析の違い(151)

3 都市化と都市圏の形成 ………………………………… 154

都市化過程(154)　都市化の段階論(155)　日本の都市化(158)

4 日本の都市制度 ………………………………………… 162

都市制度(162)　広域連携(165)

第9章 都市システム ——————————————— 168

1 輸送費と商圏 …………………………………………… 168

商圏分析(169)　等輸送費線と需要円錐(171)

2 中心地理論と都市システム ……… 174

中心地理論(174) 複数の財の場合：財の階層性(175) 中心地理論と都市システム(176) 中心地理論への批判(177)

3 日本の都市システム ……… 180

日本の都市の規模と分布(180) 日本の都市システム：都市の階層性をめぐって(181)

4 都市システムと人口規模分布 ……… 183

都市の順位・規模分布(183) 日本の都市規模分布(185) 都市規模分布の理論(188)

第10章 都市の土地利用 ——— 190

1 地価と地代 ……… 190

2 住宅の立地 ……… 193

単一中心都市モデル(193) 家計の住宅立地(194)

3 付け値地代・市場地代・土地利用 ……… 197

家計の付け値地代(197) オフィス企業の付け値地代(200) 市場地代曲線(202)

第11章 土地問題と土地政策 ——— 205

1 戦後の土地問題と土地政策 ……… 206

2 土地政策の概念 ……… 208

3 土地と土地市場の特性 ……… 210

土地市場の特性(210) 土地市場への政府介入の必要性(211)

4 土地政策の手段 ……… 213

土地開発の推進(213) 土地税制(215) 土地市

場の整備(216)　　土地利用規制と都市計画(218)

第12章　住宅市場と住宅政策 ──────────220

1　住宅と住宅市場の特質 ……………………………220

2　住宅の需要と供給 ……………………………………223
住宅市場と価格形成(223)　　住宅の生産(224)
住宅の異質性：ヘドニック・アプローチ(225)　　住
宅の需要(226)　　フィルタリング(227)

3　住　宅　政　策 ………………………………………227
住宅政策の目的(228)　　日本の住宅政策(229)

第13章　都市交通と環境 ─────────────232

1　都市と交通システム …………………………………232

2　交　通　需　要 ………………………………………234
交通サービスの需要の特徴(234)　　トリップの便益
と費用(235)　　交通需要の弾力性(236)

3　都市の交通問題 ………………………………………238
交通の外部不経済(238)　　交通混雑(238)　　交通
密度と交通量(239)　　混雑費用(240)　　混雑料金
(242)　　交通需要マネジメント(246)

4　都市の環境問題 ………………………………………247
都市と汚染(247)　　都市化と環境問題(248)　　地
球温暖化問題(250)　　持続可能な都市(251)

第14章　地方財政と地方分権 ───────────253

1　地域経済と地方財政 …………………………………253

2　地方財政の歳入と歳出 ………………………………254

地方財政と国の財政の関係(254)　　歳入と歳出(256)　　ふるさと納税制度(259)

3　地方公共財 ……………………………………260

地方公共財の定義(260)　　地方公共財の最適供給水準と足による投票(262)　　社会資本(265)　　PPP(公民連携)(267)

4　政策評価 ………………………………………269

地方自治体の実施状況(269)　　費用便益分析(270)

5　地方分権の道 …………………………………272

地方分権改革の動き(273)　　市町村合併(275)
最近の状況：進む自治体連携(278)

第15章　地域政策 ───────────── 279

1　地域政策の目的と地域開発戦略 ……………279

地域政策の課題(279)　　地域開発戦略(281)　　逆流効果(282)

2　日本の地域政策 ………………………………283

戦後の国土計画(283)　　全国総合開発計画(286)
国土計画の見直しと国土形成計画の策定(291)　　地方創生と新しい国土形成計画(294)　　地域政策の変化(296)　　産業クラスター計画(298)　　地域再生と地域資源の活用(300)

3　地域再生と観光政策 …………………………301

国土計画と観光(301)　　観光立国の推進(303)
地域再生と観光(304)　　観光の経済効果(306)

第16章　都市政策とまちづくり ─────── 310

1　都市政策の展開 ………………………………310

都市化と都市問題・都市政策(310)　　日本の都市計画制度(314)

2　都市再生政策 …………………………………318

世界都市の登場(318)　　日本の都市再生政策(319)
コンパクトシティ政策(322)

3　まちづくりの展開 ………………………………323

まちづくりの制度化(324)　　文化による都市づくり(325)　　文化によるまちづくりと創造都市(326)

文献案内 ─────────────── 329
事項索引 ─────────────── 344
人名索引 ─────────────── 352

本書のコピー，スキャン，デジタル化等の無断複製は著作権法上での例外を除き禁じられています。本書を代行業者等の第三者に依頼してスキャンやデジタル化することは，たとえ個人や家庭内での利用でも著作権法違反です。

第1章 地域経済学の課題

1 地域経済学の目的と方法

経済学と空間

 経済学の目的は，限られた資源を用いて何をどれだけ生産するのか，そして，生産の成果を誰にどれだけ分配するのか，という問題を研究することである。前者は，希少な資源を何のためにどれだけ利用するのが効率的かという，資源配分の効率性の問題である。現代の経済学は，競争市場を通して行われた資源配分が最も効率的である，という考え方を基本にしている。

 資源配分の問題を考えるにあたって，経済学は伝統的に空間の存在を無視ないしは捨象してきた。ポイント・エコノミーと呼ばれるように，すべての経済主体が1点に集まっているか，同質的な空間上で規模に関して収穫不変または収穫逓減のもとで生産が行われ，財や生産要素の輸送には費用がいっさいかからないという仮定をおいて，議論が行われてきたのである。

 現実には経済活動は空間のなかで営まれている。しかも，その空間は同質ではなく，利用可能な資源は場所によって異なる。さらに，個々の経済主体は空間上の異なる地点に立地しているため，生産物や生産要素を供給者から需要者まで輸送することが必要になり，輸送される距離に応じた費用がかかる。すなわち，生産活

動や消費活動に利用される資源の一部は輸送のためにも利用されることになるわけで，経済主体間の空間上の位置関係が異なれば生産物の生産量や消費量も変化する。

地域経済学の目的

「地域経済学」は，空間の存在が資源配分に与える影響を明らかにして，経済主体の空間的配置と空間相互の関係について探究することを目的としている。さらに，明らかにされた空間構造を前提として，現実の地域経済が抱えるさまざまな問題に対して解決策を見出すことも地域経済学の重要な課題である。地域経済学の内容は，①立地分析，②地域経済のマクロ経済学的分析，③地域間相互作用の分析，の3つにおおまかに分類される。

①立地分析は地域経済学の出発点であり，地域の空間構造そのものが問題にされる。ミクロ経済学における消費者や企業の最適行動の理論を前提に，経済主体の空間配置を明らかにすることが目的になる。さらに，地域のなかでも都市という特定の空間に焦点をあてて研究する「都市経済学」が取り上げる都市化や都市の土地利用，さらには，都市の空間的配置と都市システムの分析もここに含まれる。

②地域経済のマクロ経済学的分析は，国民経済のマクロ分析に対応するもので，基本的には同じ手法によって地域経済における所得決定や成長のメカニズムが分析される。

③地域間相互作用の分析では，財や生産要素などの地域間フローからみた地域間の相互依存関係が対象となる。理論的には国際経済学の理論が援用されることが多い。実証面では，地域間産業連関表やグラビティ・モデル（重力モデル）が利用される。これらの分野では，国民経済の場合と同様，地域内の空間的な広がりは問題にされない。しかし，他地域との関係において財・生産要

素の移動可能性や地域間の距離などの空間的な要素が意識される。

人間活動の空間的な側面を研究対象とする経済学の分野には，地域経済学と都市経済学のほかにも，交通経済学，国際経済学などがある。また，経済地理学などの地理学，土木工学，社会学などの分野でも，空間は重要な要素として扱われている。地域経済学はこれらの分野とも密接な関連をもち，それぞれの研究成果が相互に活用されている。これらの人間活動の空間的側面を研究対象とする学問分野は総称して「地域科学」と呼ばれた（Isard [1975] を参照）。

空間経済学

1990年代に入り，規模の経済と輸送費用との相互作用から内生的に生じる集積力によって産業内貿易のメカニズム，産業の地理的集中や都市の形成の過程をモデル化することを目的とした「空間経済学」が注目を集めるようになった。このような流れの背景には，EU（ヨーロッパ連合）の形成によって人やモノの行き来に対する障壁としての国境が取り払われた状況に対し，従来の国際経済の分析では対応できないことが明らかになり，新たな分析のフレームワークが求められるようになったことがあるといわれている。

空間経済学は，国際貿易を対象にする新貿易理論と，地域や都市の空間構造や形成過程を対象にする新経済地理学を2本の柱としている（佐藤・田渕・山本 [2011]）。いずれも，生産における規模の経済と不完全競争を仮定する。産業の集積や都市の形成過程をモデル化する場合，伝統的な地域経済学や都市経済学では，規模に関する収穫不変と完全競争を仮定し，資源の不均等分布などの外生的な立地要因を重視した。しかし，このようなモデルでは，大都市の形成にみられる集積が集積を呼ぶ累積的なメカニズムを

説明することは困難であった。空間経済学の新経済地理学のモデルは、規模の経済と輸送費用の相互作用から内生的に生じる集積のメカニズムをモデル化することによって、さまざまな産業の地理的集中や都市形成の累積的プロセスを分析・説明するものである（詳しくは第8章を参照）。

2　地域の概念

地域の定義

　前述のように、地域経済学は空間という要素が経済活動に与える影響を研究対象にしている。ここでの空間は、理論的な分析においては抽象的に定義されることが一般的である。しかし、その成果を現実の地域に適用して有効な政策を示すためには、具体的な地域を定義しなければならない。

　「地域」という言葉は、ある空間の一部を何らかの特性に基づいて他の部分と区別して指すときに用いられる。それは都道府県内の一部であることもあれば、国土空間の一部として複数の都道府県を含む空間であったりもする。たとえば、滋賀県は琵琶湖を中心にして湖北、湖東、湖南、湖西という4つの地域に区分される一方で、県全域が、京都府や大阪府などとともに近畿地方の一部として、1つの地域とみなされる。さらに、近畿地方は日本の国土を構成する地域の1つとして位置づけられる。国際的なレベルで、東アジアや東南アジアのように複数の国からなる空間を地域と呼ぶこともある。このように、地域が表す空間の広がりは多様であるが、地域経済学が対象にする地域は、一国の内部を区分したときの地理的にひとまとまりの空間を意味することが多い。

　地域を具体的に定義するためには、どのような特性に基づいて空間を区分するのかが問題になる。特性が異なれば、地域の意味

も空間的な広がりも異なることに注意しなければならない。どの特性に基づいて地域を定義するかは，目的に応じて恣意的に決められるものである。

一般によく用いられる地域区分は，以下のような3つの地域概念のいずれかにあてはまるといえる。第1の概念は，淡路島や伊豆諸島のような自然の地理的な地域概念である。第2は，行政的あるいは統計的な地域概念である。これは都道府県や市区町村のような行政区域，統計調査区，国会議員の選挙区など，行政や政治上の目的のために人為的に区分された地域で，形式地域とも呼ばれる。各種の統計調査の結果は大部分がこのような地域の単位で集計・表章されている。

第3は，経済的あるいは政策的な地域概念である。経済的な地域は，ある経済活動に着目してその活動の類似性や相互依存関係に基づいて定義される地域であり，政策的な地域はある政策を実施する対象となる地域を意味する。

地域経済学が対象とする地域は，第3の概念に基づくことが望ましいのはいうまでもない。このような地域概念に基づき経済的な地域を定義する場合，同質地域（均等地域）と結節地域という2種類の地域区分が主として用いられている。

同質地域と結節地域

同質地域は，地域を構成する諸要素のなかで特定の要素に注目し，その要素について共通の特徴をもつ，すなわち，同質的である空間の集合として定義される。要するに，そこで営まれる活動内容や結果の類似性に着目した区分である。産業活動に着目して農業地域や工業地域を定義する，人口密度や人口増加率に着目して過密地域や過疎地域を定義する，などがあてはまる。もちろん，1つの地域として定義された空間がある特性に関して完全に同質

的であることはありえず，一定の基準の範囲内で同質的であるとみなされる。ここでは，ある特性に関して，地域内の違いよりも他の地域との違いが重視されるのである。

結節地域は，地域を構成する空間の相互依存関係に着目して定義される。地域には中心があり，それと機能面で一定の相互依存関係をもつ周辺の空間がある。そして，これらが1つのまとまった地域を形成する。通常，地域の中心は他の地域と結ばれる交通ネットワークの結節点としての役割を担っている。このように，結節地域は地域内部の構造やそこに立地する主体間の関係を議論するために不可欠の地域概念になる。

地域内の機能的な相互依存関係は，人や物，あるいは情報のフローの大きさによって測られることが一般的である。したがって，結節地域はある生産要素や生産物の市場を空間的に捉えたものとみなすことができる。都市圏や商圏は結節地域の典型的な例であるが，都市圏を中心都市への通勤圏として捉えるなら，それは労働市場としての意味をもち，商圏は対象となる生産物の市場の空間的な広がりを意味する。また，一般に経済圏と呼ばれる地域は結節地域という考え方に基づいているといえる。

一方，政策的な目的の対象になる地域は計画地域と呼ばれる。首都圏整備計画や近畿圏整備計画の対象地域，あるいは広域地方計画の対象地域などがこれに該当する。計画地域の範囲は，政策や計画の目的を実現するうえでの理想的な空間的広がりを反映すると考えられるが，行政的・政治的な思惑などによっても影響される。また，それは形式地域や経済的な地域とは必ずしも一致しない。

日本の地域区分

地域経済学が対象にする具体的な地域は同質地域や結節地域で

あるが，実際に定義しようとすると，データの利用可能性という制約につきあたる。日本では，分析に必要な統計データの多くは市区町村や都道府県という形式地域を単位として集計・表章されているため，実際の分析では，これらの形式地域をそのまま用いるか，同質地域あるいは結節地域の概念を適用して形式地域を統合し，分析対象となる地域を定義することが一般的である。

　日本の政府統計や国土計画において用いられている地域の定義事例をみると，表1.1のようになる。ここに紹介する地域はいずれも都道府県を統合したものである。関東と中部の定義の違いが最も大きい。『地域産業連関表』では，新潟，山梨，長野，静岡の4県は関東，福井は近畿になるが，『県民経済計算年報』の地域区分では，新潟は北海道・東北に，山梨と長野は関東に，福井と静岡は中部に区分されている。また，内閣府が編集している地域経済の現況に関するレポート『地域の経済』で用いられている地域区分Aによると，新潟は東北に，山梨と長野は関東に，福井は北陸になる。そして，静岡は岐阜，愛知，三重とともに東海とみなされる。

　表1.1には，2005年に制定された国土形成計画法で定められた「広域地方計画区域」もあわせて示されている。これは計画地域としての意味をもつといえる。新潟は東北に含まれ，山梨は首都圏に，長野と静岡は中部圏に，福井は北陸に属している。

　同様に，3大都市圏の定義についても，表1.1にあるように，統計と計画の間に違いがみられる。『住民基本台帳人口移動報告年報』と国土利用計画の3大都市圏の範囲は一致するが，大都市圏整備法の対象圏域は，これらとは大きく異なる。大都市圏整備法では，山梨が首都圏に含まれる一方で，長野は中部圏になる。さらに，福井，三重，滋賀の3県は中部圏と近畿圏の両方に含まれ，計画地域としては範囲の重複がみられる。

8　第1章　地域経済学の課題

表 1.1　政府統計・国土計

	統計データ等の地域区分				国土計画
	県民経済計算	地域産業連関表	地域の経済	住民基本台帳人口移動報告	国土形成計画法
	地域ブロック区分	対象地域	地域区分A（10地域分類）	3大都市圏	広域地方計画区域
北海道	北海道・東北	北海道	北海道		東北
青森県	〃	東北	東北		〃
岩手県	〃	〃	〃		〃
宮城県	〃	〃	〃		〃
秋田県	〃	〃	〃		〃
山形県	〃	〃	〃		〃
福島県	〃	〃	〃		〃
茨城県	関東	関東	関東		首都圏
栃木県	〃	〃	〃		〃
群馬県	〃	〃	〃		〃
埼玉県	〃	〃	〃	東京圏	〃
千葉県	〃	〃	〃	〃	〃
東京都	〃	〃	〃	〃	〃
神奈川県	〃	〃	〃	〃	〃
新潟県	北海道・東北	〃	東北		東北
富山県	中部	中部	北陸		北陸
石川県	〃	〃	〃		〃
福井県	〃	近畿	〃		〃
山梨県	関東	関東	関東		首都圏
長野県	〃	〃	〃		〃
岐阜県	中部	中部	東海	名古屋圏	中部圏
静岡県	〃	関東	〃		〃
愛知県	〃	中部	〃	名古屋圏	〃
三重県	〃	〃	〃	〃	〃
滋賀県	近畿	近畿	近畿	大阪圏	近畿圏
京都府	〃	〃	〃	〃	〃
大阪府	〃	〃	〃	〃	〃
兵庫県	〃	〃	〃	〃	〃
奈良県	〃	〃	〃	〃	〃
和歌山県	〃	〃	〃	〃	〃
鳥取県	中国	中国	中国		中国
島根県	〃	〃	〃		〃
岡山県	〃	〃	〃		〃
広島県	〃	〃	〃		〃
山口県	〃	〃	〃		〃
徳島県	四国	四国	四国		四国
香川県	〃	〃	〃		〃
愛媛県	〃	〃	〃		〃
高知県	〃	〃	〃		〃
福岡県	九州	九州	九州		九州
佐賀県	〃	〃	〃		〃
長崎県	〃	〃	〃		〃
熊本県	〃	〃	〃		〃
大分県	〃	〃	〃		〃
宮崎県	〃	〃	〃		〃
鹿児島県	〃	〃	〃		〃
沖縄県		沖縄	沖縄		〃

（出所）　内閣府経済社会総合研究所『県民経済計算』の地域ブロック区分は『県民経済計算年報』統括官『地域の経済 2016』，『住民基本台帳人口移動報告』の3大都市圏は『住民基本台帳人口移動報告』，地域産業連関表の対象地域は，表の作成主体である経済産業局（沖縄県は沖縄総合事務局）総務省令第102条による。「国土形成計画」の広域地方計画区域は国土形成計画法第9条と国土形成計画（全国計画）』（平成27年8月閣議決定）による。また，大都市圏整備法の首都圏は首都圏整備法，中部圏は中部圏開発整備法第2条による。

画等の地域区分の比較

等の地域区分				
国土利用計画	大都市圏整備法			
3大都市圏	首都圏整備法	近畿圏整備法	中部圏開発整備法	
				北海道
				青森県
				岩手県
				宮城県
				秋田県
				山形県
				福島県
	首都圏			茨城県
	首都圏			栃木県
	首都圏			群馬県
3大都市圏	首都圏			埼玉県
3大都市圏	首都圏			千葉県
3大都市圏	首都圏			東京都
3大都市圏	首都圏			神奈川県
				新潟県
			中部圏	富山県
		近畿圏	中部圏	石川県
		近畿圏	中部圏	福井県
	首都圏			山梨県
3大都市圏			中部圏	長野県
3大都市圏			中部圏	岐阜県
3大都市圏			中部圏	静岡県
3大都市圏			中部圏	愛知県
3大都市圏		近畿圏	中部圏	三重県
3大都市圏		近畿圏		滋賀県
3大都市圏		近畿圏		京都府
3大都市圏		近畿圏		大阪府
3大都市圏		近畿圏		兵庫県
3大都市圏		近畿圏		奈良県
3大都市圏		近畿圏		和歌山県
				鳥取県
				島根県
				岡山県
				広島県
				山口県
				徳島県
				香川県
				愛媛県
				高知県
				福岡県
				佐賀県
				長崎県
				熊本県
				大分県
				宮崎県
				鹿児島県
				沖縄県

報』(平成28年版),内閣府『地域の経済』の地域区分A(10地域分類)は内閣府政府人口移動報告年報』(平成27年版)による。
経済産業部)の管轄区域に対応している。各経済産業局の管轄区域は経済産業省組土形成計画法施行令第1条による。国土利用計画の3大都市圏は『国土利用計画整備法第2条と首都圏整備法施行令第1条,近畿圏は近畿圏整備法第2条,中部圏

北海道，東北，関東，中部，近畿，中国，四国，九州，沖縄という地域区分は，日本の国土を区分するために最もよく用いられるが，それぞれの地域の範囲は政府の統計においてすら同じではない。これらの統計を利用する際には，このような定義の違いに注意する必要がある。

3　グローバル化と地域経済

地域経済の開放性

地域を，一国の内部を何らかの特性で区分したときの地理的なひとまとまりの空間とみなすなら，地域経済は国民経済の構成要素と位置づけられる。それでは，地域経済と国民経済との間にはどのような違いがあるのだろうか。その最大の相違点は地域の境界線と国土の境界線のもつ意味が大きく異なることである。国内の地域がどのように定義される場合であっても，人やモノが移動するうえで地域の境界自体が直接的な障壁になることはない。しかし，国境は大きな障壁になる。

たとえば，労働力の移動である人口移動をみると，一国内における地域間の人口移動はほとんど自由であるが，国際的な人口移動に対しては，日本をはじめとして多くの国で移民の受け入れに厳しい制限が課されている。財・サービスについても，国際貿易では通貨の違い，関税や数量制限などの貿易障壁，通関や検疫などの手続き，種々の規制などの存在が余分な取引費用をもたらす。国境を越えることは，地域の境界を越えるよりもはるかに困難であり，それゆえに生産要素や生産物のフローに基づく相互依存関係は国家間よりも一国内の地域間のほうが大きくなる。このことは，経済循環において地域経済は国民経済よりも開放的であることを意味する。経済的な開放性の程度の違いが地域経済と国民経

図1.1 域内総生産に対する移出・輸出比率と移入・輸入比率（2009年）

（出所） OECD諸国：OECDの国民所得統計の国内総生産（支出側，名目）（自国通貨〔ユーロ圏加盟国はユーロ〕による）に基づき算出（データはOECD iLibraryのOECD National Accounts Statistics（SNA 2008（or SNA 1993））（http://www.oecd-ilibrary.org/economics/data/aggregate-national-accounts/gross-domestic-product_data-00001-en?isPartOf=/content/datacollection/na-data-en）より入手）。
　都道府県：内閣府経済社会総合研究所「県民経済計算」（平成8～平成21年度版）（93SNA, 平成12年基準計数）の県内総生産（支出側，名目）に基づき算出（データは内閣府経済社会総合研究所の統計情報・調査結果の「県民経済計算」（平成8～平成21年度版）（http://www.esri.cao.go.jp/jp/sna/data/data_list/kenmin/files/contents/main_h21.html）より入手）。

済との間の最も重要な相違点になる。

　図1.1は，都道府県の域外取引の比率とOECD諸国の対外取引の比率を比較したものである。都道府県別の域外との取引比率は，各県の県内総生産に対する移出・輸出と移入・輸入の比率で，OECD諸国のそれは各国の国内総生産に対する輸出と輸入の比率で表され，移出・輸出比率を横軸に，移入・輸入比率を縦軸にとっている。図からわかるように，移出・輸出，移入・輸入ともに日本の県のほうがOECD諸国よりも域内総生産に対する比率が大きく，全体としては，域外との取引比率でみるかぎり，一国

内の地域経済のほうが国民経済よりも開放的であることが示唆される。

ただし，OECD 諸国の間ではバラツキが大きく，域外との取引比率に関して県と国との間に明確な境界線が存在するわけではない。ルクセンブルクの比率は日本の上位の県を大きく上回っている。アイルランドやハンガリーも上位の県の水準に相当する。さらに，スロバキアやベルギーが比較的高い取引比率を有している。反対に，北海道や沖縄県の比率は OECD 諸国のなかでも下位の水準にあたる。地域と国家の区別は，域外との取引という点からはそれほど明確ではない。

国際経済社会において資本取引や貿易の自由化が進み，経済活動がボーダーレス化していくなかで，国境の壁は低くなっている。1993 年の EU の発足によるヨーロッパ市場の統合は，経済活動にとっては文字どおり国境がなくなる象徴的な出来事であった。EU 域内においては，それまでの国家が経済的には一地域とみなされるようになる。事実，図 1.1 で指摘した，OECD のなかでも国外との取引比率の大きいルクセンブルクやアイルランド等の国々は，いずれも EU 加盟国である。

EU における市場統合をめぐっては，1999 年に共通の通貨「ユーロ」が導入され，2004 年には 10 カ国が新たに加盟して，25 カ国からなる拡大 EU が誕生した。その後も加盟国は増加し，2016 年時点では 28 カ国になっている。このような国際的な市場統合が進み，国境という市場取引の障壁がいっそう低くなるなら，上述のような地域経済と国民経済の差はなくなり，空間経済学の紹介において触れたように，国際経済における国家間の関係は基本的には一国内における地域間の経済関係と同じ経済的メカニズムによって説明されることになる。

グローバル化と人口減少社会

　われわれの日常生活は，多種多様な分野間の相互依存のうえに成り立っている。現代社会の特徴の1つは，この相互依存のネットワークが地域の境界はおろか，国境をも越えて世界中に張りめぐらされるようになったことである。EU加盟国に限らず，多くの国が国際的な相互依存関係のなかでそれぞれの国民経済，さらには地域経済のあり方を問われるようになってきた。個々の企業は自身の活動にとって最適な国を選択し，個人の活動も世界を舞台にすることが日常化しつつあり，これらのことが国境を越えた地域間の競争をさらに厳しいものにしている。

　その一方で，日本では人口減少が始まり，2010年から40年までの間に20〜39歳の女性人口が5割以上も減少する自治体が消滅可能性都市と位置づけられ，その数が全自治体の半数近くに達するという推計結果が民間の機関によって報告され（日本創成会議・人口減少問題検討分科会［2014］），衝撃が広がった。個々の地域は自身の持続可能性を問われるという，厳しい状況に置かれるようになってきているのである。

　2050年をみすえた国土づくりの理念を示した「国土のグランドデザイン2050」（国土交通省，2014年）は，人口減少社会に入ったことを踏まえて，個々の地域が個性を深めることで多様な地域間の交流を活発にする必要があることを指摘し，積極的に国際社会へ打って出ようとする国際志向と，地域を大切に考える地域志向の2つの価値観でもって社会を複眼的に捉えることを提唱する。さらに，2015年に閣議決定された新しい「国土形成計画（全国計画）」は，地域が自らの魅力を磨いて成長や活力を取り戻すことで「ローカルに輝く」と同時に，地域の産業がグローバルに活躍することをめざす視点をもって「グローバルに羽ばたく」ことが重要であるとしている。

要するに、グローバル化への対応として個々の地域は創意と工夫による自身の特性を活かした自立的な地域づくりが必要とされる。そのために、それぞれの地域は他の地域とは異質である点を認識し、それを個性として活用することが求められる。

地域経済学は、地域経済の空間構造の法則性を解明し、さまざまな地域問題の原因と解決方法を追究する学問である。グローバル化による国際的な競争に直面するなかで人口減少社会を迎え、個々の地域は経済活動の空間的な特性を踏まえながら独自性や主体性を発揮しなければならない。そのためには、地域経済の基本的な構造や変化のメカニズムを理解することが不可欠であり、地域経済学を学ぶことの意義は大きい。

4 地域経済分析のための統計データの入手

地域経済学を学ぶうえで、現実の都市や地域がどのような特性や課題をもっているのか、その原因はどこにあるのか、という問題を実証的に検証することはきわめて重要である。そのためには、対象となる地域を確定し、分析に必要な情報を集めなければならない。

分析に使用する情報の多くは政府統計を中心とした統計データである。現在では、大部分のデータはインターネットを通してファイルを入手することができる。地域分析に必要な基本的な統計データを入手するために役立つ主要なサイトとしては、表1.2のようなものがある。最も総合的で包括的な日本の政府統計の検索サイトは「政府統計の総合窓口（e-Stat）」である。公表されている政府統計の大部分にアクセスすることができる。さらに、このサイトの特徴は、各統計を所管する省庁、47都道府県、外国政府や国際機関の統計関係のサイトへのリンク集が用意され、

表 1.2 地域経済関係の統計データのサイトと分析ツール

サイト名	URL とサイトの説明
政府統計の総合窓口（e-Stat）	http://www.e-stat.go.jp/SG1/estat/eStatTopPortal.do 日本の政府統計ポータルサイト
統計関係リンク集	http://www.e-stat.go.jp/SG1/estat/statisticsLinkView.do?method=init 政府統計サイトマップ，47都道府県の統計情報サイト，外国政府・国際機関の統計部門等へのリンク集
統計ダッシュボード	https://dashboard.e-stat.go.jp/ 国・民間企業等提供の主要統計データを視覚的にわかりやすく，簡単に利用できる形で提供するシステム
総務省統計局　ホームページ	http://www.stat.go.jp/index.htm 統計局が実施している統計調査・加工統計および総合統計書に関する情報
内閣府　経済社会総合研究所	http://www.esri.cao.go.jp/index.html 国民経済計算（GDP統計），県民経済計算，景気統計
国立社会保障・人口問題研究所	http://www.ipss.go.jp/syoushika/tohkei/Popular/Popular2017RE.asp?chap=0 人口統計資料集
内閣府　経済財政諮問会議「選択する未来」委員会　市区町村別人口・経済関係データ	http://www5.cao.go.jp/keizai-shimon/kaigi/special/future/keizai-jinkou_data.html 全国の市区町村（2014年4月時点）について約40年間の人口・経済関係のデータを時系列に掲載
地域経済分析システム（RESAS）	https://resas.go.jp/#/13/13101 地域経済に関する官民のさまざまなデータを地図やグラフ等で可視化し，地域の特性や課題を把握するための分析ツール 「人口マップ」「地域経済循環マップ」「産業構造マップ」「企業活動マップ」「観光マップ」「まちづくりマップ」「雇用／医療・福祉マップ」「地方財政マップ」の8つの分析メニューで構成

（注）各サイトの URL は，2017年9月12日現在で確認したものである。

統計情報の総合窓口としての機能を備えていることである。

総務省統計局は,最も基本的な統計である国勢調査や経済センサス等を所管しており,これらの統計調査の具体的な内容や調査の実施・結果の公表に関する情報を知ることができる。また,経済社会総合研究所はGDPや県民経済計算を,国立社会保障・人口問題研究所は人口動態や人口の将来推計を担当する研究所である。

内閣府経済財政諮問会議のもとで作成されている市区町村別人口・経済関係データは,2014年4月時点の市区町村のデータを時系列で整備して公表しているものである。2000年代に入り多くの市町村が合併したが,それらを組み替えることによって現在の市町村域にあわせたデータを時系列で提供している。

最後に,経済産業省が開発し,内閣府を中心に運用・管理されている「地域経済分析システム (RESAS: Regional Economy Society Analyzing System)」を紹介しておこう。これは,膨大な政府統計や民間のデータを活用して,都道府県や市区町村のレベルで,さまざまな視点から地域の経済・社会特性を分析するためのシステムで,一部のデータに関してはアクセスが制限されているが,原則として一般の利用者が自由にアクセスして利用することができる。詳細な利用マニュアルも用意されている。表1.2にあるように,8つのメニューが用意されており,地図やグラフを用いて情報を要約・可視化してくれる。さらに,複数の自治体間の比較も簡単に行うことができ,特性や課題の抽出に役立つ。一部のデータはダウンロードして利用することも可能である。

以上のような統計情報サイトや分析システムを活用して実証分析に挑戦してほしい。そのことが,本書で解説する地域経済の基本的な構造や変化のメカニズムを理解することにもつながるであろう。

第2章 日本の地域構造

　各地域の姿は，もちろんそれぞれ異なるし，同じ地域であっても時代とともに大きく変化する。本章では，戦後の日本を例に，地域経済がどのような変容を示してきたかをいくつかの観点から振り返ってみることにしよう。

1　産業構造の変化と地域構造

ペティ=クラークの法則

　まず，その地域においてどのような産業が卓越しているかを検討しよう。その際にまず必要になるのは，各産業をどのような規準で分類していくかである。産業の分類方法にはいろいろなものがあるが，最もよく用いられるのは次のような3分類法である。2013年に第13回改定が行われた「日本標準産業分類」では，さらに細かく表 2.1 のように分類されている。

　第1次産業：自然の再生産機能を利用して生産物を得る（農林水産業など）
　第2次産業：第1次産業の製品や地下資源などを原料として人工的な方法で有形物の生産を行う（鉱工業・建設業など）
　第3次産業：第1次・第2次産業の製品を用いて無形の「サー

表 2.1 「日本標準産業分類」における産業の分類

大分類	中分類	小分類	細分類
A　農業,林業	2	11	33
B　漁業	2	6	21
C　鉱業,採石業,砂利採取業	1	7	32
D　建設業	3	23	55
E　製造業	24	177	595
F　電気・ガス・熱供給・水道業	4	10	17
G　情報通信業	5	20	45
H　運輸業,郵便業	8	33	62
I　卸売業,小売業	12	61	202
J　金融業,保険業	6	24	72
K　不動産業,物品賃貸業	3	15	28
L　学術研究,専門・技術サービス業	4	23	42
M　宿泊業,飲食サービス業	3	17	29
N　生活関連サービス業,娯楽業	3	23	69
O　教育,学習支援業	2	16	35
P　医療,福祉	3	18	41
Q　複合サービス事業	2	6	10
R　サービス業（他に分類されないもの）	9	34	66
S　公務（他に分類されるものを除く）	2	5	5
T　分類不能の産業	1	1	1
(計) 20	99	530	1,460

(出所)　総務省ホームページ「日本標準産業分類一般原則」をもとに作成 (http://www.soumu.go.jp/main_content/000286955.pdf)。

ビス」の生産を行う（金融・運輸通信・商業・サービスなど）

経済的に豊かな国ほど，その国の産業が第1次産業中心から第2次そして第3次産業中心へと移行することは，すでに1690年にペティ（W. Petty）によって指摘されていた（ペティ『政治算術』）。その後20世紀半ばになって，オーストラリアの経済学者クラーク（C. G. Clark）は，多数の国々について就業者人口に占める各産業の就業者の比率を調べ，ペティの考察が正しいことを実証した。これをペティ＝クラークの法則という。この法則は，

ある時点における先進国と発展途上国の産業構造の差を表すと同時に，1つの国の歴史のなかでの経済発展の産業構造への影響を表すとみることもできる。そのことから，各産業の就業者人口比率はその国の経済発展の程度を知る尺度としても利用されるようになった。

日本の場合

では，日本の場合はどうであろうか。2016年現在，第1次産業の就業者比率は3.4%，同じく第2次産業は23.8%，第3次産業は70.9%で，圧倒的に第3次産業の就業者が多いことがわかる。1920年から2010年までの就業者比率の変遷を表したのが図2.1であるが，これをみると，戦前から戦後まもなくまでは第1次産業の就業者がほぼ半数を占める「農業国」であった日本が，戦後の高度経済成長にともない，第1次産業の就業者数が急速に減少し，それに代わって第2次そして第3次産業の就業者数が増

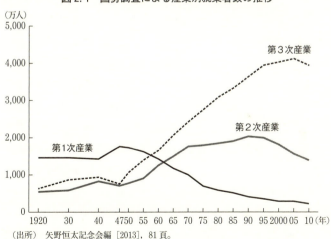

図 2.1　国勢調査による産業別就業者数の推移

（出所）　矢野恒太記念会編［2013］，81頁。

加し,これらの産業の日本経済に占める比重が大きくなってきたことが読み取れる。また日本国内では,所得水準が高い大都市圏ほど第1次産業の就業者比率が低く,大都市圏から離れるほど第1次産業の就業者比率は相対的に高くなっている。たとえば2015年現在,第1次産業の就業者比率は東京都で0.5%であるのに対し,青森県では13.2%に達している(『日本国勢図会：2017/18』による)。見方を変えると,第1次産業中心の地域とそれ以外の産業(とくに第3次産業)が中心の地域との間には,所得水準その他の面において格差が存在するということである。地域間格差の問題については,第6章でより詳しく論ずる。

製造業の変化

　製造業に限ってみても,戦後の日本の産業構造の変化の影響はきわめて大きかった。戦前には紡績業などの繊維工業が工業の中心であった。繊維工業は相対的に資本より労働をより多く使用する労働集約的性質をもつので,企業は低賃金労働力を得やすい農村部に工場を立地させた。また繊維工業は製薬工業と並んで大阪に本社が集積していたため,繊維工業が主力産業であることが,大阪の日本経済に占める比重を高めることにもつながった。

　戦後の経済成長とともに,繊維工業を支えていた「低賃金」という魅力が日本の労働市場から失われ,製鉄・石油化学など装置型の重化学工業の重要性が増大した。これらの産業は少ない労働者と巨額の設備投資を必要とする資本集約的産業であり,土地が安価に取得できれば他の費用項目は重視されなくなることがしばしばであった。この点に着目して,戦後日本の国土政策(第15章を参照)では,これらの工業を地方に配置しようという計画がしばしば試みられた。しかし,戦後の日本の製造業は,政府の思惑とは別に,明らかに地価水準の高い,南関東から東海・近畿・瀬

戸内地方を経て北九州にいたる太平洋ベルト地帯への集積を指向してきた。これはなぜであろうか。

原因の1つは高度成長期に成長した製造業が、上記のような装置型産業よりも、むしろ自動車・家電などの組立型産業中心であったことにある。これらの産業は高付加価値な財を生産する一方、相対的に労働集約的な産業である。とりわけ、組立工程に多くの労働力が投入されるため、労働力が容易に確保できる地域を指向する。かつ製品を製造するうえでは、大企業を支える多数の専門分野に特化した下請企業の集積が必要とされた。そのような下請企業の集積を利用するうえでも大都市圏集中立地は有利であった。

しかし1980年代以降、高付加価値でかつ価格に比べた輸送費が低い、半導体などのハイテク工業が発展するにつれて、大都市集中型の従来の工場立地に代わる、高速道路・空港周辺の地方への工場分散がみられるようになった。しかし、分散した工場の多くは南東北・信越・東海などの、東京300キロ圏に集中している。これは各企業のもつ研究開発機能が首都圏の周辺部に集中しており、そことの情報交換が工場側にも求められるためである。

企業の中枢管理機能の発展

企業の成長にともない、直接生産に携わる部門のほかに、企業にとって必要な情報を収集し、それに基づいて意思決定を行う本社・支店などの中枢管理機能が経済に占める比重が大きくなってきている。この機能の立地に影響を与えるものには、1つには会計事務所・事務機器リースなどの対事業所サービス業の立地・集積があげられる。一般に、これらのサービス産業は労働集約的であり、かつ高度な技能・資格をもつ人材を必要とする。そのため、サービス産業は多様な人材を受け入れるためにも、大都市に立地する必要がある。これにあわせて、中枢管理機能は工場などから

分離して都心に集積するのである。さらに,各企業の担当者が直接会って情報交換を容易に行えるようにするために,企業は本社・支店を互いに近接させて立地しようとする。とくに日本では,この情報交換の輪のなかに「官庁」が関与する度合が大きかったため,主要企業の本社の大半が東京に立地するにいたったのである。

2 人口動態からみた地域構造

次に,地域ごとの人口分布とその移動(人口動態)について検討しよう。日本の戦後の人口動態は,①高度成長期の1970年代前半までの地方から3大都市圏への人口集中,②70年代後半から80年代前半までの3大都市圏への純転入数の減少と地方へのUターン・Jターンの増加,③80年代後半以降の東京一極集中とそれ以降,の3つの時期に分けて考えることができる。人口移動の理論的な要因については第6章で説明するが,以下本節では日本の人口動態の変化が日本にどのような問題を引き起こしてきたのかを考えてみたい。

高度成長期

1950年代後半から70年代前半にかけての高度成長期には,農家の次三男などの農村の余剰労働力が人手不足の大都市圏に吸収されていった。そのため,首都圏・京阪神圏・中京圏の3大都市圏はいずれも転入超過となり,これらの大都市圏においては通勤混雑や水不足,あるいは小中学校の規模の肥大化などの社会資本の不足の問題や,住宅地・商業地などにおける急激な地価高騰が深刻になった。また,それにともなってこれらの大都市圏の空間的範囲が急速に拡大した。郊外では無秩序に宅地開発が進み,ス

プロール（虫食い）現象が顕著になった。それに対して大都市圏の都心部では、オフィスが集積し昼間人口が増加する一方、夜間人口が減少するドーナツ化現象が進行した。

大都市圏におけるこのような急速な人口増加（＝過密化）の一方で、それ以外の地方では人口の減少（＝過疎化）が問題となった。過疎化の進行にともない、地方、とりわけ農山漁村では、「3ちゃん農業」という言葉で象徴される後継者の不足や、その結果として生じる水田や森林の荒廃の問題が生じるようになった。また、鉄道のローカル線の廃止や小中学校の統廃合など、地方の生活を支えていた社会資本の縮小を余儀なくされた。これらのことが相まって、住民はよりいっそう農山漁村から大都市圏へと駆り立てられていった。

これらの過密・過疎問題に対しては、第15章で説明するようにさまざまな政策が試みられたが、高度成長期においては、それらの対策がとくに功を奏したとはいえず、地方から大都市への人口移動は続いたのである。

低成長期

1970年代後半以降の低成長期になると、大都市圏への人口流入圧力は大幅に低下した。とくに京阪神圏・中京圏では、それまでの転入超過から一転して転出超過を生じ、経済の地盤沈下が叫ばれるようになった。首都圏では純転入数はかろうじてプラスにとどまったものの、その値はごく小さなものであった。なお、この間も3大都市圏の総人口自体はどの地域も増加し続けている。それは高度成長期に流入した若年労働者層がこの頃までに結婚し子どもをもうけはじめ、それによる人口の自然増加が転出超過分を上回っていたことによる。

大都市圏から転出した人びとは、郷里に戻るUターンのほか、

出身地域の中枢・中核都市で就職するJターンを指向した。これらの人びとが必ずしもその移動結果に満足できたわけではなかったが、そのような移動が大都市圏の相対的衰退と、札幌・福岡などの地方中枢都市の急速な発展を促したことは事実である。

東京一極集中以降

　景気の回復にともなって、1980年代後半から再び人口の都市集中が始まった。しかし、この時期の特徴は、京阪神圏・中京圏では依然として転出超過が続き、首都圏においてのみ大幅な転入超過＝東京一極集中が生じたことである。首都圏は京阪神圏・中京圏をも含む全国から転入者を集め、バブル景気のもとでの地価の空前の高騰もあいまって、他の地域との格差を拡大させた。1990年代前半のバブル崩壊期に首都圏の転入超過人口は減少し、94年にはマイナス、すなわち転出超過に陥った。しかしその後首都圏は再び転入超過となり、東京一極集中は現在も続いている。

　1990年代以降の潮流としては、転入の増加が首都圏の空間的拡大に結びつかない、いわゆる都心回帰と呼ばれる現象がある。このため都心部のいくつかの区では小学校の不足などの人口流入にともなう問題が生じている。とはいえ高度成長期に流入した人口の高齢化が進み、その一方で少子化が急速に進行しているなかで、首都圏の人口増加も恒久的に続くとは考えられない。他方、地方の小都市を含めた非大都市圏では人口流出に加えて少子化にともなう人口の自然減が顕著となり、「地方消滅」（増田編［2014］）が危惧されるにいたった。

　なお、札幌・福岡などの地方中枢都市の人口は、市町村合併による部分も含まれるので単純には比較できないものの、現在までほぼ一貫して増加し続けている（表2.2参照）。加えて、地方中枢都市よりもやや小規模の、県庁所在地クラスの地方中核都市の人

表2.2 日本の主要都市における戦後の人口の推移

(単位:万人)

都市名 \ 年次	1950	1960	1970	1980	1990	2000	2010	2015	2015/1970
東京23区	538.5	831.0	884.1	835.2	816.4	813.5	894.6	927.3	1.05
大阪	195.6	301.2	298.0	264.8	262.4	259.9	266.5	269.1	0.90
名古屋	103.1	159.2	203.6	208.8	215.5	217.2	226.4	229.6	1.13
札幌	31.4	52.4	101.0	140.2	167.2	182.2	191.4	195.2	1.93
仙台	34.2	42.5	54.5	66.5	91.8	100.8	104.6	108.2	1.99
広島	28.6	43.1	54.2	89.9	108.6	112.6	117.4	119.4	2.20
福岡	39.3	64.7	85.3	108.9	123.7	134.1	146.4	153.9	1.80
横浜	95.1	137.6	223.8	277.4	322.0	342.7	368.9	372.5	1.66
京都	110.2	128.5	141.9	147.3	146.1	146.8	147.4	147.5	1.04
神戸	76.5	111.4	128.9	136.7	147.7	149.3	154.4	153.7	1.19
北九州	—	—	104.2	106.5	102.6	101.1	97.7	96.1	0.92

(出所) 矢野恒太記念会編 [2013] などから作成。

口もおおむね増加し，農山漁村や地方の小都市（とくに炭鉱や一部衰退産業の企業城下町など）から流出する人口の「受け皿」の役割を，これらの都市が果たしていることがわかる。

3 情報化・国際化と東京一極集中

　前節では「東京一極集中」を，あくまで人口の面からのみ取り上げた。しかし，われわれがこの問題について論じるときには，たんに人口が多いだけではなく，行政・経済・教育・文化などの各分野の機能が東京に集中しているという面が重要である。これらの機能は，戦後ほぼ一貫して東京へ集中を続けたといってよい。そして，とりわけ東京への一極集中を決定づけたのは高度成長期以降に顕著になった情報化，サービス経済化，国際化の流れである。本節ではこれらが「東京一極集中」をもたらした理由につい

て検討する。

東京の拠点性を向上させる情報化・国際化

　日本の経済が急速に発展し，名実ともに「経済大国」になるとともに，諸外国の企業は日本の消費財市場，さらには資本市場にも大きな関心を抱くようになった。そのために，日本に現地法人などの拠点を築こうとする企業が相次いだのである。さらに日本だけではなく，日本と経済的に密接なつながりをもつ近隣の韓国などのNIEs諸国・地域やASEAN諸国が急速な経済成長を遂げるにつれて，欧米諸国にとってはアジア全体を重要な経済地域として認識し，統括する拠点を必要とするようになった。そのため，日本の拠点・アジアの拠点としての東京の地位が高まってきたのである。

　では，なぜ東京が「日本の拠点」としてふさわしいと判断されたのであろうか。その最大の理由は，諸外国の企業が日本で取引を行う相手である，日本の主要企業の本社の大多数が東京に立地しているからである。これらの企業が東京に本社を立地させるのは，第1節で述べたように，東京における対事業所サービス業の充実（これはとりもなおさず「サービス経済化」の一側面である）や，情報収集の対象としての「政府」の重要性による。もちろんこれらの要因は，日本で活動する外国企業自身にとっても不可欠である。かくして，1980年代の地価高騰はそのような外国企業が多数進出したことによって，東京のオフィス街の賃貸料が高騰し，それにともなって地価が上昇傾向を示したことから，バブルをともなって全国に波及していったのである。

　もう1つの要因としては，東京が消費財市場・労働市場のいずれにおいても日本で最も大きくかつ多様な市場をもっていることがある。このことはしかし，もう一方で東京に多数の企業が進出

してきたことの「結果」という側面をもつ。すなわち、たくさんの、かつ多様な技能を必要とするさまざまな業種の企業が進出したがゆえに、そこでの雇用を求める人びとの市場が形成され、そしてその人たちがもつ多様なニーズに応えるために、消費財市場が発達したといえるのである。ここで認識すべきことは、企業進出と市場拡大との間には、累積的に続いていく正の因果関係が存在している、ということである。この点については、第4章でより詳しく説明する。

1980年代においては、他のアジア諸国の経済が急成長してきたとはいっても、まだまだ日本の経済規模に匹敵するだけの市場をもつ国・地域は存在しなかった。したがって、アジアの拠点＝日本の拠点であり、日本の拠点である東京にアジア地域の拠点を置く企業が大多数であった。この意味で「国際化」は東京の発展に寄与した。ただし今日では、たとえば韓国やシンガポールとの経済水準の格差はかなり縮小したといえる。また、中国やインドの経済成長にともない、これらの国の「巨大な」市場が日本に匹敵するほど魅力的になった。さらに、経済活動において「国境」の障壁がより低くなったこと（これを国際化に対して「グローバル化」と呼ぶ）にともない、近年ではアジアにおける拠点を必ずしも東京ではなく、シンガポールや香港などに置く企業が増加している。

「情報化」と対面接触

東京では毎日膨大な情報が発生し伝達されている。それらの情報伝達の多くは、企業間の打合せや交渉という形で行われている。これを円滑に行うために企業のオフィスが集積するということはすでに述べた。企業間の情報伝達においては対面接触（フェイス・トゥ・フェイス〔face to face〕・コミュニケーション）が重要なの

である。

ここで、次のような疑問をもつ人がいるかもしれない。情報伝達は、なにも直接会わなくてもできるのではないか。電話や電子メールも当然利用できるし、テレビ会議システムも実用化しているのに、なぜ対面接触にこだわらねばならないのか、と。しかし残念ながら、すべての情報が電話やインターネットなどの情報通信システムによって伝達できるわけではない。まず第1に、情報通信システムを介したコミュニケーションでは、やりとりの微妙なニュアンスが伝わらない、相互の一体感が得られず信頼関係を構築しづらい、などの問題がある。これらはある程度は通信の技術革新を通じて克服可能であるが、それが克服されたとしても、自分の必要とする情報のありかを探索したり、その情報をもっている人に情報を教えてくれるように交渉したりすることが困難である、という問題は残る。また、とくにインターネットのようなシステムの場合、そこですでに公開されている情報は全員が周知のものであり、その情報を得ることによって他社に先駆けることはほとんど不可能である。そして、情報を提供する側からすると、一度公開すれば確実に「ただ」になってしまう（＝料金を取ることができない）情報を秘匿して、直接情報を求めてきた相手にのみ提供することで、とくにその情報を必要としている相手に高い価格で売り付けることができる。これらの理由から、企業は直接相手と接触することによって重要な情報を得ようとするのである。

情報の東京への一極集中

前項で論じたことは、「誰もが知りうる情報」の重要性を否定するものではない。新聞・テレビなどのマスメディアからの情報は、誰もが知りうる情報の最たるものであるが、これらのマスメディアの本社が圧倒的に東京に集中していることもまた、広告を

依頼する企業が東京に集中する要因である。そして，オフィスの東京への集中も東京と他の地域との情報発信量格差を広げる。

ところで，企業の本社機能が東京に移転されてきた要因としては，オフィス関連のリーヅの充実や東京の拠点性の向上のほかにもう1つ，東京との「距離の短縮」という要因がある。実際，これらの移転が顕著になったのは 1964 年の東海道新幹線の開業後である。新幹線の開業によって，それまで片道6時間以上かかっていた東京 – 大阪間が約3時間で結ばれることになった。一般に高速交通網の整備は，「地域発展の起爆剤」と考えられているが，交通が整備されることによって東京からの日帰り出張が容易になると，各地の顧客対応のために地方に置かれていた拠点を維持する必要がなくなってしまう。さりとて経営者が日常的に「対面接触」を行うためには，片道2～3時間という距離では遠すぎる。そこで，高次な対面接触の拠点としては東京に本社を置くことが必要である一方，定型的な情報交換にとどまる（大阪や名古屋の）得意先には出張で対応すればよい，という考え方に基づき，本社が東京に移転されるのである。

このように高速交通手段の整備によって，地方都市の拠点性が低下することをストロー効果と呼ぶ。新幹線に限らず，高速交通手段の開業はつねにストロー効果をもたらす可能性をもつ。ストロー効果をもたらさずに，高速交通手段の整備を地域の発展に結びつけることができるかどうかは，その地域にどのくらい他地域から人や企業を集める魅力があるかによるのである。

第3章 地域経済と所得形成

1 地域経済計算とその概念

　国民経済の循環と構造を把握するために「国民経済計算体系」(SNA：System of National Accounts) が推計されているが，地域における生産・分配・支出といった経済循環をマクロ的に把握するためには地域経済計算の勘定体系が必要である。日本においては各都道府県や政令指定都市が推計を行い公表しているが，市町村についても市町村民経済計算がほとんどの県で推計が行われている。基本的な考え方や概念は国民経済計算とまったく同一であり，国民経済計算の概念を理解していれば地域経済計算の計数を理解することができるし，逆に地域経済計算をしっかり理解していれば，国民経済計算の概念も同時に理解したことになる。

　SNA の推計方法については，1993年に国際連合が加盟各国にその導入を勧告した「93SNA」による推計が 2002（平成14）年度からすべての都道府県で行われてきたが，2015（平成27）年度の計数より，新しい国際基準である「2008SNA」による推計が公表されている。

3つの対概念

　地域経済計算は対象地域が府の場合には府民経済計算，対象地

域が市の場合には市民経済計算と呼ばれるが，以下では対象地域は県と考えることにする。地域経済計算の生産・分配・支出という3側面に関するさまざまな概念の相互関連を理解するためには，(1)県内概念と県民概念，(2)総と純，(3)市場価格表示と要素費用表示，という用語についての理解が必須である。

(1) 県内概念と県民概念

県内概念とは県という地域内での経済活動について，それを行う者の居住地に関係なく把握・計上するものであり（属地主義），**県民概念**とは県内居住者の経済活動を地域の内外を問わず把握・計上するもの（属人主義）である。ここで居住者とは個人だけではなく，企業，政府などの経済主体も含まれる。いうまでもなく，この県内概念と県民概念は国民経済計算における国内（domestic）概念と国民（national）概念に対応するものである。

(2) 総と純

工場や機械などは，生産過程において摩耗・陳腐化などによりその価値を減ずる。この減価分を固定資本減耗と呼ぶが，この減価分を差し引かずに付加価値を評価したものを**総（グロス）生産**といい，減価分を差し引いて評価したものを**純（ネット）生産**という。

(3) 市場価格表示と要素費用表示

県内総生産は市場で取引される価格，すなわち**市場価格**で評価されているが，生産・輸入品に税が課せられている場合には，この市場価格は生産に要した費用である**要素費用**よりも生産・輸入品に課される税額分だけ高くなる。逆に補助金が出ている場合には，市場価格は要素費用よりもその分だけ安くなる。したがって，市場価格表示と要素費用表示の関係は，

市場価格表示＝要素費用表示＋(生産・輸入品に課される税－補助金)

ということになる。

主要概念の相互関連

図3.1は県民経済計算の主要な概念の相互関連を示している。県内（地域内）での産出額から生産に使われた原料や中間投入物である中間生産物の価額を差し引いた最終生産物の価額，つまり粗付加価値が県内総生産（生産側）であり，これは市場価格で評価されている。この県内総生産は国民経済計算の国内総生産（GDP）に対応する概念である。県内総生産から固定資本減耗を差し引いた純付加価値が市場価格表示の県内純生産であり，さらにこれから純間接税（生産・輸入品に課される税－補助金）を差し引いたのが要素費用表示の県内純生産である。

図3.1 県民経済計算の相互関連図

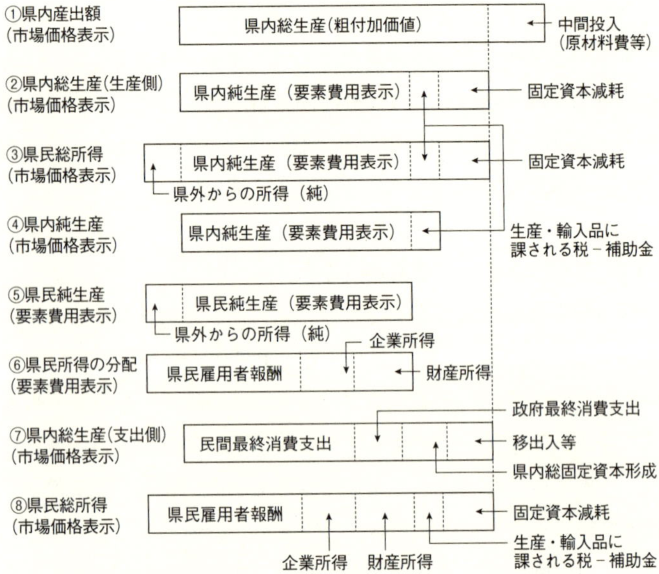

①県内産出額（市場価格表示）　県内総生産（粗付加価値）　←中間投入（原材料費等）

②県内総生産（生産側）（市場価格表示）　県内純生産（要素費用表示）　固定資本減耗

③県民総所得（市場価格表示）　県内純生産（要素費用表示）　固定資本減耗
　県外からの所得（純）

④県内純生産（市場価格表示）　県内純生産（要素費用表示）　生産・輸入品に課される税－補助金

⑤県民純生産（要素費用表示）　県民純生産（要素費用表示）
　県外からの所得（純）

⑥県民所得の分配（要素費用表示）　県民雇用者報酬　企業所得　財産所得

⑦県内総生産（支出側）（市場価格表示）　民間最終消費支出　政府最終消費支出　移出入等　県内総固定資本形成

⑧県民総所得（市場価格表示）　県民雇用者報酬　固定資本減耗
　企業所得　財産所得　生産・輸入品に課される税－補助金

（出所）　内閣府経済社会総合研究所編『県民経済計算年報』（平成26年度版）を一部変更。

以上の県内概念から県民概念への転換は、県内居住者の県外での生産への寄与分の要素所得を加え、県外居住者の県内での生産への寄与分の要素所得を差し引いた「県外からの所得（純）」を加えることによってなされる。この要素費用表示の県民純生産が県民所得と呼ばれるものである。奈良県に住み大阪府で働く人の生み出す付加価値は大阪府の府内純生産に計上されるが、大阪府の府民所得ではなく奈良県の県民所得に計上されるのである。県民総所得は県内総生産に「県外からの所得（純）」を加えたものであり、この県民総所得は従来、国の場合に国民総生産（GNP）と呼ばれていたものに対応するものである。

県内総生産（支出側）は県内総生産（生産側）が民間最終消費、政府最終消費、総固定資本形成、移出など、どのような支出項目に支出されたかを示すものであり、生産されて売れ残ったものは在庫品増加に計上されるため、その計数は恒等的に県内総生産（生産側）に等しい。国民経済で輸出入にあたる概念は地域経済では移出入と呼ぶ。輸出入と同様、居住者（＝県民）と非居住者との間の商品、非要素サービスの受け払いを対象とするが、非居住者の県内消費支出は移出に計上され、居住者の県外消費支出は移入に計上される。たとえば、大阪府の居住者が兵庫県で買い物をすれば、兵庫県から大阪府への移出、大阪府の兵庫県からの移入として計上される。

2 地域所得の決定

閉鎖体系モデル

地域経済の所得水準がどのように決まるのかを考えてみよう。本節では消費や投資などの合計である総支出が地域所得を決めるというケインズ（J. M. Keynes）流のモデルを説明する。まず政

図 3.2 均衡所得の決定

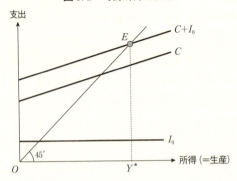

府も他地域との交易もない最も単純なモデルを考える。固定資本減耗も無視し，前節の県民経済計算の概念では県内総生産＝県民所得となっているモデルである。県民所得を Y とし，支出項目として民間消費 C と投資 I を考えると，

$$Y = C + I \tag{3.1}$$

となる。この式の左辺は所得であると同時に生産すなわち供給を，右辺は総需要を表しており，需要と供給の均衡式である。民間消費の水準は所得水準に依存し，所得が上がれば消費も増えるが，増加した所得の全額が消費に回されるわけではないと考えて，

$$C = a + cY \tag{3.2}$$

とする。この式の右辺の Y にかかる係数 c は限界消費性向と呼ばれ，所得が1単位増えた場合に消費がどれだけ増えるかを示しており，$0 < c < 1$ と考えられる。a は所得がゼロの場合の消費水準で基礎消費と呼ばれることがある。この a の値も正と考えられるので，(3.2) 式で表される消費関数は図3.2の C のように描かれる。投資は単純化のため所得水準にかかわらず一定であるとして，

$$I = I_0 \tag{3.3}$$

とする。(3.2), (3.3) 式を (3.1) 式に代入して所得 Y を求めると,

$$Y = \frac{1}{1-c} \cdot (a + I_0) \tag{3.4}$$

となる。右辺の (1−限界消費性向) の逆数 $1/(1-c)$ は所得乗数と呼ばれ,(3.4) 式は所得水準に依存しない基礎消費や投資などの自発的支出項目の合計が乗数倍されて均衡所得水準になることを示している。限界消費性向が 0.8 であれば所得乗数は 5.0 になり,均衡所得水準は自発的支出の 5 倍になる。

所得乗数のメカニズム

この所得乗数の働く仕組みは次のように説明される。消費や投資などの支出は必ず誰かに受け取られるので誰かの所得になる。したがって,支出は同額の所得を生み出し,所得を受け取った人はその所得から支出をする。この過程が繰り返されるため,最終的には当初の自発的支出の何倍もの支出がなされ,所得を生み出すことになるのである。いま,限界消費性向が 0.8 で当初の自発的な支出が 1000 億円であるとしよう。この 1000 億円は誰かの所得になり,800 億円が消費に回される。800 億円は誰かの所得に

表 3.1 所得乗数の効果

(単位:億円)

回	所 得	支 出	
1		1,000	自発的支出
2	1,000	800	誘発支出
3	800	640	誘発支出
4	640	512	誘発支出
5	512	409.6	誘発支出
	以下の合計	以下の合計	
	2,048	1,638.4	
	合 計 5,000	5,000	

なり 640 億円が消費に回される。このような過程が繰り返されて総計では 5000 億円の所得を生み出すことになる（表 3.1）。

受け取られる所得とその所得から消費に回される額はしだいに小さくなるが、当初の 1000 億円の支出から 12 回目までの所得の合計は 4656 億円に、20 回目までの合計は 4942 億円になる。月 1 回の所得の受け取りとしても、誘発される所得の大部分が 1 年以内に発生することになる。

均衡所得の決定

均衡所得水準決定のメカニズムを簡単な数値例で説明しよう。表 3.2 はさまざまな所得水準に対応する支出額が示されている。投資額は所得水準のいかんにかかわらず 1000 億円で一定であるとしている。限界消費性向は 0.8 で、所得に対する消費の割合である平均消費性向も 0.8 であるとして消費額が計算されている。総支出は消費額と投資額の合計である。所得すなわち生産と総支出の差は在庫の増減となる。

所得が 5000 億円より低い場合には総支出が所得（＝生産）を上回り、生産者は在庫が減少するのをみて生産を増加させる。所得が 5000 億円より高い場合には総支出が所得（＝生産）を下回り、

表 3.2　均衡所得の決定

（単位：億円）

所　得	消　費	投　資	総支出	在庫増減
1,000	800	1,000	1,800	－800
2,000	1,600	1,000	2,600	－600
3,000	2,400	1,000	3,400	－400
4,000	3,200	1,000	4,200	－200
5,000	4,000	1,000	5,000	0
6,000	4,800	1,000	5,800	＋200
7,000	5,600	1,000	6,600	＋400

在庫が増加するのをみて生産者は生産を減少させる。所得（＝生産）が5000億円の場合に所得と総支出が一致し、これが均衡所得水準ということになる。

図3.2はこの均衡所得水準の決定をグラフで示したものである。横軸には所得（＝生産）が、縦軸には支出が測られている。45度線上の点では縦軸の値と横軸の値が等しくなっている。図ではE点で総支出$(C+I_0)$が45度線と交わっており、このE点に対応する所得（Y^*）が均衡所得水準である。

開放体系モデル

次に、政府部門や他地域との交易を考慮したモデルを考えてみよう。

支出項目は消費Cと投資Iに加えて政府支出Gと移出E、それに控除項目として移入Mが加わる。(3.1)式に対応する所得と支出の均衡式は、

$$Y=C+I+G+E-M \tag{3.5}$$

となる。消費関数は(3.2)式、投資も所得とは独立に外生的に決まるとする(3.3)式を用い、政府支出も単純化のため地域所得とは独立に一定水準であるとして、

$$G=G_0 \tag{3.6}$$

とする。移出は他地域からの需要であるので、これも単純化して一定水準であるとすると、

$$E=E_0 \tag{3.7}$$

となり、移入は地域所得の一定割合であるとして、

$$M=\mu Y \tag{3.8}$$

μは地域所得に対する移入額の割合で、平均移入性向もしくは移入比率と呼ばれる。

モデルは(3.5)、(3.2)、(3.3)、(3.6)、(3.7)、(3.8)の6

つの式からなり，モデルのなかで決まる内生変数も6つである。(3.2)，(3.3)，(3.6)，(3.7)，(3.8) 式を (3.5) 式に代入して，地域所得 Y について整理すれば，

$$Y = \frac{1}{1-c+\mu} \cdot (a + I_0 + G_0 + E_0) \tag{3.9}$$

となり，自発的な支出項目 $(a+I_0+G_0+E_0)$ が乗数倍されて地域の所得水準が決定されるという枠組みは変わらないが，乗数は $1/(1-c)$ ではなく，開放体系の乗数 $1/(1-c+\mu)$ になっている。この開放体系の乗数の場合，移入比率 μ が限界消費性向 c よりも大きい場合には分母が $1-c+\mu>1$ となるため乗数の値は1未満になってしまう。たとえば，地域内での公共投資が100億円増額されても地域所得は100億円未満しか増えないということになる。所得乗数が1未満ということは地域経済ではよくあることである。財・サービスや労働や資本などの地域間移動は国際間の移動に比べるとはるかに容易であることを地域経済の開放性と呼ぶが，財・サービスの移動が地域間では容易であることが移入比率を高め，所得乗数の値を小さくするのである。

3 単純な地域所得モデル

比率モデル

第1節で説明した県民経済計算のデータを用いて簡単な地域モデルの推計を行ってみよう。このモデルは「比率モデル」と呼ばれるもので単年度のデータからパラメータの推計ができ，電卓があれば計算できる（この比率モデルについては，坂下 [1985] を参照)。

まず県内総生産 V と県内純生産（要素費用表示) V_n の関係は，県内純生産は県内総生産の一定割合だと考えて次式で表される。

県内純生産関数　　　$V_n = \theta V$ \tag{3.10}

次いで県内概念から県民概念への転換であるが,県内純生産と県民所得の関係は,次のように表現できる。

県民所得関数　　$Y=(1+\rho)V_n$　　　　　　　　(3.11)

県内純生産と県民所得が乖離する最大の要因は通勤流動による所得の発生元と帰属先が異なることであるが,パラメータρの値は東京都や大阪府ではマイナス,その周辺県の千葉,埼玉や奈良ではプラスになると予想される。

所得と民間最終消費支出の関係を示す消費関数も単純化して,

消費関数　　$C=\gamma Y$　　　　　　　　　　　(3.12)

とする。このパラメータγは平均消費性向を示している。

移入は最終生産物だけではなく生産に使われる中間財の移入もあることを考慮して,県民所得ではなく県内純生産に依存するとして,次のように定式化する。

移入関数　　$M=\mu V_n$　　　　　　　　　　　(3.13)

総支出Zの構成は民間最終消費支出C,政府最終消費支出G,投資（総資本形成）I,および移出Eからなり,これから移入Mを差し引いたものになるので,次式のように表される。

県内総支出の構成　　$Z=C+(G+I+E)-M$　　(3.14)

最後に生産と支出（供給と需要）の均衡式は次式のように表される。

生産と支出の均衡　　$V=Z$　　　　　　　　　(3.15)

以下では,このモデルの外生変数をまとめて$EXO=(G+I+E)$とする。

(3.10)式から(3.15)式までの6本の方程式体系は,政府支出,投資,および移出という地域経済にとって外生的要因の水準が与えられたとき,県民所得以下6個の内生変数（Y, V, V_n, C, M, Z）の水準がいかに決定されるかを示す。これを県内純生産V_nについて解き,(3.15)式にほかの式を代入して整理す

ると，次のようになる。

$$V_n = \frac{\theta}{1-\gamma(1+\rho)\theta+\mu\theta} \cdot EXO \tag{3.16}$$

（3.16）式の右辺の EXO にかかる係数を m と置くと，この m はいわゆる所得乗数であり，$\rho=0$，$\theta=1$ とすれば通常の開放体系の乗数 $1/(1-\gamma+\mu)$ になる。この乗数値は θ, γ, μ, ρ の4つのパラメータの値から簡単に計算できる。これを（3.11）式に代入すれば県民所得 Y が求められる。

$$Y = (1+\rho)m \cdot EXO \tag{3.17}$$

係数・乗数値の比較

表3.3は2009（平成21）年度のパラメータの値と乗数値を一覧表にしたものである。

県内概念から県民概念への転換のための $(1+\rho)$ の値をみると，東京都では都内で生産された付加価値の約22%が埼玉県や千葉県などの周辺の県に帰属しているのに比べ，大阪府や愛知県では域内で生産された付加価値の域外への流出は少なくなっている。大都市周辺の県では埼玉県や奈良県が大きな値になっているのが目を引く。移入比率 μ の値が1を超える地域があるが，分母の県内純生産は付加価値であるのに対して，分子の移入額は図3.1でいう産出額で中間生産物の価値を含んでいるからである。移入比率 μ の平均値は0.957となっているが，日本の輸入比率（輸入額／GDP）が上昇しても最近では20%近くの水準であるのに比較すると，このあたりに地域経済の開放性が端的に表れている。また移入比率の地域間でのバラツキが大きいのも注目される。沖縄県や北海道では値が小さく地域経済が自足的であることを示している。移入比率 μ と移出比率（移出額／県内総生産）の相関係数を計算すると0.84になり，移入比率の高い地域は移出比率も

表 3.3 2009（平成 21）年度の計数値と乗数値

都道府県	θ	$1+\rho$	γ	μ	移出比率	m	$(1+\rho)m$
北海道	0.7133	1.0130	0.8363	0.5348	0.3154	0.9178	0.9297
青森県	0.7229	1.0216	0.6586	0.5999	0.4536	0.7631	0.7796
岩手県	0.0900	0.0001	0.8314	0.9139	0.6225	0.6597	0.6591
宮城県	0.7177	1.0070	0.7496	0.8137	0.5806	0.6886	0.6934
秋田県	0.7012	0.9958	0.7946	0.8334	0.4613	0.6810	0.6782
山形県	0.7030	1.0098	0.8137	1.1543	0.7449	0.5697	0.5753
福島県	0.7221	1.0059	0.7488	1.1015	0.9304	0.5770	0.5804
茨城県	0.7183	1.0604	0.7061	1.2032	1.0230	0.5415	0.5742
栃木県	0.7398	0.9819	0.6755	1.1473	1.0143	0.5447	0.5349
群馬県	0.7417	0.9739	0.7298	1.1586	0.9756	0.5568	0.5422
埼玉県	0.7221	1.3857	0.6830	0.9541	0.6729	0.7181	0.9952
千葉県	0.7080	1.3168	0.7299	1.1017	0.7852	0.6439	0.8479
東京都	0.7547	0.7820	0.6520	0.5787	0.8177	0.7174	0.5610
神奈川県	0.6972	1.3307	0.7208	1.0186	0.6955	0.6694	0.8908
新潟県	0.7022	1.0168	0.7734	0.8382	0.6023	0.6776	0.6889
富山県	0.6913	1.0205	0.7501	0.9777	0.8376	0.6028	0.6152
石川県	0.6902	1.0203	0.7636	0.9434	0.7735	0.6199	0.6325
福井県	0.7005	0.9864	0.7052	0.9396	0.7639	0.5983	0.5902
山梨県	0.7279	1.0416	0.7510	1.0639	0.8813	0.6041	0.6292
長野県	0.7314	1.0071	0.7008	0.9879	0.8774	0.6063	0.6106
岐阜県	0.7208	1.0588	0.7467	0.8663	0.7065	0.6835	0.7237
静岡県	0.7283	1.0082	0.6728	1.1664	1.0950	0.5373	0.5417
愛知県	0.6910	0.9998	0.7682	0.9210	0.8610	0.6250	0.6249
三重県	0.6599	1.0814	0.6968	1.7219	1.3428	0.4026	0.4354
滋賀県	0.7207	1.0106	0.7111	1.3210	1.1571	0.5025	0.5079
京都府	0.7341	1.0524	0.6802	0.7948	0.6971	0.6939	0.7302
大阪府	0.7360	0.9610	0.7415	0.5713	0.6110	0.8214	0.7894
兵庫県	0.7032	1.1493	0.7471	1.2149	0.8901	0.5623	0.6463
奈良県	0.7164	1.3676	0.7892	1.0735	0.5728	0.7194	0.9840
和歌山県	0.6986	1.1023	0.7627	1.2580	0.9576	0.5409	0.5962
鳥取県	0.6856	1.0030	0.8558	0.8591	0.5014	0.6853	0.6874
島根県	0.6832	1.0201	0.7616	0.9947	0.5630	0.5947	0.6067
岡山県	0.6894	1.0302	0.7330	1.1299	0.9400	0.5478	0.5644
広島県	0.7185	0.9891	0.7475	0.8550	0.7087	0.6634	0.6562
山口県	0.7002	1.0273	0.7038	1.1841	1.0465	0.5293	0.5438
徳島県	0.7381	1.0477	0.6672	0.9753	0.7101	0.6131	0.6424
香川県	0.7208	0.9857	0.7496	1.0527	0.9586	0.5878	0.5794
愛媛県	0.7045	1.0223	0.7497	1.1322	0.8988	0.5602	0.5727
高知県	0.7107	1.0163	0.8849	0.7815	0.3166	0.7757	0.7884

福岡県	0.7404	1.0204	0.7132	0.6430	0.5083	0.7899	0.8061
佐賀県	0.7087	1.0029	0.7216	0.8772	0.6975	0.6391	0.6410
長崎県	0.7091	1.0060	0.7394	0.7209	0.4205	0.7208	0.7251
熊本県	0.7165	1.0296	0.8215	0.7616	0.4560	0.7626	0.7851
大分県	0.6715	1.0074	0.7881	1.1266	0.9008	0.5489	0.5529
宮崎県	0.6913	0.9756	0.8429	0.8040	0.3990	0.7002	0.6831
鹿児島県	0.7126	1.0302	0.8013	0.7799	0.4850	0.7366	0.7588
沖縄県	0.7014	1.0830	0.6588	0.5298	0.2397	0.8051	0.8719
平均値	0.7110	1.0439	0.7453	0.9570	0.7334	0.6448	0.6735
最小値	0.6599	0.7820	0.6520	0.5298	0.2397	0.4026	0.4354
最大値	0.7547	1.3857	0.8849	1.7219	1.3428	0.9178	0.9952
標準偏差	0.0191	0.1053	0.0546	0.2302	0.2386	0.0971	0.1257

(出所) 内閣府経済社会総合研究所編『県民経済計算年報』(平成21年度版) より計算。

高くなっており，高い経済力をもっている地域といえる。

表3.3で最も注目されるのは所得乗数 m および $(1+\rho)m$ であるが，すべての地域で乗数値が1.0より小さくなっている。地域内で公共投資など自発的支出が増えても，他地域から原材料などが調達される割合が高いと，乗数値は1.0未満になってしまう。移入比率の高い地域では所得乗数値が低くなる傾向がある。

4 地域の産業連関分析

産業連関表

地域に立地する産業が生産した生産物は，地域内外の消費者や企業，さらには政府によって消費や投資のために需要されるばかりでなく，原材料，すなわち，中間生産物としても需要される。地域の生産活動の最終的な成果である付加価値と最終需要の関係に焦点をあてる県民経済計算体系では，このような中間生産物の取引は対象になっていない。国や地域で生産された生産物が中間生産物として産業間で1年間にどれだけ取引されたかを記録した統計表が産業連関表である。

地域産業連関表は，地域経済における生産物の産業間の取引を通してみた産業間の相互関係を把握するために作成される。1地域を対象に当該地域内の産業間の取引を記録した「地域内産業連関表」と，2地域以上を対象にして地域間・産業間の取引を記録した「地域間産業連関表」の2種類がある。ここでは，地域内産業連関表に基づいて産業連関分析の基本的な考え方を解説する。

標準的な地域内産業連関表の基本的な構造は図3.3のとおりで，①から③までの3つのセクションに分けられる。①は産業間での中間生産物としての取引を記録した中間投入部門で，各産業の生産物が他の産業の原材料としてどれだけ投入されたかを知ることができる。県民経済計算においてはこの部門の取引は捨象されているが，産業連関表では中間取引構造が示されているため，産業間の波及効果の分析が可能になる。

②は各産業で生み出された粗付加価値を記録した付加価値部門で，労働への分配である雇用者所得，資本等への分配である営業余剰等に区分される。したがって，この部門は県民経済計算の県内総生産（生産側）に対応する。③は各産業の生産物に対する最終需要を記録した最終需要部門で，県民経済計算の県内総生産（支出側）に対応している。最終需要は地域内の消費や投資などの域内最終需要と域外からの需要である移出・輸出需要に分けられる。そして，移入・輸入は需要合計からの控除項目として扱われる。

産業連関表を各産業の行（横）方向にみていくと，その産業の生産物が1年間に各産業や消費や投資などの最終需要部門にどれだけ販売されたか，すなわち，その産業の販路構成を知ることができる。それに対して，各産業の列（縦）方向にみると，その産業が各産業から投入物をどれだけ購入し，どれだけの付加価値を生み出したか，したがって，その産業の費用構成を知ることがで

図3.3 産業連関表（地域内表）の構造

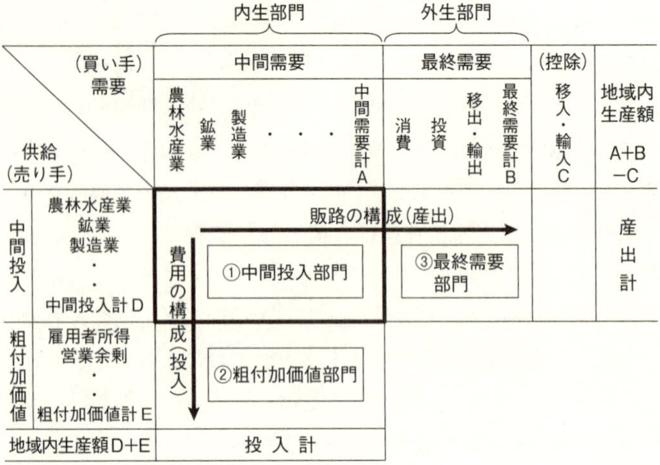

		内生部門			外生部門		(控除)	
	(買い手)需要	中間需要			最終需要			地域内生産額
供給(売り手)		農林水産業 / 鉱業 / 製造業 / ‥	中間需要計A		消費 / 投資 / 移出・輸出	最終需要計B	移入・輸入C	A+B−C
中間投入	農林水産業 / 鉱業 / 製造業 / ‥ / 中間投入計D	費用の構成（投入）	①中間投入部門	販路の構成（産出）→	③最終需要部門			産出計
粗付加価値	雇用者所得 / 営業余剰 / ‥ / 粗付加価値計E		②粗付加価値部門					
地域内生産額D+E		投　入　計						

きる。各産業の行の合計はその産業の生産額になるが，これは各産業の列の合計に等しくなっている。また，全産業の最終需要の合計は，全産業の粗付加価値の合計に等しい。

ところで，図3.3で表される地域内産業連関表では，当該地域で生産したものと域外から移入・輸入したものが区別されずに一括して各部門からの需要額として計上され，最後に移入・輸入額が需要合計から控除される。移入・輸入についてこのような扱い方をする産業連関表は「競争移入型」と呼ばれる。それに対して，同じ産業部門の生産物であっても，当該地域内で生産されたものと移入・輸入されたものとでは，投入に際しては異なる生産物のように区別して記録するという扱い方をする場合は「非競争移入型」と呼ばれる。地域間産業連関表は「非競争移入型」の産業連関表として作成される。

中間需要の波及と産業連関分析

産業連関表を用いると,各産業の最終需要が変化した場合に各産業の生産にどのような影響を与えるかという波及効果の分析が可能となる。たとえば,ある地域の自動車産業への移出需要が増加したとすると,自動車産業は需要増加に見合うだけの生産を増やすであろう。そのためには,鉄鋼,ガラス,ゴムなどの原材料に対する需要,中間需要を増やさなければならない。このような中間需要の増加は,それらを受け取る鉄鋼産業やガラス産業などの生産を増加させる。ところが,これらの産業の生産増加は同じように新たな中間需要の増加を生み,それらを受け取る産業の生産増加を誘発することになる。すなわち,最初の自動車産業に対する最終需要の増加からスタートして,生産増加 → 中間需要の増加 → 生産増加 → 中間需要の増加 → ……という,産業間の取引関係を通した中間需要の波及とそれによる生産増加の連鎖が無限に続くことになる。このような中間需要の波及とそれによる生産増加の連鎖のメカニズムを産業連関表に基づいて分析するための手法が,1973年にノーベル経済学賞を受賞したレオンチェフ (W. W. Leontief) によって開発された産業連関分析である。

次に,産業連関分析の概略を,表3.4のような2つの産業部門のみが存在する地域の産業連関表を前提に,均衡産出高モデルによって説明しよう。ここで,x_{ij} は第 i 産業の生産物を第 j 産業に販売した額,F_i は第 i 産業の生産物を最終需要部門に販売した額,E_i は域外への移出額,M_i は域外からの移入額,V_i は粗付加価値額,X_i は第 i 産業の域内生産額である ($i, j=1, 2$)。

均衡産出高モデルは,産業連関表を行方向にみると,次式のように各部門の生産額と需要額がバランスしている,すなわち,需給が均衡しているという関係を用いる。

表3.4 2産業部門の地域内産業連関表（競争移入型）

	中間需要		最終需要		(控除) 移入	域内生産額
	第1産業	第2産業	域内最終需要	移出		
中間投入 第1産業	x_{11}	x_{12}	F_1	E_1	M_1	X_1
中間投入 第2産業	x_{21}	x_{22}	F_2	E_2	M_2	X_2
粗付加価値	V_1	V_2				
域内生産額	X_1	X_2				

$$X_1 = x_{11} + x_{12} + F_1 + E_1 - M_1 \tag{3.18}$$

$$X_2 = x_{21} + x_{22} + F_2 + E_2 - M_2 \tag{3.19}$$

そして，産業間の取引関係を特定の生産技術に基づく投入産出関係として捉え，規模に関して収穫一定の生産技術，すなわち，すべての投入量を2倍にすると生産量もちょうど2倍になると仮定して，産業間の投入産出関係が次式のように定義される a_{ij} で表される。

$$a_{ij} = \frac{x_{ij}}{X_j} \qquad (i, j = 1, 2) \tag{3.20}$$

a_{ij} は投入係数と呼ばれる。

さらに，各産業部門の移入は当該地域内の総需要（中間需要＋域内最終需要）に比例すると仮定して，次式のような移入係数 m_i が定義される。

$$m_i = \frac{M_i}{\sum_{j=1}^{2} x_{ij} + F_i} = \frac{M_i}{\sum_{j=1}^{2} a_{ij} X_j + F_i} \qquad (i = 1, 2) \tag{3.21}$$

投入係数と移入係数が一定であるとすると，需給均衡式は(3.20)式と(3.21)式の関係を代入して以下のように表される。

$$X_1 = a_{11}X_1 + a_{12}X_2 + F_1 + E_1 - m_1(a_{11}X_1 + a_{12}X_2 + F_1) \quad (3.22)$$
$$X_2 = a_{21}X_1 + a_{22}X_2 + F_2 + E_2 - m_2(a_{21}X_1 + a_{22}X_2 + F_2) \quad (3.23)$$

域内最終需要と移出を外生変数とすれば,これらの式は各産業部門の域内生産額 X_1 と X_2 に関する連立方程式となり,これを解けば,与えられた F_i と E_i $(i=1,2)$ のもとで需給を均衡させる生産額を求めることができる。

この連立方程式の体系は,行列を用いると (3.24) 式のように表され,均衡生産額ベクトル X は (3.25) 式から求められる。

$$X = AX + F + E - \hat{M}(AX + F) \quad (3.24)$$
$$X = [I - (I - \hat{M})A]^{-1}[(I - \hat{M})F + E] \quad (3.25)$$

ただし,

$$X = \begin{pmatrix} X_1 \\ X_2 \end{pmatrix} \quad A = \begin{pmatrix} a_{11} & a_{12} \\ a_{21} & a_{22} \end{pmatrix} \quad \hat{M} = \begin{pmatrix} m_1 & 0 \\ 0 & m_2 \end{pmatrix} \quad F = \begin{pmatrix} F_1 \\ F_2 \end{pmatrix} \quad E = \begin{pmatrix} E_1 \\ E_2 \end{pmatrix}$$

で,I は単位行列である。

(3.25) 式の $[I-(I-\hat{M})A]^{-1}$ はレオンチェフの逆行列と呼ばれ,外生的な最終需要の変化が各産業部門の生産に与える波及効果の大きさを表す。この逆行列の1要素を b_{ij} とすると,その大きさは,第 j 産業に対する最終需要が1単位増加することにより誘発される第 i 産業の生産増加額を表す。したがって,レオンチェフの逆行列を求めておけば,地域内のある部門に対する最終需要の変化が各産業部門の生産に与える波及効果を推計することができる。

ここで,地域内産業連関表の数値(仮設例)が表3.5のように与えられているとすると,投入係数は表3.6,移入係数は表3.7のようになる。表3.6には,生産額に占める粗付加価値の割合

表3.5 2産業部門の地域内産業連関表の数値例(仮設)

(単位:億円)

		中間需要		最終需要		(控除) 移入	域内生産額
		第1産業	第2産業	域内最終需要	移出		
中間投入	第1産業	100	50	60	10	20	200
	第2産業	60	120	100	20	50	250
粗付加価値		40	80				
域内生産額		200	250				

表3.6 投入係数と粗付加価値率

		中間需要	
		第1産業	第2産業
中間投入	第1産業	0.50 (=100/200)	0.20 (=50/250)
	第2産業	0.30 (=60/200)	0.48 (=120/250)
粗付加価値率		0.20 (=40/200)	0.32 (=80/250)

表3.7 移入係数

	移入係数
第1産業	0.10 (=20/(150+60))
第2産業	0.18 (=50/(180+100))

表3.8 逆行列係数(レオンチェフの逆行列)

	最終需要	
	第1産業	第2産業
第1産業	2.10	0.62
第2産業	0.85	1.90
列和	2.95	2.52

を表す粗付加価値率があわせて示されている。これらの係数を用いて(3.25)式で表されるレオンチェフの逆行列を計算した結果が表3.8である。この表から,第1産業の最終需要が1単位増加すると,第1産業の生産が2.10単位,第2産業の生産が0.85単位誘発されることがわかる。

いま,この地域で第1産業に対する最終需要が10億円増加したと仮定しよう。増加した最終需要の一部は移入によって賄われ

るので，この地域の第1産業には移入分（$0.10 \times 10 = 1$ 億円）を差し引いた9億円分の最終需要の増加に等しい生産増加がもたらされる。これが**直接効果**である。第2産業については，直接効果は発生しない。さらに，最終需要からの派生需要として生じた中間需要が次々に中間需要を生み出して生産増加をもたらすが，このような波及効果は**間接効果**と呼ばれる。

間接効果の第1段階では，直接効果として第1産業で生産を9億円増やすために，第1産業への中間需要が $0.50 \times 9 = 4.5$ 億円，第2産業への中間需要が $0.3 \times 9 = 2.7$ 億円，それぞれ増加する。しかし，これらの一部は域外からの移入で賄われるので，中間需要の増加に対応した第1産業の生産増加は $(1-0.10) \times 4.5 = 4.1$ 億円，第2産業の生産増加は $(1-0.18) \times 2.7 = 2.2$ 億円になる。

第2段階では，第1産業と第2産業それぞれの生産増加に必要な中間需要が新たに生じ，そのなかの移入を除いた部分が各産業の新たな生産増加分になる。すなわち，第2段階における第1産業の生産増加は，第1産業からの中間需要が2.05億円（$= 0.50 \times 4.1$），第2産業からの中間需要が0.44億円（$= 0.20 \times 2.2$）であるので，これらから移入分を除いた2.16億円（$= (1-0.10) \times (2.0 + 0.4)$）になる。同様に，第2産業の生産増加は1.9億円である。以下，同じプロセスが無限に繰り返され，最終的には，各産業部門の直接効果と間接効果による生産増加（ΔX_i）は

$$\Delta X_1 = 9.0 + 4.1 + 2.2 + 1.3 + \cdots\cdots = 18.9 (= 2.10 \times 9)$$
$$\Delta X_2 = 0 + 2.2 + 1.9 + 1.3 + \cdots\cdots = 7.65 (= 0.85 \times 9)$$

と表される。

すなわち，域内の第1産業への最終需要9億円の増加による生産増加の合計（直接効果＋間接効果）は，表3.8の逆行列表（レオンチェフの逆行列）を用いて，第1産業が18.9億円（$= 2.10 \times 9$），

第 2 産業は 7.65 億円（＝0.85×9）と求められる。このように，逆行列係数表は産業連関分析の要であり，産業別の最終需要が変化したときの各産業への生産誘発効果を予測することができるのである。

経済波及効果

新しい観光施設や交通機関の開業，オリンピック等のスポーツイベントや博覧会の開催などが計画されると，これらの出来事が関係する地域にどれぐらいの経済波及効果をもたらすのかが話題になることが多い。そして，施設の建設やイベントの開催に関わる費用と比較して，それらの事業を実施することを正当化する根拠に用いられたりする。このような事例において，経済波及効果の推定のために用いられる分析手法が，前項で紹介した産業連関分析である。

たとえば，新幹線の新駅の設置が計画されている地域があるとしよう。新駅ができると，当該地域を訪れる観光客が増加すると予想される。観光客はその地域を訪れ，宿泊や飲食，土産物の購入など，さまざまな消費活動を行うので，観光客の増加は彼らの消費需要の増加をもたらす。地域の生産者は，このような観光客の消費需要という最終需要の増加に対応するために生産を増加させるだろう。前項の数値例でいえば，最初の 10 億円の最終需要の増加に対応する直接効果で，移入分を差し引いた生産の増加額 9 億円がこれにあたる。

直接効果は，さらに中間需要に波及してさらなる生産増加をもたらす。前項の第 1 段階，第 2 段階，……と続く間接効果のプロセスである。このような直接効果から中間需要への波及を通してもたらされる間接効果としての生産増加は第 1 次波及効果と呼ばれる。観光客の消費需要のような最終需要の増加が，直接効果と

第1次波及効果を合わせた生産増加をもたらすのである。

こうして地域の生産額が増加すると，付加価値やその一部である雇用者所得も増加する。ここで，雇用者所得に注目すると，雇用されている人達が増加した所得の一部を消費に振り向けて消費支出をさらに増やすことが期待される。そして，地域の生産者は，このような新たな消費需要の増加に対応して生産を増加することになる。これが第2次波及効果と呼ばれる効果である。すなわち，直接効果と第1次波及効果による生産増加が雇用者所得の増加をもたらし，それによる消費需要の増加がさらなる生産増加をもたらすのである。ある事業の経済波及効果を産業連関分析によって推計する場合，直接効果と第1次波及効果に加えて，第2次波及効果まで推計し，これらの合計をその事業の経済波及効果とみなすことが一般的である。

宮本［2012］には，プロ野球選手やタレントの活躍からテーマパークの整備や観光まで，さまざまなテーマについて宮本自身が行った経済波及効果の推計結果が，推計の前提となる最終需要算定の根拠とともに紹介されている。一例として，2003年に18年ぶりに果たした阪神タイガースのセリーグ優勝の経済波及効果の推計がある。直接効果として観客増加，優勝セールによる商業販売額の増加，阪神グッズの売上増加等の7項目が取り上げられ，その効果は近畿全域に及ぶとして，1995年の近畿地域産業連関表を用いて推計が行われ，直接効果に第1次波及効果と第2次波及効果を合わせて1481.3億円に達したと推計された。

また，2012年5月に開業した東京スカイツリーの経済波及効果の推計も行われている。表3.9にあるように，スカイツリーに入場する観光客の消費，スカイツリーと周辺の開発街区の建設，スカイツリーを含む開発街区の商業施設での消費のそれぞれについて直接効果を推定し，1995年の東京都産業連関表を用いて開

表 3.9 東京スカイツリーの経済効果

項　目	直接効果 (A)	経済波及効果合計 (B)	波及効果の倍率 (B／A)
東京スカイツリーの観光客の経済効果	597 億 1040 万円	835 億 3485 万円	1.40
東京スカイツリーの建築や周辺地区の建築の経済効果	1320 億円	1861 億 2000 万円	1.41
東京スカイツリー周辺の商業地域の観光客，買い物客の経済効果	1062 億 1792 万円	1485 億 9887 万円	1.40
総　計		4182 億 5372 万円	

（出所）　宮本［2012］の表 4-1（135 頁）に，本文の記述から直接効果を加筆して作成．

業初年度の波及効果が推計された．その結果は，スカイツリーと周辺の開発街区を合わせたすべての経済波及効果の合計が 4182 億円余りにも及ぶというものであった．

　最近では，多くの都道府県が自地域の産業連関表の作成とともに，上述のような経済波及効果を計算するためのシステムを開発し，「経済波及効果分析ツール」というような名称で公開している．各県の統計情報関係のサイトにアクセスしてファイルをダウンロードすれば，利用することができる．このように，経済波及効果の計算自体は簡単に行うことができるようになってきたが，重要な点は，問題とする事業の直接効果，すなわち，最終需要の増加がどれだけで，それがどの産業分野への需要になるのかを，合理的な根拠に基づいて推定することである．それでなければ，推計結果は信頼に値しないものになってしまうであろう．

第4章　地域成長の経済分析

　国民経済にとっても地域経済にとっても，経済成長は最重要の課題である。国民経済の場合には産出量（たとえばGDP）の増大をもって経済成長と呼ぶことが多い。GDPの対前年増加率が経済成長率と呼ばれるのである。しかし，かつての発展途上国にみられたように，産出量の増加率より人口増加率が高い場合には人口1人当たりの所得（産出量）は減少することになる。厚生経済学的には，人口1人当たり所得の増加のほうが重要であろう。また地域経済にとっては，労働者1人当たりの産出量（つまり労働の平均生産性）も地域の競争力の指標として重要である。さらに，労働移動が自由な世界ではある地域の賃金が上昇すると労働者がその地域に流入し，結局賃金水準は周辺の地域と同じになるが，労働者（そして人口）は増加することになる。このような労働者および人口の増加も地域経済の成長と考えられる。つまり地域経済の成長を考える場合には，①産出量，②人口1人当たり所得，③労働者1人当たり産出量，④労働者数（または人口）のどの成長を問題としているのかを明確にする必要がある。

　いま，産出量の増加をもって地域の経済成長と呼ぶことにしよう。その場合，地域で生産される財・サービスの生産増加の原動力になったのは，地域で生産される財・サービスへの需要の増大なのか，それとも労働や資本といった生産要素の投入の増大が地

域で生産される財・サービスの供給を増大させたのかが問題となる。前者の場合は需要主導型の成長,後者の場合は供給主導型の成長と呼ばれる。この章では地域の経済成長を説明しようとするいくつかのモデルを紹介する。

1 需要主導型モデル

移出基盤モデル

地域で生産される財・サービスに対する需要の増大が地域の経済成長を引き起こすと考える「需要主導型モデル」の代表は移出基盤モデルである (図4.1)。このモデルは地域 (都市) の産業を2つのタイプに分ける。1つは地域外からの需要を対象にして,移出品を生産する**移出産業** (export industry) である。もう1つは地域内の需要,つまり地域住民の日常活動から派生する需要や,移出産業の生産活動から派生する需要に応じる**域内産業** (local industry) である。どちらの産業が地域の成長をもたらす経済的な

図4.1 移出基盤モデル

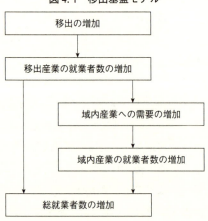

基盤になっているかといえば、前者の移出産業であり、この意味から移出産業を**基盤産業**（basic industry）と呼び、後者の域内産業を**非基盤産業**（nonbasic industry）と呼ぶ。

移出基盤モデルの中心的な仮説は、地域の所得水準はその地域の移出（すなわち地域外への財・サービスの販売）によって決定されるというものであり、移出の増加が地域の経済成長をもたらすというものである。

このモデルでの移出産業と域内産業への分類は所得（産出物）に関して、もしくは就業者に関して行われるが、以下では就業者について考えることにする。地域の総就業者数は2つの産業の就業者数の合計になるので、地域の総就業者数を T とすれば、

$$T = E + L \tag{4.1}$$

である。E は移出産業の就業者数、L は域内産業の就業者数である。ここで、総就業者数が増えれば域内産業の就業者数も増えると考えると、

$$L = a + bT \tag{4.2}$$

となる。(4.2) 式の L を (4.1) 式に代入して整理すれば、総就業者数と移出産業の就業者数との関係は、

$$T = \frac{1}{1-b} \cdot (a + E)$$

となる。つまり、移出産業の就業者数が1人増えると地域の総就業者数はその $1/(1-b)$ 倍増えることになる。この $1/(1-b)$ は第3章で説明した所得乗数と同じ、いわば雇用乗数であり、移出産業の就業者数の増加が地域の総就業者数をどれだけ増加させるかを示している。$b=0.5$ とすれば、雇用乗数は 2.0 となり、移出産業の就業者数の増加は域内産業の就業者数も同じだけ増加させることになる。$b=0.75$ であれば乗数は 4.0 となり、b の値が大きくなるほど乗数の値は大きくなる。

図4.2 総就業者数と域内産業の就業者数

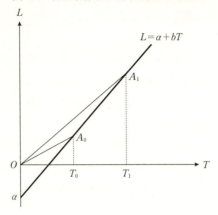

　地域の総就業者数の増加とともに、総就業者数に占める域内産業の比率が高まるのか、それとも一定のままで推移するのかは、(4.2)式の a の値が正か負かに依存している。$a=0$ の場合には $L/T=b$ であり、地域の総就業者数に占める域内産業の比率は変わらない。しかし、a の値が負である場合には、総就業者数の増加とともに L/T の値は上昇する。つまり、地域の就業者数の増加により総就業者数に占める域内産業の比率は上昇し、他方で総就業者数に占める移出産業の比率は低下する。

　図4.2は a が負の場合の地域の総就業者数と域内産業の就業者数の関係を図示したものである。地域の総就業者数が T_0 の場合、L/T の値は原点 O と A_0 点を結ぶ直線の傾きで表されるが、総就業者数が T_1 に増加すると、L/T の値は原点と A_1 点を結ぶ直線の傾きで表されるので、T_0 の場合より L/T の値は高くなる。同じように考えると、a の値が正の場合には地域の総就業者数の増加とともに総就業者に占める域内産業の比率は下がり、逆に移出産業数の就業者の比率は上昇することになる。現実の地域経済

では a の値は負であると考えられる。地域が大きくなるにつれて総就業者数に占める域内産業就業者数の割合が高まるのである。

移出部門と域内部門への配分

表 4.1 は 2015 年の都道府県の総就業者数に占める移出産業就業者数の比率と BN 比を示している。この表の移出産業就業者数の計算は「特化係数法」という方法に基づいている。地域の産

表 4.1 総就業者数に占める移出部門就業者比率 (2015 年)

都道府県	基盤比率	BN 比	都道府県	基盤比率	BN 比
北海道	0.104	8.63	滋賀県	0.120	7.36
青森県	0.146	5.87	京都府	0.071	13.07
岩手県	0.118	7.50	大阪府	0.071	13.05
宮城県	0.088	10.41	兵庫県	0.063	14.83
秋田県	0.133	6.52	奈良県	0.086	10.62
山形県	0.124	7.06	和歌山県	0.104	8.64
福島県	0.100	8.95	鳥取県	0.110	8.06
茨城県	0.095	9.49	島根県	0.124	7.04
栃木県	0.102	8.85	岡山県	0.063	14.96
群馬県	0.098	9.26	広島県	0.057	16.60
埼玉県	0.064	14.66	山口県	0.079	11.64
千葉県	0.074	12.47	徳島県	0.107	8.35
東京都	0.184	4.44	香川県	0.066	14.12
神奈川県	0.062	15.15	愛媛県	0.072	12.87
新潟県	0.090	10.08	高知県	0.167	4.98
富山県	0.108	8.30	福岡県	0.062	15.15
石川県	0.057	16.52	佐賀県	0.096	9.45
福井県	0.092	9.87	長崎県	0.127	6.89
山梨県	0.106	8.41	熊本県	0.123	7.12
長野県	0.121	7.27	大分県	0.089	10.23
岐阜県	0.095	9.58	宮崎県	0.136	6.35
静岡県	0.094	9.59	鹿児島県	0.149	5.70
愛知県	0.092	9.84	沖縄県	0.152	5.59
三重県	0.092	9.84			

(注) 産業分類は大分類。
(出所) 総務省統計局「平成 27 年国勢調査従業地・通学地による人口・就業状態等集計結果」より作成。

業を移出部門と域内部門に二分するには,いくつかの方法がある。最も単純な方法は割当法と呼ばれるもので,たとえば北海道という地域を考えると,農業,水産業と観光が移出産業でそれ以外は域内産業というように割り振る方法である。この方法の難点は,北海道で生産される農産物でも北海道で消費される部分は移出部門ではないということである。つまり北海道の農業には移出部門とそうでない部分(域内部門)がある,ということである。割当法のこの難点を避けるためによく用いられるのが,特化係数法である。

特化係数とは,ある産業について地域での構成比を全国での構成比で割ったものである。ある産業の地域での構成比が30%で同じ産業の全国での構成比が20%である場合には,30÷20=1.5で,特化係数は1.5ということになる。特化係数が1を超えるということは,地域でのその産業の構成比が全国平均よりも高いということであり,地域間で需要のパターンや生産性に差異がなく,外国との輸出入が無視できることを仮定すれば,この特化係数が1を超える部分が移出部門であると考えることができる[注1]。

(注1) 外国との輸出入を考慮するために,特化係数に国全体の自足率を乗じた「修正特化係数」を用いることを中村良平教授は提案している。中村[2005]を参照。

表4.1の基盤比率は,このように計算された移出部門就業者数を地域の総就業者数で割ったものである。地域の総就業者数に占める移出部門就業者数の比率は都道府県レベルではかなり低いものであることがわかる。最大でも東京都の18.4%であり,最小は広島県の5.7%である。地域の規模との関係でいえば,総就業者数と基盤比率の相関係数を東京都を除いて計算すると,−0.461となり,移出基盤モデルから想定されるように,地域規模が大きくなると基盤比率は低下するという関係が弱い相関なが

らみられる[注2]。

> (注2) 各県の移出産業就業者数の算出方法は以下のとおりである。第r県の第i産業の就業者数をe_{ri}, 総就業者数をe_r, 全国の第i産業の就業者数をE_i, 総就業者数をEとすると, 特化係数が$LQ_{ri}=(e_{ri}/e_r)/(E_i/E)$であるので, 第$r$県の第$i$産業の移出部門就業者数を$be_{ri}$とすると,
> $$be_{ri} = \begin{cases} 0 & if \quad LQ_{ri} \leq 1 \\ e_{ri} - e_r \dfrac{E_i}{E} & if \quad LQ_{ri} > 1 \end{cases}$$
> となる。第r県の移出産業就業者数はこれを産業について合計した$be_r = \Sigma_i be_{ri}$であるので, 第r県の基盤比率はbe_r/e_rで与えられる。

表4.1のBN比は, 基盤部門（移出部門）就業者数に対する非基盤部門（域内部門）就業者数の比率である（本章ではL/E）。先の(4.2)式で$a=0$の場合にはこのBN比に1を加えたものが地域の雇用乗数になる。また(4.2)式で$a=0$の場合, bの値（域内部門の比率）は, 1マイナス基盤比率となり, 最大は広島県の0.943, 最小は東京都の0.816である。

労働市場からみた移出基盤モデル

移出需要の増大が地域内での生産の増加を引き起こすという移出基盤モデルを労働の需給からながめてみよう。図4.3は移出産業の労働の需要と供給を示している。労働の供給曲線が完全に弾力的で一定の賃金率でいくらでも労働者を雇えるという状況であれば, 移出需要の増加のため労働需要がD_0からD_1に増加したとき, 移出産業の就業者数はE_0からE_1に増加する。この増加した移出産業での就業者数の増加による所得の増加が域内産業の雇用をも増加させ, 先の雇用乗数でみられたような地域の総就業者数の増加をもたらす。しかし, 労働供給が完全に弾力的ではなく, 労働の供給曲線が右上がりの場合（S'）には労働需要の増加, すなわち労働需要曲線の右へのシフトは賃金率の上昇をもたらし,

図 4.3 移出産業の労働の需給（需要主導型）

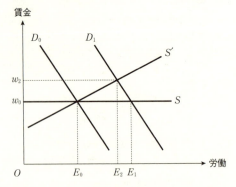

雇用の増加は E_0 から E_1 ではなく E_2 までにとどまる。労働供給が完全に弾力的でない場合には，移出部門の就業者数の増加は雇用乗数ほど地域の総就業者数を増加させないことになる。ケインズの所得決定理論における所得乗数は失業の存在が前提となっているが，移出基盤モデルも形式的には同じ構造であり，この点の理解が重要である。

累積的因果関係モデル

スウェーデンのノーベル経済学賞受賞者のミュルダール（K. G. Myrdal）は，「ある1つの変化はその体系内にその変化と同方向の，しかもより促進的な変化を引き起こし，体系は累積的過程を被る」という累積的因果関係の原理を提示した。「すべて持てるものは与えられて，いよいよ豊かならん。されど，持たぬものは，その持てるものをも奪わるべし」という新約聖書マタイ伝の言葉を引用して，先進地域と後進地域の成長格差の拡大を危惧したのである。

「累積的因果関係モデル」は，図4.4のように表すことができる。すなわち，地域の産出成長が生産性の上昇をもたらして賃金

1 需要主導型モデル

図 4.4 累積的因果関係モデル

```
地域の産出の成長率の上昇 ──┐
      ↓                    │
労働生産性の上昇              │
      ↓                    │
効率賃金率の低下 ─────────────┘
```

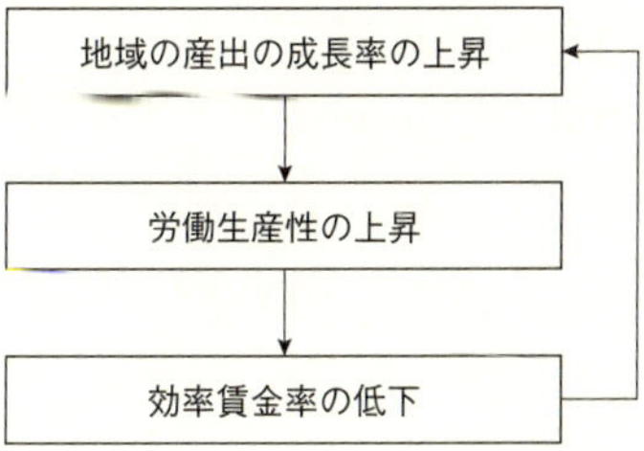

コストの上昇を抑える。その結果，移出競争力が強まって移出が増加し，さらなる成長が実現するという因果の連鎖が起こり，地域は累積的に成長する。累積的因果関係モデルでは規模に関して収穫逓増もありうるとされ，この場合には労働と資本は地域間を同じ方向に移動することになる。

最も単純な累積的因果関係モデルは次のように定式化される（この定式化は Richardson［1978］によるものである）。

生産性の上昇率 r は地域の産出物の成長率 y の関数で，

$$r = a + by \tag{4.3}$$

と表現される。集積の経済や規模の経済のため，$b > 0$ である。b はバードーン係数（Verdoorn coefficient）と呼ばれる。貨幣賃金指数を生産性の指数で割った効率賃金の上昇率 w は，

$$w = c - dr \tag{4.4}$$

で，生産性の上昇率が大きいほど賃金の上昇率は低い。また，効率賃金の上昇率が低いほど産出物の成長率は高いと考えて，

$$y = e - fw \tag{4.5}$$

と表される。累積的因果関係モデルは以上の3つの式で構成され，このモデルのなかで決まる内生変数は生産性の上昇率 r，効率賃金の上昇率 w，産出物の成長率 y の3つである。(4.3)，(4.4)式を (4.5) 式に代入して，時間を示す添え字 t を導入すると，

次のようになる。

$$y_{t+1} = e + f(ad-c) + bdfy_t \tag{4.6}$$

ここで，$g = bdf(>0)$，$h = e + f(ad-c)$ とおくと，

$$y_{t+1} = gy_t + h \tag{4.7}$$

となる。均衡成長率は，$y_t = y_{t+1} = y_e$ とおくと，

$$y_e = \frac{h}{1-g} \tag{4.8}$$

となる。

(4.7) 式を図4.5で考えてみよう。横軸に y_t をとり，縦軸に y_{t+1} をとる。第1象限に45度線を引くと，(4.7) 式のグラフが45度線と交わるところでは $y_{t+1} = y_t$ となり，これが均衡成長率 y_e である。正値の均衡成長率をもつためには，①$g<1$ かつ $h>0$，もしくは②$g>1$ かつ $h<0$ でなければならない。図4.5のグラフは①の場合である。初期の成長率が均衡成長率より低いならば時間の経過とともに成長率は上昇するが，最終的には均衡成長率に収束していく。逆に，初期の成長率が均衡成長率より高い場合

図4.5 累積的因果関係モデル

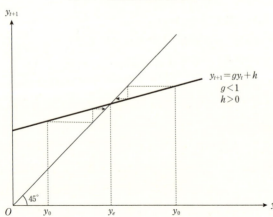

には時間の経過とともに成長率は低下し，やはり均衡成長率に落ち着くことになる。

ただし，g と h の条件が②の場合には，均衡成長率への収束は起こらない。当初の成長率が均衡成長率より高い場合には時間の経過とともに累積的に成長率は高まっていき，当初の成長率が均衡成長率よりも低い場合には成長率は累積的に低下していくことになる。

累積的因果関係モデルは，先進地域が累積的に成長し，停滞地域が累積的衰退をたどると誤解されることがあるが，必ずしもそうではなく，均衡成長率に収束する場合もあるのである。このモデルの実証研究は少ないが，カナダの州に関する研究では，累積的成長もしくは累積的衰退をたどる州は1つもなく，均衡成長率に収束するケースのほうが一般的であるとの結論を得ている。

以上のことから判断すれば，ここで紹介した累積的因果関係モデルは，累積的な成長過程を均衡成長率への収束過程として捉えていると理解することができる。地域をとりまく経済・社会環境が変化すると（4.3）式から（4.5）式のパラメータが変わるため，g や h が変化して（4.7）式のグラフはシフトするであろう。そうすると，地域の成長率は新たな均衡成長率へ向かって累積的に変化することになる。（4.7）式のグラフが上へシフトするなら新たな均衡成長率は高くなり，そこへ向かっての累積的な成長がもたらされ，下へシフトするときは反対に均衡成長率は低下することになる。

2 供給主導型モデル

地域内で生産される財・サービスの生産の増加が生産に投入される労働や資本などの生産要素の増加により引き起こされる，と

図 4.6 移出産業の労働の需給（供給主導型）

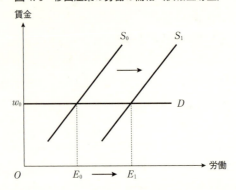

いうのが供給主導型モデルである。地域内で生産される財・サービスの全国市場における需要の価格弾力性は無限大で、生産された財・サービスはすべて販売できるという場合が最も極端な供給主導型モデルになる。この場合には、地域の生産水準は地域のもつ労働や資本といった生産要素の利用可能性によって制約される。図 4.6 はそのような場合の移出産業の労働市場を示すグラフである。図 4.3 とは対照的に労働の需要曲線が完全に弾力的で、一定の賃金水準でいくらでも労働を需要しようとする。生産されたものはいくらでも全国市場で販売できるからである。したがって、労働人口の増加によって労働供給曲線が S_0 から S_1 にシフトすれば、労働の雇用量は E_0 から E_1 に増加し、この地域の生産量、そして所得は増大することになる。

新古典派の成長モデル

供給主導型モデルの代表としては「新古典派の成長モデル」がある。ここでは、生産関数を用いた成長会計と呼ばれるアプローチによって、モデルの基本的な考え方を説明する。

いま、生産関数を

$$Y = F(K, L)$$

と書くことができるとする。ここで、Y は生産量、K は資本の投入量、L は労働の投入量である。そして、資本と労働の投入量と生産量の間に規模に関して収穫一定という関係があると仮定する。

資本か労働の一方の投入量を固定して他方の投入量を 1 単位増加させたときの生産量の増加分は、増加させた生産要素の限界生産性と呼ばれる。ここで、資本と労働の限界生産性はいずれも正で、投入量を増加すれば生産量も増加するが、生産要素の投入量が増加するにつれて限界生産性はしだいに低下する、すなわち、限界生産性逓減という性質をもっていると仮定する。

生産関数をコブ＝ダグラス型の生産関数に特定化して表すと、規模に関して収穫一定を仮定しているので、

$$Y = AK^{\alpha}L^{1-\alpha} \tag{4.9}$$

となる。ここで、A と α は定数で、A は外生的に与えられた一定の技術水準を表すとする。また、α は資本分配率、$(1-\alpha)$ は労働分配率である。さらに、(4.9) 式の両辺を L で割ると、

$$\frac{Y}{L} = A\left(\frac{K}{L}\right)^{\alpha}$$

という関係が導かれる。左辺の Y/L は労働 1 単位当たりの生産量、すなわち、労働生産性で、これを y とする。右辺の K/L は、労働 1 単位当たりの資本の投入量で、資本・労働比率と呼ばれる。これを k とすると、y は k の関数として

$$y = f(k) = Ak^{\alpha} \tag{4.10}$$

と表される。

時間の経過とともに、資本の投入量が ΔK、労働の投入量が ΔL 増加して生産量が ΔY 増加したとすると、それぞれの成長率の関係は (4.11) 式のようになる。

$$\frac{\Delta Y}{Y} = \alpha \frac{\Delta K}{K} + (1-\alpha)\frac{\Delta L}{L} \tag{4.11}$$

生産量の成長率は生産要素である資本と労働の成長率の加重平均として表されるわけで，経済成長は生産要素の増加によって引き起こされるという供給主導型成長モデルの特徴が（4.11）式に要約されている。

さらに，（4.11）式を整理すると，

$$\frac{\Delta Y}{Y} - \frac{\Delta L}{L} = \alpha\left(\frac{\Delta K}{K} - \frac{\Delta L}{L}\right) \tag{4.12}$$

という関係が導かれる。左辺は労働生産性の成長率（$\Delta y/y$），右辺のカッコ内は資本・労働比率の成長率（$\Delta k/k$）であるので，(4.12) 式は

$$\frac{\Delta y}{y} = \alpha\left(\frac{\Delta k}{k}\right) \tag{4.12'}$$

と書き換えられる。労働生産性は，資本・労働比率の上昇に比例して成長するわけである。

ここで，（4.10）式で表される労働 1 単位当たりの資本投入量と労働 1 単位当たりの生産量の関係を横軸に k，縦軸に y をとって表すと，限界生産性が逓減するので，図 4.7 の $y=Ak^\alpha$ のような生産曲線を描くことができる。この経済の最初の状態において，資本・労働比率が k_0，労働生産性が y_0 であったとする。資本と労働が成長すると，（4.12）式からわかるように，資本の成長率が労働の成長率を上回るかぎりは k は上昇して横軸を右方向へ向かい，それにともなって y も増加して縦軸を上方向へ向かう。資本・労働比率の上昇，すなわち，労働 1 単位当たりの資本の増加によって労働生産性の成長，さらには，所得の成長が実現するのである。

新古典派の成長モデルでは，長期的には均衡状態を実現すると

図 4.7 新古典派の成長モデル

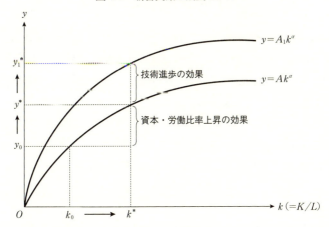

考えられている。ここでの単純なモデルのもとでは、長期の均衡は労働の成長率と資本の成長率が等しくなり、したがって、生産物の成長率もそれらと同率になる状態として定義される。このときには、(4.12) 式からわかるように、資本・労働比率の成長率、そして、労働生産性の成長率はともにゼロになる。すなわち、資本・労働比率と労働生産性は一定の値にとどまることになるのである。このような長期均衡が達成されたときの資本・労働比率と労働生産性が図4.7の k^* と y^* であるとするなら、この経済は k^* と y^* に向かって収斂していくことになる。

技術進歩と成長

前項では、(4.9) 式の A は一定、すなわち、技術水準は変化しないと仮定された。それでは、技術水準が変化するなら、生産物の成長はどのようになるだろうか。

(4.9) 式の A が時間の経過とともに変化するなら、生産物の成長率は以下のように分解される。

$$\frac{\Delta Y}{Y} = \frac{\Delta A}{A} + \alpha \frac{\Delta K}{K} + (1-\alpha) \frac{\Delta L}{L} \qquad (4.13)$$

(4.11) 式と比較すると，技術水準を表す A の変化率 $\Delta A/A$ が付け加えられているが，これは技術進歩率を表す。したがって，(4.13) 式は，成長の源泉が資本の成長，労働の成長，そして，技術進歩であることを示している。

とくに，技術進歩は成長のエンジンであるといわれる。その意味を上で示したモデルで確認しておこう。(4.13) 式を整理すると，(4.12) 式に対応した (4.14) 式が導かれる。

$$\frac{\Delta Y}{Y} - \frac{\Delta L}{L} = \frac{\Delta A}{A} + \alpha \left(\frac{\Delta K}{K} - \frac{\Delta L}{L} \right) \qquad (4.14)$$

技術進歩率が 0 なら (4.12) 式と同じになり，長期均衡に達すると，資本・労働比率と労働生産性は一定の値から変化しなくなる。しかし，技術進歩によって技術水準が A から A_1 に上昇するなら，図 4.7 に示されているように，生産曲線が上方へシフトして $y = A_1 k^{\alpha}$ になり，労働生産性の成長，したがって，1 人当たり所得の成長を実現することができる。

ここでの分析で技術水準を表す変数とみなした A やその変化率 ($\Delta A/A$) は，直接計測することができない。そのため，成長会計のアプローチにおいては，技術進歩率 ($\Delta A/A$) が，(4.13) 式に基づいて，生産物の成長率と生産要素成長率の加重平均との差として求められる。このようにして求められる技術進歩率は，ソロー残差，または，**全要素生産性** (TFP：Total Factor Productivity) 成長率と呼ばれている。

地域経済の成長モデル

新古典派の成長モデルを地域経済に適応すると，アームストロングとテイラー (Armstrong and Taylor [2000]) に従うなら，地

域 r の経済成長は以下のように表現することができる。

$$\frac{\Delta Y_r}{Y_r} = \frac{\Delta A_r}{A_r} + \alpha \frac{\Delta K_r}{K_r} + (1-\alpha)\frac{\Delta L_r}{L_r} \tag{4.15}$$

第1章において強調したように,地域経済は開放的であり,資本や労働という移動可能な生産要素の地域間移動には制約がほとんどない。そのため,新古典派の地域成長モデルは,生産要素と技術が地域間を自由に移動できると仮定する。これらのことを踏まえるなら,新古典派の成長モデルに基づく地域経済の成長は,図4.8のような要因によって実現するとみなされるであろう。地域間で経済成長に格差が存在するとすれば,その原因は,技術進歩の違い,資本の成長率の違いと労働の成長率の違い,すなわち,資本・労働比率の違いによって説明されることになる。

ところで,新古典派成長モデルでは,地域の経済成長と地域間の生産要素移動を1つのモデルで説明できるという特徴をもつ。生産要素の地域間移動に関しては第6章で詳しく解説するので,ここでは簡単に説明しておく。

地域間で技術に関しては差がないと仮定する。資本・労働比率が低い地域は,労働に比べて資本が少ないので資本の報酬率が高くなる。反対に,資本・労働比率が高い地域は,資本に比べて労働が少ないので労働の報酬率が高くなる。資本と労働がより高い要素報酬率を求めて地域間を自由に移動するなら,資本は資本・労働比率の高い地域から低い地域へ移動し,労働は資本・労働比率が低い地域から高い地域へ移動するであろう。その結果,資本・労働比率が低い地域でその比率は上昇し,反対に,高い地域では低下する。このような変化は,すべての地域の資本・労働比率が同一になるまで続き,結局は労働生産性,したがって,1人当たりの所得も地域間で均等化することになる。

このような所得格差の縮小のプロセスが実際に確認できるのか

図4.8 新古典派モデルに基づく地域経済の成長

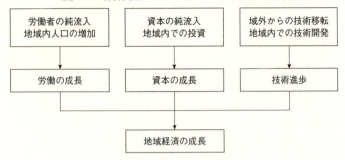

については、新古典派成長モデルの検証の一環として、国家間や地域間の比較による実証研究が進められてきた。バローとサラ-イ-マーチン（R. J. Barro and X. Sala-i-Martin）の実証研究によると、アメリカの州、日本の都道府県、ヨーロッパ8カ国の90地域のデータを用いた分析では、格差縮小のプロセスが確認された。しかし、世界の多様な国々を対象にした場合には、このような関係は認められないという。成長の基礎的な条件（貯蓄率、人口増加率、技術水準、国の産業政策等）の違いにより、それぞれの経済が向かうであろう長期の均衡水準が異なるからである。

技術の地域間格差に関しては、新古典派のモデルの仮定のもとでは、技術は瞬時に地域間に波及するため、技術格差は生じない。しかし、技術の空間的波及のスピードは理論が仮定するほど速くなく、また、技術進歩をもたらす新しいアイデアや知識の生産には地域間で格差があるかもしれない。技術の水準や進歩に関して地域間格差があると考えるほうが妥当かもしれないのである。

内生的成長

新古典派成長モデルでは、成長の主要な要素である技術進歩が外生的な要素とみなされ、技術進歩がなぜ起こるのかは説明され

ていない。そのため、労働生産性、そして、1人当たり所得の成長率自体が外生的に決まってしまう。この欠点を克服し、技術進歩が起こる理由を説明して成長率を決めるメカニズムを内生化した成長モデルが1980年代後半にローマー（P. M. Romer）やルーカス（R. E. Lucas, Jr.）によって提案された。彼らのモデルを基礎にした成長理論は、成長率がモデルのなかで決まるため、内生的成長理論と呼ばれている。

技術進歩を内生化するための重要な要素が知識である。知識は財・サービス生産の生産要素であるとともに、知識のストックが外部効果をもたらして生産性の上昇に寄与する。ローマーは、利潤獲得動機に基づいて新しい知識が生産されるとともに、既存の知識ストックが知識生産に外部効果をもたらすというメカニズムをモデル化した。また、ルーカスは個々の労働者が習得して身につけた知識や技能の水準である人的資本に着目し、人的資本への投資が労働生産性を増大させるとともに、そのストックが外部効果をもたらすというプロセスをモデル化している。

ところで、新しい技術を利用して効率的な生産を実現するためには、その技術を最大限に活用することのできる能力が必要になる。さらに、新しい技術が常に時間的な遅れなしに円滑に移転されるとは限らないため、地域内において新しい技術を開発する能力も求められる。人的資本は、このような新しい技術の利用・開発に必要な知識やアイデアを生み出すうえで最も重要な要素である。

そのため、人的資本は、技術の水準や進歩の格差に基づく成長格差をもたらす要因として重視されるようになってきた。とくに、新しい知識やアイデアの創出は、人的資本を備えた個人の集中とその相互交流という環境のもとで活発になる。これは、集積の経済という外部効果にほかならない（第7章および第8章を参照）。内

生的成長理論に従うと,地域間で知識や人的資本のストックの格差が存在するなら技術進歩も地域間で異なり,結果として成長格差がもたらされることになる。知識やアイデアを生み出すための地域環境の違いが,地域間の成長や所得の格差をもたらす要因の1つとして重視されてきているのである。

第5章　地域間交易の理論

1　地域間の交易パターン

　地域経済の最大の特徴は開放性である。財や生産要素の地域間の取引は，国際経済における国家間の取引よりもはるかに容易であり，したがって，大量かつ頻繁に行われている。それでは，なぜ財や生産要素は地域間で取引されるのであろうか。また取引によってどのような経済的利益が地域の生産者や消費者にもたらされるのであろうか。生産要素である労働力については第6章で説明するので，本章では生産物の地域間取引，すなわち地域間交易について解説する。

日本の地域間交易

　表5.1は，経済産業省が作成した2005年の「地域産業連関表」（地域内表）から，各地域の国内他地域への移出額と他地域からの移入額を産業別にみたものである。北海道，東北，四国，九州，沖縄では農業の移出額が移入額を上回り，製造業については中部，近畿，中国，四国の4地域で移出額が移入額を上回る。商業と金融・保険・不動産の移出額が移入額よりも大きい地域は関東と近畿，サービスの移出額が移入額よりも大きい地域は関東である。大まかには，北海道や九州は農産物を移出して工業製品や

表 5.1 地域産業連関表からみた

		農林水産業	鉱業	製造業	建設
北海道	移出計	729	42	3,094	1
	移入計	212	15	4,608	13
	移出入比	3.44	2.70	0.67	0.06
東北	移出計	866	27	8,770	1
	移入計	315	15	8,818	12
	移出入比	2.75	1.76	0.99	0.10
関東	移出計	587	42	31,883	63
	移入計	1,461	92	36,148	12
	移出入比	0.40	0.46	0.88	5.30
中部	移出計	304	28	24,506	7
	移入計	478	37	19,004	17
	移出入比	0.64	0.76	1.29	0.40
近畿	移出計	147	36	22,353	36
	移入計	938	48	20,084	13
	移出入比	0.16	0.74	1.11	2.91
中国	移出計	259	33	12,386	3
	移入計	302	39	9,060	10
	移出入比	0.86	0.84	1.37	0.27
四国	移出計	395	25	4,567	0
	移入計	121	13	4,372	4
	移出入比	3.25	1.91	1.04	0.04
九州	移出計	777	40	7,660	2
	移入計	238	21	12,408	33
	移出入比	3.26	1.95	0.62	0.08
沖縄	移出計	41	8	99	0
	移入計	39	1	818	1
	移出入比	1.05	14.14	0.12	0.09

(注) 移出入比は移出計の移入計に対する比（移出計/移入計）である。
(出所) 各地方の経済産業局のホームページで公表されている「平成17年地域産

1 地域間の交易パターン

地域別の移出と移入（2005年）

（移出計と移入計の単位は10億円）

公益事業	商業	金融・保険・不動産	運輸	サービス
3	1,652	30	865	501
38	1,585	119	496	1,174
0.08	1.04	0.32	1.75	0.43
1,045	3,224	18	1,078	570
138	4,207	149	858	2,688
7.57	0.77	0.12	1.26	0.21
323	15,102	809	3,279	16,038
1,390	9,772	87	3,920	3,277
0.23	1.55	9.29	0.84	4.89
414	5,851	46	1,187	1,608
225	8,398	364	2,202	4,913
1.84	0.70	0.13	0.54	0.33
316	8,427	162	1,895	3,050
350	7,111	73	2,071	4,766
0.90	1.19	2.21	0.92	0.64
55	2,741	16	1,269	633
67	4,381	109	799	2,615
0.82	0.63	0.15	1.59	0.24
72	1,410	38	612	307
14	2,158	56	478	1,292
5.23	0.65	0.68	1.28	0.24
23	3,192	44	1,338	963
28	3,899	213	867	2,891
0.83	0.82	0.21	1.54	0.33
0	125	2	263	178
1	213	3	94	234
0.09	0.59	0.58	2.80	0.76

業連関表」の29部門表により作成。

サービス産業の生産物を移入する地域であり,関東は反対に農産物を移入してサービス産業の生産物を移出する地域であるといえる。

一方で,製造業に関しては,他の産業に比べると,移出額と移入額の差が小さく,移出入比率が1に近い地域が多い。すなわち,ほぼ同額の工業製品を移出するとともに移入しているという傾向が強いことがわかる。このように,地域間交易には,北海道や九州が農産物を移出して製造業やサービス産業の生産物を移入するという,異なる産業の生産物を交換する交易パターンと,製造業のように,同一産業の生産物を交換するという交易パターンがみられるのである。

産業間交易と産業内交易

国際貿易の区分に従うなら,前者の交易パターンは産業間交易,後者は産業内交易である。クルーグマンら(Krugman, Obstfeld and Melitz [2015]) は,国際貿易が行われる主要な動機はお互いに違っていることと規模の経済の2つであり,現実の貿易パターンはこれらの相互作用を反映したものであると指摘する。地域間交易についてもこの議論は当てはまるであろう。それぞれの地域が利用可能な資源や生産技術において異なるなら,同じ財であっても生産効率は地域によって異なるので,効率的に生産できる地域で生産して,他の地域へ移出することが合理的である。このような違い,すなわち,異質性に基づく相対的な生産効率は比較優位と呼ばれ,産業間交易の要因になる。

それに対して,産業内交易は生産における規模の経済を反映している。たとえ資源や技術に関して異質性が存在しない場合でも,規模の経済が働くなら,必要な財をそれぞれの地域で生産するよりも,特定の地域で大量に生産して各地域へ移出するほうが効率

的である。いずれにしても，異質性や規模の経済を反映した生産と交易のパターンを実現することで互いに利益を得ることができるのである。ただし，生産の地域間分業や地域的集中が実際に効率的かどうかは，生産物の輸送費に依存することに留意しなければならない。

2 比較優位と地域間交易

比較優位

比較優位とは，ある財の生産が他地域に比べて効率的かどうかを，他の財の生産に対する相対的な効率性によって評価する考え方である。地域1と地域2の2地域からなる国で，機械と農産物の2種類の財が生産される場合を考えてみよう。各地域の利用可能な資源をすべて投入したときに実現可能な機械と農産物の生産量の組合せが図 5.1 の A_1B_1 と A_2B_2 で表されるとしよう。これらは**生産可能曲線**（生産可能フロンティア）と呼ばれ，有限な資源

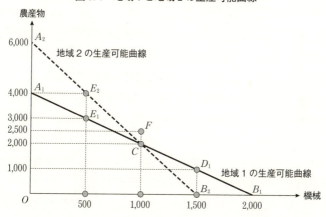

図 5.1 地域1と地域2の生産可能曲線

を投入して生産できる農産物と機械の間のトレードオフ関係を示す。

最初に C 点で表される生産量の組合せが実現していたと仮定する。すなわち,地域1と地域2はいずれも機械1000単位と農産物2000単位を生産している。国全体としては,機械が2000単位,農産物が4000単位生産されることになる。

さらに,両地域で機械の生産量を500単位増加させて1500単位生産する場合を考えよう。各地域の新しい生産点は,それぞれの生産可能曲線に沿って変化する。地域1では,機械の生産を500単位増やすために農産物の生産を1000単位減らして D_1 点に移らなければならない。機械1単位当たりでは農産物2単位の減産になるが,この値は限界変形率と呼ばれ,生産可能曲線の傾きの絶対値に等しい。この経済的意味は,機械1単位の生産増加のために犠牲になる農産物の量,すなわち機械生産の機会費用である。

地域2では,機械を500単位増産するために農産物を2000単位減らして B_2 へ移る必要がある。機械1単位当たり農産物4単位を犠牲にしなければならないので,地域2で機械を1単位増産するための機会費用は地域1の2倍になる。したがって,機械を生産するためには地域1のほうが地域2よりも犠牲になる農産物の量が少ないという意味で有利である。このような条件が満たされるとき,地域1は機械の生産に比較優位をもつという。

両地域が C 点から機械の生産量を500単位減らす場合はどうだろうか。これによって実現できる農産物の増加量は,地域1は E_1 点へ移るので1000単位,地域2は E_2 点へ移るので2000単位である。したがって,農産物を1単位増産するための機会費用を求めると,機械の機会費用と逆数の関係になり,地域1は1/2単位,地域2は1/4単位になる。すなわち,農産物の生産に関

しては，犠牲になる機械の生産量が少ない地域2が比較優位をもつ。

生産の特化と交易

次に，それぞれの地域が比較優位をもつ財の生産に資源をより多く投入して特化を進め，その生産量を増加させて地域間で交易を行う場合を考える。地域1は機械の生産に比較優位をもつので，機械の生産への特化を進めて D_1 点に移り，地域2は農産物の生産に比較優位をもつので，農産物の生産への特化を進めて E_2 点に移ったとする。その結果，全国の生産量は機械が2000単位，農産物が5000単位になる。全体の機械の生産量は最初の状態と同量であるにもかかわらず，農産物の生産量は5000単位で，1000単位の増産が実現する。このように，各地域が比較優位をもつ財の生産への特化を進めるなら，全体としてはより多くの生産物を獲得することが可能になる。

ここで，交易における農産物と機械の交換比率が3：1（農産物3単位と機械1単位が交換される）であるとしよう。各地域における機会費用から，地域1のなかでは機械1単位と交換できる農産物は2単位である。しかし，交易を行うと，機械1単位を地域2へ移出すれば，地域2の農産物3単位と交換することができる。地域1は機械を移出して農産物を移入するほうが有利であり，地域2は農産物を移出して機械を移入することが有利である。

地域1が500単位の機械を地域2へ移出して，地域2から農産物を1500単位移入するとしよう。その結果，地域1と地域2はどちらも機械1000単位と農産物2500単位を手に入れることになる。図5.1でみると，交易後の消費可能量の組合せは，両地域の生産可能曲線の右上に位置する F 点へ移る。最初の状態である C 点と比較すると，両地域ともに機械の消費可能量は変化し

ないが,農産物については500単位ずつ増加することがわかる。いずれの地域においても,地域内の生産のみでは達成することができない消費の組合せが実現する。すなわち,比較優位をもつ財の生産に特化して交易を行うなら,より多く消費できる可能性が交易を行うすべての地域にもたらされるのである。

ただし,それぞれの地域において比較優位をもつ財への生産の特化がどの程度まで進み,どのような交易が行われるかは財の相対価格,すなわち交換比率に依存する。なお,特定の財にすべての資源を投入してその財のみを生産する状態は完全特化と呼ばれる。上記の仮説例では,いずれの地域も完全には特化せず,両方の財の生産を続ける場合が想定されている。

比較優位をもたらす要因

それでは,比較優位はどのような要因によってもたらされるのであろうか。その基本的な要因は,自然条件を含む地理的要因に基づく天然資源や人為的に蓄積されてきた種々の資源の存在量の違い,あるいは,自然条件や生産活動の経験や蓄積からもたらされる生産技術の違いである。

以下では,伝統的な国際貿易の理論に基づき,生産要素の地域間移動は起こらないという仮定をおいて,生産技術と資源の存在量の違いが比較優位をもたらすメカニズムについて解説する。

生産技術の違いと比較優位:リカード・モデル

ここでの生産技術の違いとは,表5.2のように,地域1では財を1単位生産するために必要な労働力が農産物で2単位,機械では4単位であるが,地域2は農産物で3単位,機械では12単位を必要とするような場合である。このような労働生産性の違いが比較優位をもたらす要因になる。

表 5.2　1単位の生産に必要な労働力

	機　械	農産物
地域 1	4	2
地域 2	12	3

　なぜなら，完全雇用を仮定すると，地域1では機械1単位を生産するのに必要な労働力を確保するためには2単位の農産物の生産をあきらめればいいが，地域2では4単位の農産物をあきらめなければならない。すなわち，機械を1単位生産するための機会費用が地域1では農産物2単位分であるが，地域2では4単位分になり，機械生産に関しては地域1のほうが機会費用は少ないことを意味する。それに対して，農産物1単位を生産するための労働力の確保に関しては，地域1は機械1/2単位をあきらめる必要があるが，地域2は1/4単位ですむので，農産物を生産するための機会費用は地域2のほうが少ない。このような生産技術の違いが地域1の機械生産に，そして，地域2の農産物生産に比較優位をもたらす。このタイプのモデルは比較優位と交易の関係を明らかにする最も基本的なモデルで，リカード・モデルと呼ばれている。

　この仮説例においては，いずれの財の生産性も地域1のほうが高い。このような関係にあるとき，地域1は両財の生産に絶対優位をもつという。しかし，特化と交易をもたらすのは絶対優位ではなく，相対的な生産効率である比較優位であることに注意しなければならない。

資源の賦存量と比較優位：ヘクシャー＝オリーン・モデル

　リカード・モデルでは，比較優位は生産技術の違いによって生じる。しかし，たとえ両地域の生産技術が同じ場合でも，必要な

生産要素の利用可能量が地域間で異なれば,生産費の相対的な格差がもたらされ,比較優位が生まれる。生産要素の地域間移動が不可能であることを前提に,利用可能な生産要素の量(賦存量)の違いに着目して交易パターンについて分析するモデルは,ヘクシャー＝オリーン・モデルと呼ばれている。

土地と労働力の2種類の生産要素を投入して機械と農産物を生産する場合を考えてみよう。利用可能な土地と労働力の量が地域間で異なるとき,豊富に存在する生産要素ほど価格は相対的に低くなることが期待される。地域1は労働力が相対的に豊富で,地域2は土地が相対的に豊富であるとすると,土地に対する労働力の相対価格は地域1のほうが低くなるであろう。

このモデルでは,財の生産技術は,財ごとに異なるが,同じ財であれば地域間で違いはないと仮定される。財の間の違いは,生産要素の投入比率の違いで表される。ここで,農産物を1単位生産するために必要な労働力1単位当たりの土地の投入量は,農産物のほうが機械よりも多くなるとしよう。このとき,農産物の生産は土地集約的であり,機械の生産はそれに比べて労働集約的であるという。

簡単化のために,生産要素間の代替がなく,いずれの財も1単位を生産するために投入される労働力と土地の量は財の生産量にかかわらず一定であるとする。両財を1単位生産する場合の等産出量曲線を描くなら,図5.2のようになる。$M_1 M_2$ が機械の,$F_1 F_2$ が農産物の等産出量曲線である。ここで,生産に必要な労働力1単位当たりの土地の量(土地−労働力比)は,機械は直線 OK_M の傾き,農産物は直線 OK_F の傾きで示される。

以上の条件のもとでは,これらの財を地域1と地域2のどちらで生産することが生産費のうえで有利になるだろうか。生産要素の投入量と総生産費の関係は等費用線によって表されるが,その

図5.2 機械と農産物の等産出量曲線と生産費

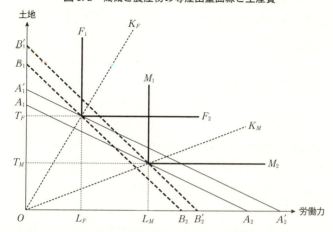

傾きの絶対値は生産要素の相対価格である。前述の生産要素の賦存量に関する仮定から，地域1の労働力の相対価格は地域2よりも低いと考えられるので，図5.2に等費用線を描くと，地域1の等費用線の傾きは地域2よりも緩やかになる。それぞれの財を1単位生産するために必要な生産要素の投入量の組合せを表す点を通るように等費用線を描くと，地域1で機械を1単位生産するときの等費用線はA_1A_2，農産物を1単位生産するときの等費用線は$A_1'A_2'$になる。等費用線の縦軸上の切片の高さは土地の量で測った総生産費を表すので，地域1では機械の総生産費が農産物の総生産費よりも少ないことがわかる。

それに対して，地域2で農産物を1単位生産するときの等費用線がB_1B_2であるとすると，機械を1単位生産するときの等費用線は$B_1'B_2'$になり，地域1とは反対に，農産物の総生産費が機械よりも少なくなる。このように，いずれの地域もそこに相対的に豊富に存在する生産要素をより多く投入する財を生産するほうが総生産費のうえで有利になる。すなわち，労働力が相対的に豊富

な地域は労働集約的な財の生産に比較優位をもち,土地が相対的に豊富な地域は土地集約的な財の生産に比較優位をもつわけである。

日本の地域間交易

表5.1の地域区分に従って,2005年における地域別の民有地の面積と就業人口をみると,表5.3のようになる。それぞれの生産要素の相対的な豊富さを民有地1km^{2}当たりの就業人口で比較すると,近畿と関東は土地の面積に比べて労働力が豊富な地域であり,北海道や東北は労働力に比べて土地が豊富な地域である。

さらに,民有地1m^{2}当たりの評価額を求め,それに対する雇用者1人当たりの雇用者報酬の比を計算してみよう。この値は,

表5.3 土地と労働力の賦存量と相対価格(2005年)

	民有地面積 (km^2) (A)	域内就業者数 (千人) (B)	就業者数/民有地面積比 (人/km^2) (B/A)	土地評価額総額 (10億円) (C)	民有地1m^{2}当たり評価額 (千円/m^2) (D=C/A)	雇用者1人当たり雇用者報酬 (千円/人) (E)	雇用者報酬/民有地評価額比 (E/D)
北海道	27,616	2,674	96.8	15,220	0.6	4,479	8,126
東北	29,316	4,725	161.2	36,156	1.2	4,127	3,346
関東	33,258	25,700	772.7	354,992	10.7	5,164	484
中部	12,967	7,142	550.8	77,810	6.0	4,769	795
近畿	13,201	10,176	770.9	117,914	8.9	4,963	556
中国	15,944	3,824	239.9	37,299	2.3	4,462	1,907
四国	9,316	2,007	215.5	21,604	2.3	4,337	1,870
九州	19,524	6,389	327.2	53,451	2.7	4,198	1,533
沖縄	1,063	577	543.1	5,439	5.1	3,669	717

(出所) 民有地面積と土地評価額総額は『民力 2010 DVD-ROM』(朝日新聞社),就業者数,雇用者数,雇用者報酬は「県民経済計算」(平成13年度~平成25年度版,93 SNA,平成17年基準計数)による。なお,地域区分は,第1章の表1.1の地域産業連関表の地域区分による。

労働力の土地に対する相対価格とみなすことができる。北海道や東北では労働力の相対価格が高く，反対に関東や近畿では低いことがわかる。すなわち，労働力が相対的に豊富な地域ほど労働力の土地に対する相対価格が低いという関係が確かめられる。ヘクシャー＝オリーン・モデルに基づくなら，土地が相対的に豊富で土地の相対価格が低い北海道や東北は土地集約的な産業に比較優位をもつので，その生産物の生産に特化して移出することが合理的である。反対に，労働力が相対的に豊富な関東や近畿は労働集約的な産業に比較優位をもち，その生産に特化して移出することが合理的である。

農業とサービス産業の生産技術を比較すると，前者は土地集約的，後者は労働集約的であるといえる。したがって，土地の相対価格が低い北海道は農業生産に比較優位をもち，労働力の相対価格が低い関東はサービス産業に比較優位をもつとみなすことができる。表 5.1 で北海道と関東の移出入パターンをみると，北海道は農業生産物を移出してサービス産業の生産物を移入し，関東は反対に農業生産物を移入してサービス産業の生産物を移出している。このような両地域の現実の移出入は，生産要素の賦存量の違いに基づく比較優位の理論から導かれる合理的なパターンであることがわかる。

3 産業内交易

比較優位の説明では，生産物 1 単位当たりの生産要素の投入量は生産量にかかわらず一定で，規模に関して収穫一定の仮定が置かれていた。しかし，現実には生産要素の投入量が 2 倍になれば生産量は 2 倍よりも大きくなるという関係が多くみられる。これは規模の経済（規模に関して収穫逓増）と呼ばれる関係で，詳細な

解説は第8章で行われるが，要するに，企業の生産規模が大きくなるほど単位当たりの生産費用が低くなることを意味する。産業内交易においては，規模の経済が重要な役割を果たす。

一般に，機械などの工業製品の生産では，新たに生産することが原則として不可能な土地を主要な生産要素とする農産物に比べると，規模の経済が生じる可能性が高い。規模の経済が働くときは，生産技術や資源の賦存量が同じである2地域の間であっても，それぞれの地域が域内の需要に見合う量だけ機械を生産するよりも，いずれかの地域ですべての量を生産するほうが平均費用は低くなる。したがって，いずれかの地域へ機械の生産を集中して交易を行うほうが，効率的な生産を実現しながら消費の機会を拡大することが可能になる。

さらに，機械のような生産物には，乗用車のように同じ目的に利用されるが，デザインや付加的な機能に関して異なっている物が多い。代替性をもちつつ違いのある財が作られることを差別化というが，需要者からみれば，差別化が進んで財の多様性が高まることは選択肢の増大になり望ましい。しかし，差別化された個々の財の生産に規模の経済が生じる場合，生産可能な財の種類，したがって，利用可能な財の多様性は市場の規模に依存する。

地域1と地域2が機械生産に関して，生産技術，資源の賦存量が同じであり，機械生産の平均費用曲線が，規模の経済が働くため，図5.3の曲線ABのように右下がりになるとする。機械に対する地域内需要曲線が両地域ともにD_1であるなら，需要が少なすぎるために，どちらの地域も生産は不可能である。しかし，両地域を合わせた全国の需要曲線はD_2になり，全国の需要を対象にするなら機械の生産はいずれかの地域で可能になる。すなわち，交易が行われないときには機械は生産されないので消費も不可能であるが，交易を行うなら，いずれかの地域でこの財を効率

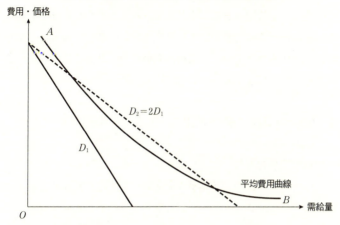

図5.3 規模の経済のもとでの平均費用と需要

的に生産して他方へ移出することによって、両地域で消費が可能になる。

同じ産業に属する差別化された財に関して規模の経済が働くとき、産業内交易はこのような交易の利益を各地域にもたらすのである。ただし、規模の経済によって生産がいずれかの地域に集中するかどうかは、生産物の輸送費の大きさに依存する。移出する際の輸送費が非常に大きいなら、生産を集中しても規模の経済を享受するメリットが輸送費で失われてしまうかもしれないのである。

また、条件が同じ2地域間でどのように生産が分担されるかについては、あらかじめ予測することはできない。歴史的な事情、産業政策のあり方や偶然の出来事がそれを決定するうえで重要な役割を演じることになる。

以上のような産業内交易を規模の経済を仮定して説明する考え方は、空間経済学の柱の1つである新貿易理論に基づいている。近年、新貿易理論の分野では、同じ産業に属する企業のなかでも、

実際に輸出を行っているのは生産性の高い一部の企業にすぎないという現実を説明できるように改良されたモデルが構築されている。このモデルは、企業間の生産性の違いに基づく異質性を明示的に組み込んだもので、企業の異質性モデル、あるいは、新々貿易理論と呼ばれている（田中［2015］を参照）。

4　地域間交易の経済効果

地域間交易の利益

ここまでの議論で、各地域が特定の財の生産に特化して交易することで、互いにより多くの財を利用することが可能になることを知った。それでは、このような交易は地域の経済厚生にどのような影響を与えるのだろうか。また、その利益は誰が手にすることになるのだろうか。本節では、地域間交易の経済厚生上の問題について考える。

最初に、ある地域の経済厚生が地域外との交易によってどのような影響を受けることになるのかをみることにしよう。第2節で用いたモデルにおける地域1のような、農産物生産に比較優位をもたない地域の農産物市場について考える。ただし、ここでは国内に多くの小規模な地域が存在しており、個々の地域は、その需給量の変化が全国市場の価格に影響を与えない、すなわち、プライス・テイカーであると仮定する。他地域との間で交易がまったく行われないとき、地域1の農産物の地域内市場は図5.4の価格 P_1^*、需給量 Q_1^* で均衡している。

農産物について地域1と域外との間で交易が始められるとしよう。農産物の全国市場における価格が P_n で、地域内の市場価格よりも低いとする。農産物の地域間輸送には費用がいっさいかからないなら、$P_1^* > P_n$ なので地域1の消費者は域外で生産された

図 5.4 交易による地域の経済厚生の変化①：農産物の移入地域

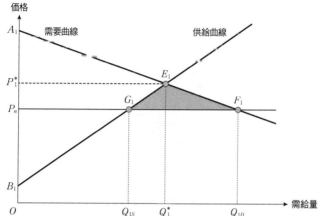

同じ財をより安い価格で全国市場から購入できる。したがって，農産物は移入されることになり，地域内価格も P_n に下落するであろう。このとき，地域1の消費者の需要量は Q_{1D}，生産者の供給量は Q_{1S} になり，その差 $Q_{1D}-Q_{1S}$ が移入される。

以上のような交易による財の需給量の変化が地域1に与える経済的効果を，消費者余剰と生産者余剰の変化によって調べてみよう。図5.4からわかるように，交易前の消費者余剰は $\triangle A_1 E_1 P_1^*$，生産者余剰は $\triangle B_1 E_1 P_1^*$ で表されるので，地域1の総余剰は $\triangle A_1 E_1 B_1$ である。交易が行われると，消費者余剰は $\triangle A_1 F_1 P_n$ に，生産者余剰は $\triangle B_1 G_1 P_n$ に変化する。農産物が移入され価格が下落するので，消費者余剰は増加するが，生産者余剰は減少することになる。

交易後の総余剰は $\triangle A_1 F_1 P_n + \triangle B_1 G_1 P_n$ になり，交易前と比較すると $\triangle E_1 F_1 G_1$ の面積だけ増加する。この総余剰の増加分が，交易が地域1にもたらす経済厚生上の利益である。ただし，生産者余剰は交易前よりも減少することからわかるように，交易が地

図 5.5 交易による地域の経済厚生の変化②:農産物の移出地域

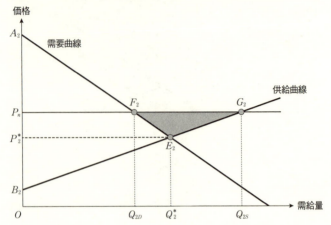

域内のすべての経済主体に利益をもたらすわけではない。地域 1 における農産物移入の利益はすべて消費者が獲得し,農産物生産者は損失を被ることになる。

それでは,地域 2 のような農産物の生産に比較優位をもつ地域の農産物市場では,交易によってどのような変化が起こるだろうか。図 5.5 で示されているように,地域 2 の農産物市場の交易前の均衡価格 P_2^* は全国市場の相対価格 P_n よりも低い。今度は,地域 2 の農産物の生産者は全国市場で地域内よりも高い価格で販売できるので移出することになり,地域内市場価格の上昇と生産の増加($Q_2^* \to Q_{2S}$),消費の減少($Q_2^* \to Q_{2D}$)がもたらされる。このような変化により地域 2 の農産物市場における総余剰は $\triangle E_2 F_2 G_2$ だけ増加するが,農産物を移入する地域 1 とは反対に,この利益はすべて生産者が獲得し,消費者は損失を被ることになる。

輸送費の影響

以上の議論では財の輸送費はゼロと仮定されていた。地域の消費者や生産者が移入や移出のために輸送費を負担しなければならないとすると、これまでの結論はどのように変わるだろうか。地域1が農産物を移入する場合について、輸送費の影響を考えてみよう。

農産物1単位当たりの輸送費が t (>0) であるとすると、地域1の消費者が支払わなければならない価格は P_n+t になる。t が大きく $P_n+t>P_1^*$ であれば、消費者にとって移入財を購入するメリットはなく、交易は行われないであろう。交易が行われるためには、$P_n+t<P_1^*$ という条件が満たされなければならない。このとき、図5.6に示されているように、地域1の消費者の需要量は Q_{1Dt}、生産者の供給量は Q_{1St}、移入量は $Q_{1Dt}-Q_{1St}$ になり、輸送費がかからない場合に比べると、地域内で生産された農産物の供給量は増加するが、需要量と移入量は減少する。交易による地域1の総余剰の増加分は $\triangle E_1H_1I_1$ になり、輸送費がかからない

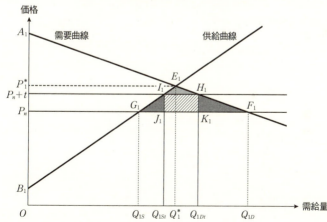

図5.6 輸送費による交易の利益の変化

と仮定した場合の増加分$\triangle E_1F_1G_1$よりも$\square F_1H_1I_1G_1$だけ少ない。交易による経済的利益は，輸送費の負担により減少するのである。地域2のような移出地域においても，輸送費を負担すると，同じように交易による経済的利益は減少する。

ところで，$\square F_1H_1I_1G_1$は次の3つに分解される。1つは$\square H_1I_1J_1K_1$で，移入された農産物の総輸送費である。これは，地域1の消費者が得るはずの消費者余剰が輸送事業者へ移転したものである。それに対して$\triangle F_1H_1K_1$は輸送費の負担が加わることによる価格上昇と消費の減少から生まれる損失，$\triangle G_1I_1J_1$は地域1で作られる価格の高い，すなわち，非効率的な生産物によって代替されることから生じる損失と考えることができる。$\triangle F_1H_1K_1$と$\triangle G_1I_1J_1$はほかへの移転ではなく，この世界から失われてしまう余剰分であり，**死重的損失**（deadweight loss）とみなされる。

高速道路などの交通ネットワークが整備されて地域間の輸送費の減少がもたらされるなら，その効果はtの低下として表される。図5.6において，tが低下すると$\triangle E_1H_1I_1$の面積は大きくなる。すなわち，輸送費の負担にともなう損失が少なくなり，それだけ総余剰が増加する。このような輸送費用の低下による総余剰の増加が交通整備の便益である（詳しくは坂下［1990］を参照）。

第6章　地域間格差と人口移動

1　日本の地域間格差

　世界のいろいろな国の人びとの所得や暮らしをみると，国と国との間でも，国のなかの地域間でも，個人間でも目にみえる形で格差があることに気づく。ここではそれらの格差のなかで，主として地域間の格差の問題を考えよう。地域間格差は，地域経済にとって最も重要な研究課題の1つだからである。

　まず，地域間格差を考える場合の地域の単位としては，日本では一般に都道府県が使用されている。これは，内閣府の地域に関する統計資料が主として都道府県単位で作成されているからであるが，本章でも統計資料を利用する場合，地域の単位としては，都道府県を採用する。

　次に，地域間の経済格差に関する指標として最も代表的な「1人当たり県民所得」を中心に考察しよう。地域所得は地域の経済力を示すとともに，地域の生活水準を推し量る指数でもある。表6.1に1975年度と95年度および2014年度における名目ベースでの上位・下位5県の県民1人当たり所得と全国平均値を対比している。1975年度の東京都は鹿児島県の1.95倍，95年度の東京都は沖縄県の2.04倍，2014年度の東京都は沖縄県の2.12倍であり，最高と最低の格差は少し拡大傾向を示しているものの，日本

表 6.1　県民 1 人当たり所得上位 5 県と下位 5 県

(単位：千円)

1975 年度		1995 年度		2014 年度	
上位 5 県	県民 1 人当たり所得	上位 5 県	県民 1 人当たり所得	上位 5 県	県民 1 人当たり所得
東京	1,567	東京	4,149	東京	4,512
大阪	1,356	愛知	3,515	愛知	3,527
広島	1,204	神奈川	3,410	静岡	3,220
愛知	1,196	大阪	3,408	栃木	3,204
兵庫	1,160	千葉	3,315	富山	3,185
下位 5 県	県民 1 人当たり所得	下位 5 県	県民 1 人当たり所得	下位 5 県	県民 1 人当たり所得
長崎	838	秋田	2,372	鹿児島	2,389
沖縄	826	宮崎	2,330	宮崎	2,381
島根	822	長崎	2,313	長崎	2,354
宮崎	815	鹿児島	2,230	鳥取	2,330
鹿児島	802	沖縄	2,033	沖縄	2,129
全国平均	1,118	全国平均	3,102	全国平均	3,057

(出所)　内閣府経済社会総合研究所編『県民経済計算年報』(平成 26 年度版)。

の地域間格差に大きな変化はなかったようにみえる。また，全国平均値からの乖離をみると，1975 年度は東京都が 1.40 倍，鹿児島県が 0.72 倍であり，95 年度は東京都が 1.34 倍，沖縄県が 0.66 倍となり，さらに 2014 年度には東京都が 1.48 倍，沖縄県が 0.70 倍であった。全国平均値からの乖離に関しても，それほど大きな変化はなかったといえよう。

ただし，順位にはかなりの変動がある。所得上位 5 県をみると，1975 年度，95 年度，2014 年度と一貫して東京都が第 1 位であるが，東京都以外で 3 つの年度を通じて上位 5 県に入っているのは愛知県のみであり，この 2 都県を除くとかなり入れ替わりがある。とくに 2014 年度においては，静岡県・栃木県・富山県の，いわゆる大都市圏には属さない県が上位 5 県に入っているのは注目すべきであろう。この 3 県に共通するのは，製造業のなかでも自動

車産業や薬品産業等の付加価値の高い産業が盛んなことである。一方，所得下位5県をみるとそこに順位の変動はあるものの，上位5県と比較して入れ替わりがそれほどないことがわかる。沖縄県・鹿児島県・長崎県・宮崎県の4県については各々順位の変化はあるものの，1975年度，95年度，2014年度と一貫して下位5県に位置していることがわかる。これ以外では，1975年度の島根県，95年度の秋田県，2014年度の鳥取県が下位5県に入っており，いずれも東北地方や山陰地方の県が属しているのがわかる。

次に，日本の地域間格差の推移をみておこう。

日本の地域間所得格差の推移

所得の地域間格差を測定するための尺度（格差の度合を算定するために用いる計算方法）にはさまざまなものがあるが，ここでは政府の報告書等において最もよく用いられている**変動係数**を採用する。変動係数は次のように定義される。

$$\text{変動係数} = \frac{\text{標準偏差}}{\text{平均値}} \tag{6.1}$$

そこで，1955年度から2014年度の各年度ごとに1人当たり県民所得（名目値）の平均値とその散らばりを示す標準偏差を計算し，変動係数を算定した。図6.1は，変動係数で測定した1955年度から2014年度にかけての日本の地域間所得格差の推移を示したものである。算定にあたっては，1975年度以降の数値は内閣府が作成する『県民経済計算年報』の正式系列のデータを使用し，55年度から74年度の数値は『長期遡及推計』の参考系列（68SNA）のデータを使用している。

図6.1にみるように，全体としては1961年度頃が地域間所得格差の最初のピークであり，その後，75年度頃までかなり急速に縮小している。その後1979年度頃までほぼ横ばい状態を続け

図6.1 地域間所得格差の推移

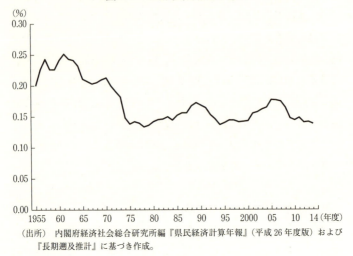

（出所）内閣府経済社会総合研究所編『県民経済計算年報』（平成26年度版）および『長期遡及推計』に基づき作成。

たが，80年代に入ってから89年度頃まで再び拡大し，89年度を2つ目のピークとして，その後94年度頃まで縮小している傾向がある。1994年度から2000年度頃まで横ばい状態となるが，これ以降，再び拡大傾向を示し，その傾向は2005年度頃まで続く。そして，2005年度を3つ目のピークとして，これ以降は2014年度まで再び縮小傾向を示している。

つまり，第1次石油危機後の1970年代後半と経済のグローバル化や規制緩和の進んだ90年代後半を境として，61年度頃と89年度頃および2005年度頃をピークとする3つの逆U字型カーブが連なった形態を取っているとみなすことができる。ただし，後半の2つの逆U字型カーブは最初の逆U字型カーブと比べてそのピークが著しく小さく，逆U字型カーブそれ自体の形態もそれほど明瞭でない。また，後半の2つの逆U字型カーブは，そのサイクルがほぼ20年程度とみなすことができるのも1つの特徴といえる。

2つ目の逆U字型カーブについていえば，1975年度から84年度頃にかけては横ばい状態とも考えられる。1970年代後半は日本経済が高度成長から安定成長に転換した時期であり，それにともなって地域経済構造も大きく変化した。したがって，日本の所得格差の動向も1970年代後半を境として大きく変化したと考えられる。また，この時期は大都市圏における地価高騰に代表されるいわゆるバブル経済の発生と崩壊を経た期間でもあり，1989年度頃のピークはバブル経済崩壊直前の時期と一致している。

3つ目の逆U字型カーブについては，そのピークが2つ目の逆U字型カーブのピークとほぼ同じ値をとっていることがわかる。したがって，格差水準自体は1つ目の逆U字型カーブの時期と比べて，それほど問題とすべきレベルではない。2008年度から09年度にかけてかなり急激に格差が縮小しているが，これは07年のサブプライム住宅ローン危機を契機とするアメリカの急速な景気後退により，日本も不景気になったことによるものと思われる。とくに，1990年代以降の日本のように経済が成熟してからは，不景気の影響は，1人当たり所得が相対的に上位にある県に大きな影響を及ぼすと考えられる。これは，比較的景気に影響されやすい金融業をはじめとするサービス産業が東京等の大都市圏に集中しているためである。一方，農業や公的部門の割合が相対的に高い地方圏の県では，不景気の影響が大都市圏ほど影響しなかったことにより，結果として格差が縮小傾向を示したと考えられる。

2　経済発展と地域間格差

地域間所得格差そのものは，大きくみると先進国と発展途上国

との間に格差が存在するように,歴史的な経緯や資源の偏在,あるいは地理的・環境的な要因によって生ずると考えられる。そして,国内の地域間にも上記と同様の理由から格差が存在すると考えられる。

経済発展の初期段階においては,国内に資本・労働力・技術等に恵まれた地域がそうでない地域よりも急速に発展する傾向が多くみられる。このような傾向は,日本においても観察されており,第2次世界大戦後の復興期から1960年代前半にかけては,東京,大阪,名古屋などの大都市圏への資本や労働力の集中が進むとともに,地域間の格差も拡大した。

経済発展が成熟段階に達すると,経済成長の進行とともに少なくとも国内の地域間格差は縮小する,といわれている。しかし,先進国を含む多くの国において,地域間所得格差は存続し続けている。たしかに,大部分の先進国では,長期的にみると地域間所得格差は縮小傾向にあるが,それでも格差が無視できるほどに縮小したところはない。また,多くの発展途上国では地域間所得格差はむしろ拡大傾向にあり,大きな社会的問題となっている。

そこで,経済発展と地域間格差に関しての代表的な研究の1つであるウィリアムソン(Williamson [1965])の実証的研究を取り上げ,なぜそのような地域間所得格差が存続したり拡大あるいは縮小したりするのかを考えよう。

ウィリアムソンの実証的研究

ここで議論となるのは,経済成長が地域間格差を拡大させるのか,それとも縮小させるのかという点についてである。ウィリアムソンは,アメリカの時系列および国際間の横断面データを用いて,経済発展の初期には地域間格差は拡大するが,経済発展がある段階に達すると経済成長とともに地域間格差が縮小するという

分析結果を提出した。彼は労働力や資本の移動には一定の障壁があることを前提としつつ，経済の発展段階に応じた地域間格差の態様に関して，詳細な実証分析を行いつつ解明しようと試みている。

一国の経済発展の初期段階においては，経済発展の基礎となるべき優秀な労働力や資本が，低所得の地域よりも相対的に高所得の地域に集中するため，地域間格差はむしろ拡大傾向を示すとする。その後，経済発展がある程度進行すれば，都市に対する一次産品の売上増などの波及効果や財政的に余裕が生じた中央政府による地域政策等により地域間格差は縮小に転じ，結果的に地域間格差の推移は時間経過とともに逆U字型の形態を示すことになると主張している。彼はこの仮説に対する広範な実証的分析を行っており，多くの国々で時系列的にみた地域間格差の推移が逆U字型を示すことを実証している。

もともと逆U字型仮説は，クズネッツ (S. S. Kuznets) が提唱したものである。これは国民の所得分布が経済発展の初期の段階では不平等の度合を強めるが，ある時点を境に一転して平等化の傾向を示すというものである。クズネッツは，経済発展の初期においては，熟練労働者と非熟練労働者の賃金格差に代表されるように，所得の不平等度が相対的に高いとされる工業部門のウェイトが，国内における農業部門よりも高まることで国内の所得格差が広がるが，やがて人びとの工業化への適応が進み，またこれと並行して民主化社会の進展にともなう低所得者層の政治的な発言力の増大等を通じて福祉政策をはじめとする法制度等の整備も進むことから，やがては所得格差が縮小に向かうと説明している。ウィリアムソンはこの理論を地域間格差の推移にはじめて応用し，その後現在にいたるまで地域間格差の問題を考えるうえでの重要な研究となっている。

ウィリアムソンの逆U字型仮説は、本来的にはいくつかの解釈が可能であるが、多くの場合、経済発展における政府の介入を最小限にすべきであるとする論者の根拠とされてきた。しかし、ウィリアムソン自身は、地域間格差縮小の局面における政府の役割を非常に重視している。

3 地域間格差が存続する理由

以上で述べたように、少なくとも経済が成熟した段階に至れば、市場の力あるいは政府の政策によって、一国における地域間の格差は解消する方向に向かうことが期待される。しかし、現実には、多くの発展途上国において地域間の格差はより拡大しており、また先進国においても地域間の格差が無視できるほどに縮小したところはない。そこで、なぜそのような地域間格差が存続するのかについて考えてみよう。

移動費用の存在など

市場を重視する考え方の場合、市場が競争的であること、生産要素が自由に移動し移動費用がないこと、賃金が伸縮的であることなどを前提にして、地域間格差は市場の力によって縮小することが主張されている。しかし現実には、これらの条件は満たされていない。

労働市場には労働組合が存在して労働力の移動を妨げており、賃金も硬直的である。とくに、労働力の移動費用は、労働者によってはかなり大きな額となる。移動費用としては、引越費用のような金銭的な費用もあるが、非金銭的な費用も無視できない。人びとが地域で生活しているとき、一般に、家族・親戚・友人・知人等の情報ネットワークに支えられている。移動するときには、

これまでの情報ネットワークを切り捨てなければならないだけでなく，移動先の地域において新しい情報ネットワークを構築しなりればならない。これらもまた移動を妨げるコストなのである。

産業構成比の差異

農業の支配的な地域と工業が支配的な地域では，一般に1人当たり地域所得に大きな格差が生ずる。これはなぜであろうか。地域の所得は生産要素である資本と労働に対して分配されるから，付加価値ベースで次の式が成立する。

　　　　地域の産出額＝資本収益＋賃金支払い　　　　　　(6.2)

(6.2) 式は，地域 j の産出額を Q_j，資本と労働の投入量をそれぞれ K_j, L_j とし，資本レントを r_j，賃金を w_j とすると，次のように書き換えられる。

$$Q_j = r_j K_j + w_j L_j \tag{6.2'}$$

要素価格は地域を通じて同一であると仮定し，(6.2') 式の両辺を L_j で割ると，次式が得られる。

$$\frac{Q_j}{L_j} = r_j \frac{K_j}{L_j} + w_j \tag{6.3}$$

(6.3) 式に明らかなように，地域間で賃金格差が存在しないとしても，j 地域における資本・労働比率 K_j/L_j が異なれば，地域間所得格差は存在することになる。すなわち，資本・労働比率が高い産業（たとえば重化学工業）を抱える地域においては，そうでない地域に比べて1人当たり所得は高くなる。これに対して，第1次産業のように資本・労働比率が低い産業の比率が高い地域では，1人当たり所得が低くなる。この場合，地域間所得格差は存続していても，賃金格差は存在しないので，地域間所得格差は重要な問題ではなくなる。

賃金格差の存在

上述の議論では、地域間に賃金格差はないとしたが、実際には地域間において賃金格差が存在する。その1つの理由は、企業が支払う労働費用は名目賃金であるのに対し、地域間で物価水準に差があれば実質賃金では格差が生じるためである。たとえば、物価水準は一般に大都市地域よりも農村地域のほうが低いので、大都市のほうが名目賃金が高いとしても、その格差はいくらか縮小されるであろう。

また、大都市地域では、専門職・管理職に従事している者の比率が高く、農村地域では単純作業に従事している者の比率が高い。したがって、地域間で職種の構成比率が異なる場合には、職種それ自体の賃金が同じであっても、地域間における賃金格差が生じることになる。

さらに、大都市における集積の経済の存在は、賃金水準を引き上げる要因となることも考慮しておかねばならない。他方、地域の産業の衰退や不況などによって、特定の地域で失業率が上昇したり、潜在失業者が存在したりする場合には、その賃金が相対的に低下して賃金格差を拡大することになる。この場合、地域間格差問題は深刻となるであろう。また、次の福祉水準の格差の存在に示すように、地域の環境などによって快適性の差異が存在し、効用水準に影響を及ぼす場合、これらの要因も含めて実質賃金の問題と考えるアプローチもあることを指摘しておこう。

なお、これら以外に地域間所得格差に影響を及ぼしている要因として、土地などの資産価値の変動、民間投資の地域的な集中、政府による公共投資の配分、地方交付税などの政府による所得移転などがあげられる。

福祉水準の格差の存在

戦後の日本経済の高度成長は国民1人当たり所得水準を大きく引き上げ,国民の物質的生活水準を大幅に向上させた。しかし,このような経済発展は,一方において公害問題の発生や都市の過密化にともなう交通混雑等の外部不経済の発生を招くこととなった。このことは,国民1人当たり所得水準などのこれまで利用されてきた指標が,国民生活の真の豊かさを測定する基準としては一定の限界があることを示すものである。そこで,地域における福祉水準や快適性(アメニティ)について触れておきたい。

個人の生活水準に対する評価を考慮する場合,それは所得水準のみに依存するわけではない。当然そうした評価のなかには,住環境の快適性が含まれると考えられよう。また,人びとは実質所得を犠牲にして高い快適性を求めるかもしれないし,逆に快適性を犠牲にして高い実質所得を求めるかもしれない。

ヘンダーソン(Henderson [1982])は,消費者の快適性と地域間の福祉の格差の評価に関する実証的な研究を行い,消費者個人の居住地の決定が気候や犯罪率や文化・娯楽施設の利用可能性等の要因に影響されていることを見出している。ただし,個々人の快適性や福祉に関する評価基準は,個々人の職種や居住地そのものにも影響されるとする。たとえば,専門職の人びとは犯罪を最も嫌うが,良好な気候に対する評価はそれほど高くないし,またアメリカ南部における教育程度の高くない人びとはそれほど裕福ではないが,彼らは南部の高い福祉水準を大きく評価している。

なお,立地点等に依存する住宅や快適性のように多くの特性から構成されている合成的な財を分析するためには,「ヘドニック・アプローチ」という方法がとられる。これは,財の質的特性の相違を明示的に考慮するモデルによる分析であり,この手法を用いて,地域の快適性の潜在市場価格に関して数多くの研究がな

されている。

日本では1973年に経済企画庁経済審議会より，新しい福祉指標として NNW（Net National Welfare：純国民福祉）という概念が提唱された。これは，福祉指標としての GNP の不備を補うために，GNP では評価されていない要素（余暇時間，市場外活動，環境汚染，都市化にともなう損失等）を貨幣評価して GNP を修正したものである。

しかし，NNW は貨幣価値で評価可能なものを測定するという前提に立っているため，貨幣額で評価できないものは測定することができず，この点が NNW の限界となっている。社会指標は NNW のこの限界を超えて，非貨幣的な福祉の領域をも測定しようとするものである。綿貫［1984］は，国民の主要な関心が，所得・富・消費という経済的な領域から，住居・健康・環境・安全・教育等を含むより広い社会的な次元にまで広がっていることを考えれば，NNW より社会指標のほうが福祉水準の指標として適切であるとしている。

いずれにせよ，地域間格差を1人当たり所得水準の次元だけで考えるのには限界がある。地域間格差の実態をより明確に把握するためには，社会指標等を用いた総合的な福祉水準をも含めて考察することも必要である。

橘木・浦川［2012］によると，近年は雇用・教育・住居・社会保障等の行政サービスなど，さまざまな分野における地域間格差が注目され，多様な格差の実態を明らかにする研究が日本でも蓄積されつつある。さらに，格差の実態に関する研究のみではなく，格差の拡大自体が地域住民の健康・学力・幸福感等にどのような影響を与えるかという研究も進みつつあるという。所得格差が大きい地域ほど住民の平均的な健康水準が低下する，子どもの学力が生活を営んでいる地域の特性にも影響される，などの研究成果

が報告されている。このような近年の研究動向は、福祉水準の地域間格差を多面的, 総合的に捉えることの必要性がより強く認識されるようになってきていることを反映したものであり, 同時に, 地域間格差を是正するための政策の重要性を示唆しているといえる。

4 人口移動と労働市場

新古典派の経済理論に従うなら, 生産物や生産要素が地域間を自由に移動できるとき生産要素の価格は地域間で等しくなり, 結果として地域間格差は解消されることになる。生産物の地域間移動, すなわち地域間交易については第5章で述べたので, ここでは労働力の地域間移動をもたらす人口移動を取り上げ, 背景にある地域労働市場のメカニズムについて考える。

人口移動にはさまざまなパターンがあるが, 一国内での人口移動を労働力の移動としてみる場合, 移動する住民が居住する場所と働く場所の両方の変更をともなう移動と, 居住する場所のみを変更する移動に分けられる。前者は異なる労働市場間の移動が中心になり, 一般に地域の境界を越えた長距離の移動, すなわち, 地域間人口移動である。それに対して, 後者は同じ労働市場内での移動が中心で, 地域内人口移動とみなされる。都市内部で都心に通勤する住民が住まいを郊外に移す場合が典型的なケースとしてあげられる。本節では, 地域間人口移動に焦点をあてる。

地域間の賃金格差と労働力の移動

第2節で述べたように, 国の経済発展における初期の段階では地域的な不平等は自然な状態であり, それは成長ポテンシャルの高い地域を中心に経済発展が進むからである。しかし, 長期にお

図 6.2 地域間労働市場の均衡

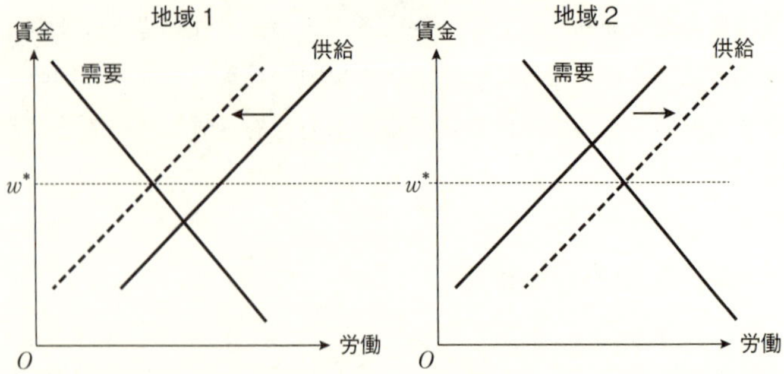

いては生産要素（労働力と資本）の地域間における自由な移動により，地域間格差は政府の介入なしに自動的に縮小することが強調される。これは，市場の力が地域間格差を縮小させる，とする考え方である。

この立場からの議論は，新古典派の地域間労働市場の均衡に関する理論にその基本的な考え方を求めることができよう。

図6.2の実線で描かれた労働の需要曲線と供給曲線が示すように，当初は地域1が低賃金の地域，地域2が高賃金の地域である。ここで，2つの地域のそれぞれに多数の企業が存在して1種類の生産物を生産している，また労働力・資本等の生産要素は自由に移動し移動費用はかからない，そして賃金などの要素価格が伸縮的である，と仮定しよう。この場合，労働力は当然に低賃金の地域から高賃金の地域，すなわち地域1から地域2に移動することになる。すると，地域1では労働力は減少し，労働供給曲線は左にシフトする。逆に，地域2では労働力は増加し，労働供給曲線は右にシフトする。このような移動は，地域1と地域2の賃金が w^* へと均等化するまで続くことになる。地域間の労働力の移動が，地域間の賃金格差を是正するという労働市場のメカニズムが生じることにより，地域間所得格差も縮小する。

生産要素の移動により地域間格差が縮小するという議論に関しては，ボーツとスタイン（Borts and Stein [1964]）がその代表である。彼らは，市場諸力の自由な働きは地域間の不平等を拡大するというミュルダールの主張は，アメリカの1880年から1950年にかけての経験と一致しない，と批判した。そのうえで，新古典派理論に基づいた地域間格差縮小のモデルがアメリカの経験に適合している，と主張した。

生産要素の移動は自由ではないが，生産物の移動は自由である，と仮定する考え方として，「ヘクシャー＝オリーン・モデル」がある。これは，生産要素の移動が困難な，国際間の関係を念頭に置いたものである。労働力が豊富にある地域では労働集約的な財の生産に特化し，資本が豊富にある地域では資本集約的な財の生産に特化する。そして，労働力の豊富な地域では労働集約的な財を移出し，資本集約的な財を移入する。資本の豊富な地域では資本集約的な財を移出し，労働集約的な財を移入する。交易にコストがかからないと仮定すると，最終的には，両地域における生産要素価格が均等化することになり，2つの地域における賃金格差も解消する。

いずれにせよ，市場メカニズムは地域間格差を縮小する方向に作用すると考えられる。しかし，現実には以下の人口移動モデルで述べる移動費用のように，その作用を妨げる要因や障壁が存在していることも事実である。

人口移動モデル

人口移動を説明する経済学の理論では，住民は効用最大化をめざして行動すると仮定される。したがって，効用格差が存在するなら，より高い効用を求めて移動することになる。地域間労働市場の均衡モデルを前提に人口移動を説明する考え方に立てば，効

用格差をもたらす最大の要因が所得（賃金）格差である。これは，現住地と移動先で獲得できる所得（賃金）の格差が人口移動を引き起こすという理論であり，所得（賃金）格差モデルと呼ばれる。

それに対して，労働市場は完全ではなく，賃金は所得（賃金）格差モデルが想定するほど伸縮的ではないとする立場からは，人口移動は所得（賃金）格差よりも就業機会の格差に依存するとして，就業機会格差モデルが提案された。このモデルでは，一般に現住地と移動先との間の失業率格差が問題にされる。

これらの理論に対して，現在，より広く受け入れられている人口移動の理論は，個人の移動を人的資本に対する投資行動として捉える人的資本モデルである。このモデルでは，移動することで将来にわたって得ることができると期待される便益とそのために負担しなければならない費用を比較して，移動の是非と移動先が決定される。現住地である地域 i から地域 j へ移動した場合，移動時点から将来のある時点 N（たとえば定年退職時）までの期間に得られると期待される純便益の現在価値の合計 PV_{ij} は次式のように表すことができる。

$$PV_{ij} = \sum_{t=1}^{N} \frac{R_{jt} - C_{jt}}{(1+r)^t} - \sum_{t=1}^{N} \frac{R_{it} - C_{it}}{(1+r)^t} \qquad (6.4)$$

ただし，R_{it} と R_{jt} はそれぞれの地域で t 時点で得られる便益，C_{it} と C_{jt} は費用，r は時間選好を表す割引率である。地域 i に住む住民は，すべての移動先の候補地域 j について $PV_{ij} \leq 0$ なら現住地にとどまり，$PV_{ij} > 0$ となる地域 j があれば，それが最大になる地域への移動を決定する。

ここで，移動にともなう便益 R や費用 C を決める要素は金銭的なもののみではなく，非金銭的な便益や費用も考慮される。すなわち，気候などのアメニティ要因の変化がもたらす便益や，従来の友人やコミュニティから離れることによる心理的な費用など

である。地域間人口移動の理論としての人的資本モデルの利点の1つは，移動によって負担しなければならない費用を含めて，経済・社会・環境のすべての要因を考慮することができることである。

利点の第2は，時間的な要素が組み込まれており，移動者の属性による移動性向の違いをうまく説明できることである。人口移動の年齢階層別にみた特徴については，20歳代の移動性向が最も高く，年齢が高くなるほど低下することが知られている。また，学歴が高いほど，熟練労働者や専門職従事者ほど移動性向が高いという傾向が認められる。人的資本モデルは，このような年齢階層や学歴・職業の違いと移動性向の関係を将来の獲得所得の大きさや移動費用の負担力の違いによって説明することが可能である。

人的資本の考え方によると，地域間の賃金格差に大きく反応して移動するのは，高い人的資本をもつ人びととなる。図6.2で考えたケースにおいて，もともと高賃金であった地域2に，低賃金の地域1から人的資本の水準が高い人びとが移動するならば，地域2では高い人的資本をもつ労働力の蓄積が多くなる。これにより，地域2では限界生産性が上昇する。一方，地域1では人的資本の高い労働力が流出することから，限界生産性は低下する。結果として，両地域の労働需要曲線は図6.3に示すように変化する。地域2の労働需要曲線は右方へシフトし，地域1の労働需要曲線は左方にシフトする。結果として，地域2の賃金は労働需要が拡大した分 w_2' へ上昇し，地域1の賃金は w_1' へと低下して，再び両地域の賃金格差が生じる。これにより，地域1から地域2への労働力の移動がいっそう促されることになる。

人的資本の考え方を取り入れると，集積の経済の効果が生じている地域2では，他地域からの労働力の流入によって，人口規模のさらなる拡大が生じる。このようなプロセスが一度だけでなく

図 6.3　労働需要の変化と地域労働市場

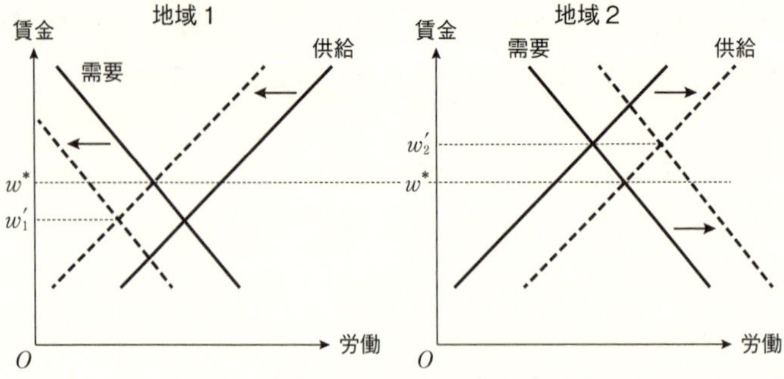

地域 1 : 賃金 w^* → w_1'（需要左シフト、供給左シフト）

地域 2 : 賃金 w^* → w_2'（需要右シフト、供給右シフト）

継続的に続くならば，長期間にわたって集積の経済を享受する地域に人口流入が続くことになる。その結果として，一国内の地域間の人口規模の格差が大きくなる。東京圏では高度経済成長期以降，人口の純流入がほぼ年々生じているが，労働需要の増大が1つの大きな要因であるといえよう。

人的資本モデルの種々の利点に対して，欠点も存在する。それは，移動者がどのようにして移動先の情報をみつけだすのかを十分に示すことができない点にあるといわれる。移動に関する情報の探索過程に重点を置く立場からは，労働経済学において発展した「職探しモデル」(job-search model) を応用して，人口移動と職探しのプロセスを関連づける試みも行われている。

グラビティ・モデル

現実の人口移動は複雑な社会現象であり，さまざまな要因が働く。前述のように，移動によって獲得できる便益や移動にかかる費用は，賃金・所得や交通費等の金銭的なものに加えて，気候条件や心理的な要素に基づく非金銭的な便益や費用も無視できない。人口移動の決定を現住地から離れることの決定と移動先地域の決定の組合せとして捉えるとき，現住地を離れる決定に影響を与え

る要因はプッシュ要因，移動先の決定に影響を与える要因はプル要因と呼ばれる。実証分析においては，現住地や移動先の地域を特徴づけるさまざまな要素がプッシュ要因・プル要因として考慮される。

集計データに基づく人口移動の実証分析では，グラビティ・モデル（重力モデル）がしばしば用いられる。このモデルは社会的な相互作用の現象を物理学の引力の法則を応用して説明するもので，基本モデルでは，地域 i と地域 j との間の相互作用 F_{ij} は，次式のように表される。

$$F_{ij} = k \frac{P_i P_j}{D_{ij}^\lambda} \tag{6.5}$$

ここで，P_i, P_j はそれぞれの地域の規模を表す変数（人口など），D_{ij} は地域間の距離で，k と λ はパラメータである。上式では $\lambda > 0$ が仮定されるので，2地域間の相互作用は地域の規模に比例するが，地域間の距離が遠くなるほど効果は低下する。

これを人口移動にあてはめると，プッシュ要因とプル要因を考慮したモデルの一般形は，以下のようになる。地域 i から地域 j への移動量 M_{ij} は，

$$M_{ij} = f(w_i, w_j, u_i, u_j, X_i, X_j, P_i, P_j, D_{ij}) \tag{6.6}$$

のように表される。w_i と w_j は賃金（所得），u_i と u_j は失業率，P_i と P_j は人口，D_{ij} は2地域間の距離，そして，X_i と X_j は環境に関するアメニティ，および公共サービスや社会資本の水準等のその他の移動要因である。現住地である地域 i の変数はプッシュ要因，移住先の地域 j の変数はプル要因とみなすことができるが，実際の人口移動は，プッシュ要因とプル要因の相対的な関係によって説明される。

理論的な仮説としての所得（賃金）格差モデルの立場にたつと，2地域間の賃金格差，$w_j - w_i$ が最も重要な説明変数になる。就業

機会格差モデルに従うなら,失業率の格差,$u_j - u_i$ が重視されることになる。非金銭的な要因を重視する立場からは,環境のようなアメニティ要因についての格差,$X_j - X_i$ が問題になる。

また,移動量は距離が遠くなるとともに減少する。このような関係は,距離が移動費用の代理変数と考えることで理解できる。引越費用のみではなく,友人等から離れることの心理的費用,移動先に関する情報収集の費用,情報が不足するなかで期待どおりの成果を得ることのリスクや不確実性などは,移動距離の増大とともに上昇するであろう。

地域間人口移動の経済的機能

地域間労働市場の均衡モデルによれば,地域間に賃金あるいは所得の格差が存在しても,労働力の移動が自由であるかぎり,市場の調整機能が働いて労働力は賃金の低い地域から高い地域へ移動し,その結果,地域間格差は縮小する。つまり,賃金あるいは所得の格差の存在は,労働移動,したがって人口移動をもたらす要因の1つである。

ここで,上述のような労働力の地域間移動メカニズムが働き,地域間格差が縮小することが一国の資源配分にどのような影響を与えるかを考えてみよう。地域 A と地域 B の 2 地域からなる国を想定し,各地域の労働の限界生産性曲線が図 6.4 のとおりであるとする。横軸は労働力の地域間配分量を表し,地域 A における労働の限界生産性曲線が MP_A,地域 B のそれが MP_B である。これらの曲線の傾きからわかるように,ここでは規模に関して収穫逓減が仮定されている。

国全体の労働力の合計が一定であるという前提で,当初の配分が N_1 であったとする。すなわち,地域 A の労働力は $O_A N_1$,地域 B の労働力は $N_1 O_B$ である。企業が利潤最大化行動をとると仮

図 6.4 地域の限界生産性と人口配分

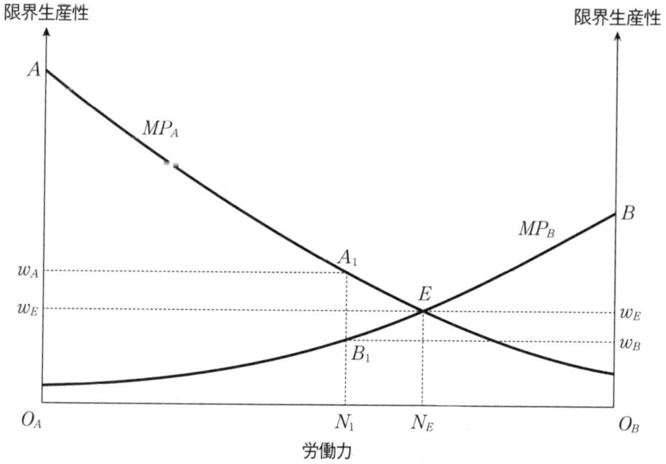

定すると，労働の限界生産性の大きさは実質賃金を表す。したがって，配分が N_1 のときの地域 A の実質賃金は w_A，地域 B のそれは w_B になり，地域 A の実質賃金が地域 B よりも高くなる。労働力の地域間移動が自由で費用がいっさいかからないとき，労働移動の基本メカニズムに従うなら，労働力は地域 B から地域 A へ移動し，それは両地域の実質賃金，すなわち，労働の限界生産性が等しくなるまで続くことになるであろう。その結果，両地域間の労働力の配分は N_E に移る。

図 6.4 において，縦軸と横軸，そして，限界生産性曲線で囲まれた部分の面積は生産量を表す。労働移動の前後で生産量を比較すると，地域 A の生産量は増加するが，地域 B の生産量は減少する。しかし，両地域を合計すると生産量は △A_1EB_1 だけ純増となる。労働力が限界生産性の低い地域から高い地域へ移動することで，国全体では労働力利用の効率性が上がり，総生産量の増加という利益がもたらされる。すなわち，人口移動は労働力と

日本の地域間人口移動

第2次世界大戦後の日本における地域間の人口移動パターンの変化については、第2章でその特徴が解説されたが、ここで改めてその変化をみると、図6.5のようになる。このグラフは、東京圏、名古屋圏、京阪神圏の3大都市圏に属する都府県の人口純転入数の合計の推移により、人口の地方圏から大都市圏への移動の変化を表している。

1960年代の前半を中心に70年頃まで多くの人口が地方圏から3大都市圏へ移動したことがわかる。しかし、1970年代になると3大都市圏への純流入は急激に減少し、70年代後半には地方圏の純転出数はほぼゼロの水準で推移する。1980年代に入ると、3大都市圏のうち東京圏のみで人口の純転入が、94年を除きほぼ毎

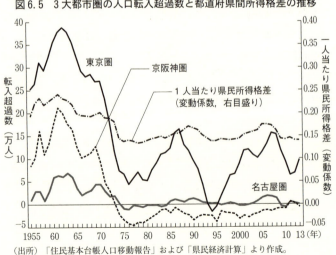

図6.5 3大都市圏の人口転入超過数と都道府県間所得格差の推移

（出所）「住民基本台帳人口移動報告」および「県民経済計算」より作成。

年生じている。3大都市圏への顕著な人口集中がおさまった1970年代後半以降も，人口はその他の地域から東京圏へ移動を続けてきたといえる。

図6.5には，変動係数でみた県民所得格差の推移も示されている。所得格差の拡大とともに3大都市圏の純転入数は増加し，所得格差が縮小すると純転入数も減少するという関係を読み取ることができるが，このような所得格差と大都市圏への人口移動の関係は，今日なお重要な研究課題である。

第2次世界大戦後の日本の地域間人口移動に関する実証研究によると，とくに，1970年代半ばまでの所得格差と人口移動との間の因果関係については，所得格差が人口移動の主たる要因であることが統計的に確認されるという研究結果（たとえば，田渕[1987]）があり，1970年代半ばまでの日本の3大都市圏と地方圏との間の人口移動は，所得格差を原因として説明されるメカニズムに従っていたことが示唆される。

しかし，1970年代以降は，このような所得格差と人口移動の因果関係は必ずしも明確ではない。1980年代から90年代後半にかけての東京圏への人口移動に関しては，東京圏への人口純転入の増加によって所得格差が拡大したとも指摘されている。人口移動によって所得格差が拡大するということは，収穫逓増という規模の経済が働く環境のもとで，人口の流入による地域経済の規模の拡大が集積の経済をもたらし，より高い生産性を実現するというメカニズムが働いたことを示唆する。

女性の労働市場

人口の高齢化の進展と女性の労働参加率が高まるにつれて，女性の労働市場の動向を考える必要性が増している。女性の就業については，パートやアルバイトなどの短時間就業の割合が男性よ

図 6.6 全国と 3 県の女性の年齢階級別労働力率（2015 年）

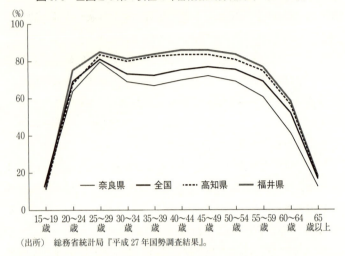

（出所） 総務省統計局『平成 27 年国勢調査結果』。

りも高く，その場合に住居から近い職場を選択する傾向が強い。つまり，家計補助的な就業の場合には，地域間の労働市場の状況に差があっても，居住地の変更（人口移動）による調整は行われにくい。本項では，労働力率という指標を用いて，女性の労働市場への参加の状況を考える。労働力率は次のように定義される。

$$労働力率 = \frac{労働力人口}{15 歳以上人口} \times 100 \tag{6.7}$$

分子の労働力人口は就業者と完全失業者を合わせた値であり，分母の 15 歳以上人口は労働力人口と非労働力人口の合計である。すなわち労働力率は，15 歳以上人口に対する労働市場への参加者（労働力）の割合を示している。

図 6.6 には，全国，女性労働力率の最も低い県（奈良），中央値として 24 番目に低い県（高知），最も高い県（福井）について，2015 年の年齢階級別女性労働力率を示した。図 6.6 より，全国の年齢階級別女性労働力率は 20 歳代後半が最も高く，多くの女

表 6.2 生産年齢人口（15〜64歳）の女性労働力率の下位・上位 6 県（2015 年）

下位6県	15〜64歳 女性労働力率	上位6県	15〜64歳 女性労働力率
奈良県	61.10	島根県	74.56
兵庫県	63.92	福井県	74.24
大阪府	64.53	富山県	73.87
神奈川県	64.54	山形県	73.55
埼玉県	65.57	鳥取県	73.40
千葉県	65.70	石川県	72.81

（出所）総務省統計局『平成 27 年国勢調査結果』。

性が結婚・出産期に入る 30 歳代に低下し，育児の落ち着く 40 歳代後半の時期に再び上昇するという，M 字型カーブを描いていることが読み取れる。しかし，地域別にみると，30 歳代以降で大きな差がある。たとえば 35〜39 歳では，奈良が 67%，福井が 84% と大きな開きがある。奈良は 20 歳代後半にピークがあり，それ以降には低水準でなだらかに移行するというラクダのこぶ型である。一方，福井や高知では子育て期にも労働力率がほとんど低下しないという，鍋底を逆さにした形状を示している。このような 30 歳代以降に女性の労働力率の地域差が生じる要因は，坂西（Sakanishi [2015]）によると，未婚女性ではなく有配偶女性の労働力率の地域差が大きいためである。多くの女性が結婚と出産を迎え，まだ子どもの年齢が低い時期に，女性の労働力率の地域差が拡大する。

表 6.2 には，15〜64 歳の生産年齢人口の女性労働力率について，下位と上位の 6 つの都道府県の数値を示した。表 6.2 より，下位に入っているのは，奈良，兵庫，大阪といった京阪神圏の府県，ならびに神奈川，埼玉，千葉といった東京圏の県であり，2 大都市圏の郊外に属する県で女性の労働力率が低い。これらの郊外は，高度経済成長期以降，おもに 20 歳代後半〜40 歳代の核家

族世帯の中心都市からの流入超過により，人口の成長を遂げてきた。2大都市圏の郊外の女性は労働力率が低く，専業主婦の比率が高いといえる。一方，表6.2の上位には，福井，富山，石川といった北陸の県が入っている。女性の労働市場，とりわけ有配偶女性については，人口移動によって地域間の労働市場の不均衡が調整されるというメカニズムは働きにくいことが想定される。有配偶女性の労働参加には，親との同居や保育環境，夫の所得などの家族の状況，結婚・出産前からの就業の継続率，産業・就業構造，地域内部の労働市場などが影響していると考えられる。

第7章　産業の立地

「豊田市は自動車工業が盛んである」というような言い方がしばしばなされるが，その言葉が実際に意味することは「豊田市には（トヨタ自動車の）大きな自動車工場が立地している」ということにほかならない。では，なぜ自動車工場が豊田市に立地したのであろうか。本章ではこのような問題を考えるうえで有用な，企業の立地に関する理論（立地論）を説明する。

1　立地論の考え方

立地因子と立地条件

　企業が工場の立地を考えるとき，考慮すべき要因は多岐にわたる。原材料や製品の輸送費，工場労働者の人件費などは，たいていの企業が重視する要因であろう。さらに，業種によっては気候や地方政府の規制などが重要な要因となる場合もある。これらの要因のことを，立地論では立地因子と呼ぶ。

　立地因子は「何が企業の立地にとって重要か」について述べたものであり，企業が立地するためにはどのような環境が望ましいか，ということまでは説明していない。これを説明したものが立地条件である。立地因子が同じであっても，求められる立地条件が互いに異なる場合も多い。たとえば，製鉄業とビール製造業は，

どちらも「輸送費」が重要な立地因子であるが、要求される立地条件は大きく異なる。前者は「大型船が着岸可能な港湾に近いこと」が不可欠であるのに対し、後者は港湾よりも「大都市近郊の幹線道路沿いにあること」が重要である。このように、立地因子と立地条件との間には当然一定の対応関係が存在するが、その関係は決して一通りではない。

中位点立地の原理

さて、以下ではまず最も基本的な立地因子として「輸送費」を取り上げる。はじめに最も単純な場合として、財の輸送費が輸送される距離と輸送される財の量に比例して決まる場合を考えよう。また議論を単純にするために、立地移動による輸送費以外の費用や企業の収入の変化は考えず、企業は輸送費用の最小化だけを考慮して立地を決定するものとする。

図7.1のような人口をもつ7つの都市A〜Gが並んでいる地域を考える。都市の空間的な大きさはここでは無視する。都市住民すべてを顧客とする（つまり、人口＝財の需要量）企業が、製品

図7.1 中位点立地の原理（7都市の場合）

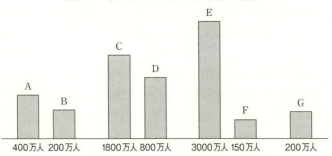

7都市の人口の合計＝400万＋200万＋1800万＋800万＋3000万＋150万＋200万
＝6550万人、6550万÷2＝3275万人、この中位点人口のいる都市はE。

の輸送費用の最小化のみを考慮して工場の立地を決定する場合，最適な立地はどこになるであろうか。一見すると，都市Dと都市Eとの中間付近に立地するように思われるかもしれない。しかし，まず最適な立地点は都市と都市との間ではなく，必ずいずれかの都市である。都市に立地することによって，少なくともその都市の住民に対する輸送費を節約することができるからである。そしてその都市は，実際に計算してみると図7.1のように総人口の中位点（median）に相当する人が住む都市である。このことは都市間の距離や都市の数にかかわらず成り立つ。

このモデルは企業の行動原理や都市間の相互作用などをあまりにも単純化しすぎているように思われるかもしれないが，それでも実際の企業立地を説明するうえでまったく役に立たないわけではない。図7.1におけるA〜Gを，それぞれ福岡・広島・京阪神・中京・首都圏・仙台・札幌の都市圏人口と考えれば（数値例はその近似値となっている），最適立地はEすなわち首都圏となり，これは日本における首都圏への企業の集中をある程度説明していると言えよう。

立地論の2つの流れ

現実の企業立地には，いうまでもなくより複雑な要因が関係する。輸送費は距離に単純に比例するとは限らないし，原料の輸送費も無視できないであろう。もちろん，輸送費以外の立地因子も考慮しなければならない。その一方で，それらの多様な要因をすべて同様に考慮していては，簡明な理論的帰結を得られなくなる。そのため，ある部分では非現実的ではあっても大胆な単純化を行わねばならない。

「地代」を立地因子として重視しない産業においては（地代が重要な立地因子となる農業や一部の第3次産業，ならびに住宅の立地につ

いては第10章を参照），立地論の系譜は，おもに消費者＝需要の分布に関する仮定の置き方の違いから2つに別れて発展してきた。どちらの理論がより適切かは，想定する業種によって異なる。

1つの仮定は，消費者が立地する地点＝市場は所与の点として特定できる，というものである。この仮定に基づく立地理論は，1909年にドイツの経済学者ウェーバー（A. Weber）によって提示された（ウェーバー『工業立地論』）。消費者を特定しやすい資本財・中間財産業などの立地を検討するのにはこちらのほうが適している。

もう1つの仮定は，消費者は全国いたるところに均等に分布しているという仮定である。最終消費財を供給する産業や，商業・サービス業の立地を考察するには，こちらのモデルのほうが適切であろう。このモデルは，ホテリング（H. Hotelling）による先駆的研究に端を発し，その後チェンバリン（Chamberlin [1933]）らの独占的競争の理論を応用する形で発展した。そして，今日では「空間的競争モデル」として広く受け入れられている。では次に，それぞれの立地理論について検討しよう。

2 工業立地理論

いくつかの概念

工業立地理論を説明するうえでは，あらかじめ知っておくことによって，問題を整理することのできるいくつかの概念がある。理論そのものを紹介する前に，それらの概念についてあらかじめ説明しておく。

(1) 純粋原料／重量減損原料

各原料は，生産過程で加工した結果，もとの原料の重量が製品の重量のなかにどの程度移行したかによって，大きく2つに分類

される。金属板を折り曲げて箱を作る（ここでは金属板が原料）場合のように，原料の重量が加工によって失われず，原料の重量がそのまま製品に移行するような原料を純粋原料と呼ぶ。それに対して，石炭と鉄鉱石から鉄板を作るときのように，原料の重量の一部が生産過程において失われる場合も多い。このような原料を重量減損原料と呼ぶ。燃料として用いられる石油などは，その重量が製品にまったく移行しない究極の重量減損原料である。

(2) 普遍原料／局地原料

工業立地理論では，原料そのものの立地は基本的に所与であると考える。そのうえで，ある原料が想定される地域のどこにおいても入手可能である場合，そのような原料を普遍原料と呼ぶ。全世界的な普遍原料は「空気」くらいであるが，たとえば日本における水，シベリアにおける木材などはおのおのの地域における普遍原料とみなしてよいであろう。それに対して，どこか特定の場所でなければ入手できないような原料を局地原料と呼ぶ。地下資源をはじめ，多くの原料は局地原料である。

この2つの分類を適用すると，あらゆる財は4通りに分類される。ただし，普遍原料は純粋原料でも重量減損原料でも立地に及ぼす影響は変わらないので，通常は局地純粋原料，局地重量減損原料，普遍原料の3通りに分類する。ある財を生産するうえで用いられる局地原料の重量をその財の重量で割った値を原料指数（MI：Material Index）と呼ぶが，この値によって企業の立地を判別することができる。

1 原料地・1 市場の場合

まず，原料が供給される原料地も市場もそれぞれ1カ所ずつの場合を考えよう。この場合には図7.2のように，国土は原料地と市場を結ぶ線分として表される。このとき企業が考慮する輸送

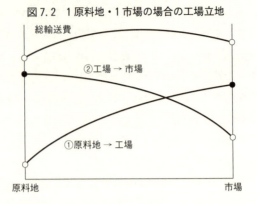

図 7.2 1原料地・1市場の場合の工場立地

費は，①原料地 → 工場，②工場 → 市場の 2 種類である。図に示されているように，①は工場が原料地に近いほど小さく，②は市場に近いほど小さい。ただし，原料地・市場においてはそれぞれ原料の積み込み・製品の積み下ろしのために一定の費用が必要である。①が原料地において，②が市場において 0 より大きい値から始まっているのはそのためである。このとき輸送の必要のない原料地・市場においてはこれらの費用も 0 になることに注意する必要がある。

企業の総輸送費は，①と②の和として表されるが，図 7.2 ではその総輸送費が上に凸な曲線で描かれている。すなわち，輸送費が最小になるのは必ず工場が線分の端点（原料地か市場）に立地している場合である。図 7.2 の場合では，総輸送費は市場において最小となっている（上記の理由により，そのときの総輸送費は右側の縦軸上の白丸の点ではなく黒丸の点である）。この命題は，企業の生産関数の形状や製品の需要量などにかかわらず，より一般的に成り立つ（Sakashita [1967]）。

では，原料地と市場のどちらに工場は立地するであろうか。原料指数の概念を用いると，場合分けを簡潔に記述することができ

る。すなわち，

$MI>1$　　原料地指向

$MI<1$　　市場指向

具体的には，セメント産業など重量減損原料を多用する場合には原料地立地，ビール製造業など普遍原料（ビールの場合は水）を多量に使用する場合には市場立地が指向される。なお，原料と製品の重量がまったく等しい（$MI=1$）場合には，立地は原料地・市場・その中間点のいずれにも立地しうる。

ただし，原料地・市場以外の輸送経路上に「積み替え地点」（港湾・鉄道の乗換駅など）のある場合には，そこで発生する積み替え費用を節約するために積み替え地点に工場が立地する場合が多い。ニューヨーク，ロンドン，上海など，今日の世界の主要都市の多くが「港町」から発展したことをみてもわかるように，このような積み替え地の優位性は決して小さなものではない。

複数原料を使用する場合

複数原料を使用する場合（市場が複数になる場合も同様であるが，以下単純化のため市場は1つしかないと仮定する），工場は必ず原料地と市場を頂点とする多角形（立地多角形）の頂点または内部に立地する（多角形の辺上には立地しない）。では，どこに立地するであろうか。以下では原料地が2つの場合について検討するが，3つ以上の場合も，手続き的には同様である。

図7.3は2つの原料地（M_1とM_2）と市場（C）の関係を示した図（立地三角形）である。このとき，最適な立地を決定するにはどのようにすればよいであろうか。ウェーバー（A. Weber）はこの問題を，力学的な概念のアナロジーを用いて解いている。この方法は多くの経済学者から「秘術的」などと批判されたが，後にこの問題（「ウェーバー問題」と呼ばれる）は，一般には解析的に解

図 7.3　立地三角形

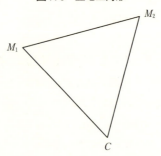

を求めることができないことが示された。また経済地理学では，ウェーバーが労働費や集積による立地の変更可能性を示すために導入した**等費用線**を用いる方法が利用されている。

しかし実際には，工場は立地三角形のいずれかの頂点に立地する場合が大半で，三角形の内部に立地する可能性は小さい。具体的には，$MI \leq 1$（$MI=1$, すなわち純粋原料のみが使用される場合を含むことに注意）の場合は常に市場立地であり，$MI>1$ の場合で，より重い原料の重量が他の原料と製品の重量の和より大きいならば，その原料の原料地が立地点になる。

3　空間的競争

一方，**空間的競争**を重視する研究は，原料地へのアクセスよりも顧客獲得をめぐる企業間の競争に焦点を当てる。このような競争はおのずと財を空間的に「差別化」した一種の不完全競争とならざるをえないが，反面それは差別化の度合を距離として客観的に計測することが容易なため，不完全競争理論が提唱された初期の頃から研究が進められてきた。また，この理論は財の品質など空間「以外」の要素による差別化を捨象するほうが分析は容易で

あるため，製造業よりも小売業・サービス業の立地を分析する際に使用されることが多い。

ホテリング・モデル

空間的競争理論の最も基本的な，2企業間の立地競争モデルを提示したのがホテリング（Hotelling [1929]）である。このモデルをホテリングは純理論的に説明したが，後にアロンゾ（Alonso [1968]）によって「海水浴場のアイスクリーム店の競争」という形で紹介されて広く知られるにいたった。本項でもアロンゾの説明に従ってこのモデルを紹介することにする。

まず，市場（海水浴場）は有限の長さの線分で表され，そこに消費者（海水浴客）は均等に分布しているものと仮定する。そこに2つの企業（アイスクリーム店）が存在し，品質その他の面でまったく変わりのない財（アイスクリーム）をそれぞれ販売しているものとする。財の価格は所与であり，2つの企業はその立地によってのみ競争している（企業の立地移動に要するコストは0であると仮定する）。消費者の財に対する選好はまったく同一であり，同一価格の財に対する需要は常に一定である。財を購入するためには消費者が企業の所まで出向く必要があるものとし，それに要するコストはすべて消費者が負担する。このとき2つの企業の立地はどうなるであろうか。

さて，図7.4は両方の企業の均衡にいたるまでの立地を示したものである。両企業とも利潤極大化を目標として行動するが，ここでは財の価格が一定で消費者が市場に均等分布しているので，各企業から財を購入する範囲（市場圏）を極大にすることが，すなわち利潤極大化である。まず企業Aと企業Bがそれぞれ図7.4(a)のように立地する場合，AとBの市場圏は両者の中点mを境にしてその左側がAの市場圏，右側がBの市場圏となる。

図7.4 ホテリング・モデルと立地均衡

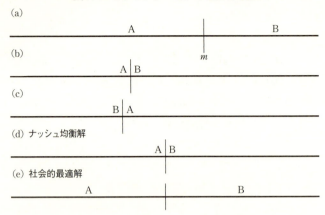

この状況にBが不満を抱いたとする。実際、BはAに近づくことによってその市場圏＝利潤をさらに増やすことができる。その状況を示したのが図の (b) である。当然これは、今度はAにとって望ましくない状況である。AはBのすぐ右側に移動することによってBの優位を一気に逆転することができる。これが (c) の状況である。このような競争を繰り返すうちに、AとBが市場のちょうど中点に隣接して立地する (d) の状態に到達する。ここにいたっては両企業ともはや立地移動を行う誘因をもたない。移動しても両者の市場圏が「入れ替わる」だけで、その大きさは増えも減りもしないからである。

ところで、ここまでの説明における企業行動には1つの特徴的な考え方がある。それは互いに相手の立地を所与とした場合、そのときの自分の利潤が最大になるように立地を決定するという発想である。このような発想に基づく均衡解をその発見者にちなんでナッシュ均衡解と呼ぶ。ホテリングは2企業が立地競争を行うときの均衡解がナッシュ均衡解になることを示したのである。こ

のモデルはその後立地論のみならず産業組織論や政治学にも応用された。2大政党制を採用する国においては、しばしば2つの党が選挙で打ち出す政策がきわめて中道的かつ近似したものになることが多いが、この現象はホテリング・モデルにおける「市場」を「有権者の分布」に置き換えると、政党の得票最大化行動の結果として容易に説明することができる。

以上のことから、2企業の場合には市場の中点に2企業が隣接して立地するという均衡解が得られることが明らかになった。ただしこの解は、社会的には最適な解でないことに注意するべきである。すなわち、市場の両端付近の消費者は中点の企業まで多大な移動コストを負担して財を購入することを余儀なくされている。消費者の移動コストを最小化するためには、A, Bの両企業をそれぞれ市場の線分の4分の1, 4分の3の地点に立地させることが望ましい。図7.4の (e) の状況がそれである。このとき、A, Bが享受する利潤の大きさはナッシュ均衡解の場合と等しいということに注目されたい。しかるに、ホテリング・モデルの仮定のもとでは、両企業は互いに立地競争を行うため(たとえば企業Bにとっては、ナッシュ均衡解より状態 (b) のほうが利潤は大きい)、消費者にとっての最適解は達成されない。

なお、企業が中点に集中するのはあくまで2企業の場合のみである。3企業以上の場合には、両側を他の企業に挟まれた企業が利潤を獲得するべくその外側に飛び出そうとする誘因が存在するので、3企業の集中は生じない。4企業以上の場合でも、せいぜいそのうち2企業が集中するにとどまる。

価格競争の導入

前項では企業は価格競争を行わず、立地によってのみ競争すると仮定した。しかしこの仮定は、政党の行動を考えるうえでは妥

当であるが,企業の行動を考えるうえでは著しく非現実的である。実際には立地競争だけではなく,むしろそれ以上に価格競争も展開されるのが普通である。

ホテリング・モデルにおける2企業も,もし両企業が互いに価格競争を行うとするならば,互いに隣接して立地するのではなく互いに離れて立地する誘因をもつであろう。隣接している場合,ライバル企業は立地移動を行う代わりに価格を「少しだけ」下げることによって全市場を確保することができる。これに価格で対抗しようとすると,行き着くところは果てしのない安売り合戦である。これは消費者にとっては歓迎すべきことかもしれないが,企業にとっては避けたい事態である。そこで企業は互いに離れて立地することによって価格競争を回避しようとする。幹線道路沿いのガソリンスタンドなどがその例である。このような行動を企業がとる理由は,離れて立地すれば,企業の近くに立地する消費者は価格が多少高くても移動コストの小さい企業を選択するからである。価格競争が十分激しく行われるならば,それによって企業は (e) の社会的最適立地を選択することになるであろう。

ここまでは単純化のため,市場が1次元(直線)であると仮定して議論してきた。しかし,価格競争によって企業が分離して立地するという結論は,2次元(平面)上でも同様である。実際に,コンビニエンス・ストアやクリーニング店の立地は互いに一定の距離を置いて立地している場合が多い。理論的な平面の場合には,市場空間は互いに合同な正六角形の市場圏によって分割されるというのがレッシュ(Lösch [1940])の結論であるが,この結論は第9章で説明する「中心地理論」への基礎の1つとなった。

小売立地と集積

実際には,多くの小売店は互いに隣接して立地することを選択

している。東京・神保町の古書店街や，札幌の「ラーメン横丁」のように，同一業種の店が多数隣接立地することも珍しくない。これは多くの場合，小売店が互いを差別化することによって，立地・価格以外の要因で競争することが多いためである。具体的には商品の品質・デザインや，品揃えの豊富さなどである。逆にいえば，そのような要因で競争しにくい業種（すでにあげたガソリンスタンドやクリーニング店などがその例である）では，各店舗は価格と立地で競争せざるをえず，分散立地するのである。

　差別化が十分になされているならば，各小売店は隣接立地によって他店にすべての顧客を奪われることはまずない。むしろ，各店舗を「比較して」買うことができる利便性や，消費者への宣伝を共同で行えるなどのメリットがあるため，店舗が集積することは望ましいといえる。さらに，異業種の小売店・サービス業と隣接して集積を形成することによって，**集積の利益をさらに拡大する**ことができる。各地の「商店街」はそのような理由によって形成された。

　ただし，これらの商店街全体が享受している「集積の利益」は，1つの店舗が売り場面積や品揃えの規模を拡大することによって得られる利益よりはるかに不安定なものである。百貨店やスーパーに代表される大型店は，規模の拡大による利益を得て大きく成長した。個々に商店が寄り集まった商店街では，品揃えなどを相互補完的に調整することは難しい。また，大型店は大量購入によって仕入れコストを削減できるため，低価格を提示することが可能であった。そのため日本の地方都市では，都心部の商店街がとくに1990年代以降は都市郊外に立地した大型店との競争に敗れ，急速に衰退した（第9章第1節の「例2」も参照されたい）。

　しかし他方，消費者の嗜好がより多様化するにつれ，すべての業種の商品を揃えようとした百貨店や大型スーパーの一部は，

個々の品目の品揃えを消費者の満足のいくように拡充することができず、やはり1990年代以降に閉店を余儀なくされた。その跡地にはしばしば、家電や家具などに特化した大型の「専門店」が立地し、豊富な品揃えによって多くの消費者の支持を集めるようになった。

4 外部性と産業集積

外部性とは

前節では小売業における「集積」についても論じたが、集積は小売業のみならず製造業をはじめとする他の産業の立地を検討するうえでしばしば重要な役割を果たす。集積は企業が特定地点に立地した結果であるが、同時にそれは技術者・職人の労働市場の整備や中間財供給企業の発達などの効果をもたらし、それ自体が新たな企業を引きつける要因となる。そして、特定業種の企業の集積は、燕市（新潟県）の洋食器や瀬戸市（愛知県）の陶磁器のように、地域をその業種の産品の「産地」とすることにつながり、その地域を特徴づける重要な要素となる。

ところで経済学では、ある経済活動が直接の当事者以外に影響を及ぼす性質を外部性と呼ぶ。その影響が社会的に望ましくない場合を外部不経済といい、公害などが典型的な例である。それに対して、社会的に望ましい場合を外部経済と呼ぶ。外部性の問題はしばしば産業の立地に大きな影響を与える。ある企業がある地点に立地することが、その地点の周辺に居住する人びとにもさまざまな影響をもたらすためである。極端なケースとして、ある工場が人体に有害な排水を何ら処理することなく垂れ流してしまえば、周りに住んでいる人びとの健康が損なわれる。この場合、排水の流出が技術的に不可避であるならば、そのような工場を多く

の人が住む地域に立地させることは望ましくない。反対に，ある地域に新幹線の新駅ができるならば，駅周辺の土地を所有する人は，たとえ自分が新幹線をまったく利用しない場合でも，地価上昇にともなう利益を得るであろう。

もう1つの視点として，外部性が直接他の主体に波及するのか，それとも土地・労働などの何らかの「市場」における価格の変動を通じて他の経済主体に影響を及ぼすのか，という問題がある。前者は技術的外部性，後者は金銭的外部性と呼ばれる。上記の例でいえば，有害な排水の垂流しは住民に直接健康被害をもたらす技術的外部性（外部不経済）の典型例であり，新幹線整備は土地市場を通じて地価を上昇させるので金銭的外部性（外部経済）とみなすことができよう。

マーシャルの外部経済と集積

集積もまた，企業にとっては単独でその利益の大きさを決定することのできない要因であり，その意味で外部性の1つである。集積が経済活動に及ぼす影響をはじめて体系的に論じたのはマーシャル（A. Marshall）であったが，彼は集積を企業にとっての外部性，とりわけ金銭的外部経済であるという観点から説明した。そして集積が生じる要因として，マーシャルが『経済学原理』のなかで指摘していることは次の3点である。

① その産業に不可欠な技能をもった労働者を雇用しやすい——共同の労働市場（labor pooling）

② その産業に用いられる資本財や中間財を供給する企業などが立地しやすい——投入要素の共有（input sharing）

③ その産業において重要な情報や技術革新などが波及しやすい——知識の漏出（knowledge spillover）

まず①であるが，企業が集中することは，そこに雇用される労

働者も集中するということであり,売り手・買い手とも多数の競争的な労働市場が成立する。このことは労働者にとっては,好況時にはより高い賃金で雇用する企業を見出しやすく,不況時にはいまの雇用を失っても次の職を探すコストが小さいというメリットがある。雇用する企業にとっても,必要とする人材を容易に探すことができ,人手不足のために操業困難になるというリスクを回避しやすい。これはたんにリスク(=不確実性)の問題ではなく,労働投入量を最適にすることによってより効率的な生産が可能になるということを意味する。

　②は資本や原料の投入に関する問題である。①と異なる点としては,これらを供給する際にはしばしば「市場」よりも「下請け」などの市場を通さない取引のほうが,取引費用の節約などの見地から効率的であることがあげられる。これは1人の労働者が供給できる労働量には限りがあるのに対し,下請け企業には規模の経済性があり,十分な需要がないと生産コストの低下につながらないからである。たとえば,ジェイコブス(J. Jacobs)は,ニューヨークのファッション産業の集積規模に関して,(洋服に付ける)ボタンを製造する企業を成立させられることが決め手となったことを指摘している。同様のことが,豊田市における自動車生産にも,はたまた東京におけるオフィスの集積(この場合の「ボタン工場」は,第2章で言及した対事業所サービス業である)においてもいえる。

　そして③は,通常「シリコンバレー」などのハイテク企業の集積を説明する際に重視される要因である。ただし,この要因自体はハイテク企業の専売特許ではない。情報やノウハウの共有は多くの地場産業の集積地でみられることであり,また日本の証券会社の多くがかつて東京の兜町・茅場町付近に本社を構えていたのも同様の理由(東京証券取引所の取引情報の入手)である。

第8章 都市の成立・発展

1 都市とは

都市人口の増加

現代は都市の時代である。国連の人口統計によると、世界の都市人口のシェアは図 8.1 のように推移してきた。1950 年には約 30% であったが、85 年には 41% 余りに、そして 2010 年には、

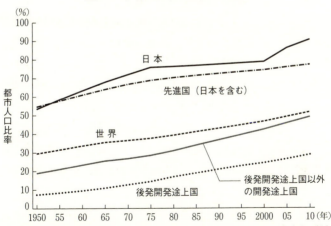

図 8.1 世界と日本の都市化の推移

(出所) 国際連合 *World Urbanization Prospects: The 2014 Revision* の都市人口割合のデータ (https://esa.un.org/unpd/wup/CD-ROM/WUP2014_XLS_CD_FILES/WUP2014-F02-Proportion_Urban.xls) を用いて作図。

51.6%に達している。現在では，世界の人口の半数以上が都市と定義される空間に居住していることになる。

このような都市人口の増加は経済の発展水準と深く関係している。世界の国々を経済水準によって3つのグループに分けて都市人口シェアの推移を比較すると，図8.1に示されているように，すべての時点で先進国グループの都市人口シェアが最も大きく，2010年には77%になっている。反対に，都市人口シェアが最も小さいグループは後発開発途上国（least developed countries）で，2010年においても29%にすぎない。経済の発展度が高く，したがって，所得水準が高いといえる国ほど都市人口のシェアが大きい，すなわち，都市化が進んでいるといえるのである。

ただし，図からわかるように，後発開発途上国を含む開発途上国においても都市人口シェアは着実に上昇している。とくに，1980年代以降は上昇のトレンドが強くなり，これらの国々で都市化が急激に進行しつつあることをうかがわせる。

開発途上国の都市化の進展は，世界の大都市の順位の変化にも現れている。表8.1は，国連の人口統計にある世界の30大都市から上位の20都市を抜き出し，その変化をみたものである。1950年には，20大都市のなかにアメリカの都市が6市，ロシアを含むヨーロッパの都市が5市存在した。ところが，2010年になると，アメリカの都市が2市，ヨーロッパはモスクワのみで，インドや中国，ブラジルなどの都市とともに，バングラデシュのダッカ，フィリピンのマニラなどが入ってくる。このように，開発途上国の都市が欧米の先進国の都市を抜いて，世界の大都市の多くを占めるようになってきている。

図8.1には，国連の人口統計に基づいた日本の都市人口シェアの長期的な推移もあわせて描かれている。戦後の経済成長とともに都市人口シェアは上昇し，都市化が進展したことがわかる。

1 都市とは

表 8.1 世界の 20 大都市の変化

順位	1950 年		1980 年		2010 年	
	都市名	人口(百万人)	都市名	人口(百万人)	都市名	人口(百万人)
1	ニューヨーク	12.34	東京	28.55	東京	36.83
2	東京	11.27	大阪	17.03	デリー	21.94
3	ロンドン	8.36	ニューヨーク	15.60	メキシコシティ	20.13
4	大阪	7.01	メキシコシティ	13.03	上海	19.98
5	パリ	6.28	サンパウロ	12.09	サンパウロ	19.66
6	モスクワ	5.36	ロサンゼルス	9.51	大阪	19.49
7	ブエノスアイレス	5.10	ブエノスアイレス	9.42	ムンバイ	19.42
8	シカゴ	5.00	カルカッタ	9.03	ニューヨーク	18.37
9	カルカッタ	4.51	リオデジャネイロ	8.78	カイロ	16.90
10	上海	4.30	パリ	8.67	北京	16.19
11	ロサンゼルス	4.05	ムンバイ	8.66	ダッカ	14.73
12	メキシコシティ	3.37	ソウル	8.26	カルカッタ	14.28
13	ベルリン	3.34	モスクワ	8.14	ブエノスアイレス	14.25
14	フィラデルフィア	3.13	名古屋	7.78	カラチ	14.08
15	リオデジャネイロ	3.03	ロンドン	7.66	イスタンブール	12.70
16	サンクトペテルブルク	2.90	カイロ	7.35	リオデジャネイロ	12.37
17	ムンバイ	2.86	シカゴ	7.22	ロサンゼルス	12.16
18	デトロイト	2.77	ジャカルタ	5.98	マニラ	11.89
19	ボストン	2.55	上海	5.97	モスクワ	11.46
20	カイロ	2.49	マニラ	5.95	重慶	11.24

(注) 都市の定義は国によって異なるので注意が必要である。なお，日本の 3 都市については，総務省統計局が定義している「大都市圏」を都市の定義としている。したがって，東京は関東大都市圏，大阪は近畿大都市圏，名古屋は中京大都市圏の人口である。

(出所) United Nations, *World Urbanization Prospects: The 2014 Revision*, The 30 Largest Urban Agglomerations Ranked by Population Size at Each Point in Time, 1950-2030 (https://esa.un.org/unpd/wup/CD-ROM/WUP2014_XLS_CD_FILES/WUP2014-F11a-30_Largest_Cities.xls) より抽出して作成。

とくに，1960 年代以降は先進国全体を上回る水準で推移し，2010 年には 90% を上回るまでになった。日本は，世界で最も都市化の進んだ国の 1 つである。

さらに，表 8.1 からわかるように，1980 年以降は東京が世界最大の都市とみなされ，大阪も上位 10 位以内に入っている。日

本には，世界でも最大規模の人口集積が存在するのである。

都市の諸性質

ここで，都市とは何かについて考察しておこう。

今日の大都市をみると，都心部には行政・金融・対事業所サービス業等のビジネスが営まれるオフィスビルが建ち，その周辺をショッピング街や娯楽施設が取り囲んで，人びとで賑わっている。都市の一部では製造業の工場が操業しているが，その他の地域では住宅が建ち並んで，人びとの生活が営まれている。つまり，都市とは，一言でいえば，多くの人びとのさまざまの活動が高密度に行われている空間である。

ワース（Wirth [1938]）による社会学の古典的な定義をみると，簡潔に次のように述べられている。

「都市は社会的に異質な諸個人の，相対的に大きい・密度のある・永続的な集落である。」

この定義は，人口量・人口密度・異質性の3要素によって都市を把握したものと理解されているが，古典的な都市論を展開したマックス・ウェーバーは，都市の経済的性質も考慮して，

「都市とは，巨大な一体的定住を示すごとき集落，家と家とが密接しているような定住であり，……その住民の圧倒的大部分が，農業的ではなく工業的または商業的な営利からの収入によって生活しているような定住である。」（Weber [1964] 邦訳）

と述べたうえで，「市場定住地」であることを強調している。

これらの古典的な定義やその他のさまざまの都市論を参考にしたうえで，まず，都市の基本的性質として次の3つの性質をあげることができる。

(1) 一般的性質：密集性あるいは高密性

すべての都市にみられる，人間活動の巨大な密集地としての性

質であり，農村集落と比較して相対的に大きな人口と高い密度をもっているという性質である。

(2) 経済的性質：非農業性

商工業，すなわち第2次・第3次産業等の非農業的経済活動が支配的な市場定住地としての性質であり，「非農業的土地利用」ということができる。

(3) 社会的性質：異質性あるいは多様性

都市には，さまざまの人びとが絶えず流入してくる。人びとの思想・信条も多様であり，職業も産業も多様である。したがって，都市は異質な諸個人の存在とその社会的相互作用によって特徴づけられる。

次に，これらの都市の基本的性質から，さらにいくつかの重要な性質が派生することになる。第1に，都市で大きな人口が密集して高密度の活動が行われるためには，その活動を支えるインフラストラクチャーが必要となる。すなわち，交通通信，防災保安，社会福祉，環境衛生，保健医療，レクリエーション，教育文化など種々の都市施設が機能していなければならない。これらの施設は経済学では社会資本と呼ばれるが，都市の住民はこの社会資本を共同で利用し，集合的に消費 (collective consumption) している。都市のこの側面を「集合性」と呼ぶことができるであろう。また，この社会資本（および必要な公共サービス）を提供・管理するための自治組織が必要となり，地方政府が設置されることになる。

第2に，都市の非農業性，すなわち第2次・第3次産業が支配的であるということは，都市はその周辺地域およびその他の地域から食料や原料を移入し，またそれらの地域へ都市で生産される財・サービスを移出していることを意味している。この性質は開放性と呼ばれるが，その点で都市は「小開放経済」(Bogart

[1998]）と特徴づけることができる。同時に，都市は周辺地域に対して交易や交流の中心としての機能をもっており，これは「結節性」と呼ばれている。

第3に，異質性（多様性）は社会学において重視されているが，この性質は経済的にも重要な意味をもっている。というのは，多種多様な人間が集まって，たえず接触しながら情報の交換を行い，互いに刺激を与えあうことができる都市においてこそ，創造的なアイデアや新しい芸術・学術・技術が生まれて知的財産が形成され，持続的な成長が可能になるからである。都市学者ジェイコブス（Jacobs [1969]）は，この点に注目して，都市をそれ自体として「持続的に経済成長を生みだす集落」と定義している。この点は，今日の創造都市論につながるものであり，都市のもつこの側面を「創造性」と呼ぶことができるであろう。

都市の空間構造

ここで，以上の性質をもつ都市，とくに現代の典型的な都市（urban area）の空間構造を示しておこう。まず，都市の中心部には，通常，その都市の中心機能や管理機能を果たす行政，金融，サービス業などのビジネスが集中して立地している。したがって，このような地区は，一般に「都心」（英語ではdowntown）と呼ばれているが，都市経済学では**中心業務地区**（Central Business District），あるいは略してCBDと呼んでいる。

次に，都心すなわちCBDを含む従来からの行政都市であり，その行政都市を含む都市圏の中心となる都市は，今日，**中心都市**（central city）と呼ばれるようになった。というのは，かつては都市の外側は農村であり，都市と農村の境界は明確であったが，現代では都市的活動は従来の境界を越えて外延的に拡大し，従来の都市の周辺地域が郊外（suburb）となったからである。

1 都市とは

「郊外」とは，中心都市の職場に通勤する消費者の居住活動，その消費者のための商業活動などの非農業的土地利用が支配的な地域であり，したがって中心都市と社会的・経済的に一体的な関係にある地域ということができる。

こうして，中心都市と郊外とを合わせた地域を都市地域とみなすことが必要となり，今日それを**大都市圏**（metropolitan area）と呼ぶようになったのである。

　　　大都市圏＝中心都市＋郊外

したがって，都市経済学が対象とする都市の主要な単位は，この「大都市圏」だということになる。なお，郊外が形成され，発展する現象は都市化の一形態であり，**郊外化**（suburbanization）と名づけられているが，この過程で生ずる大都市圏の地理的拡大は**スプロール**（sprawl）と呼ばれ，新しい都市問題として論じら

図 8.2　大都市圏の空間構造

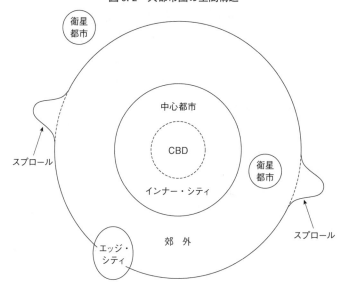

れている。また，大都市圏に雇用や人口が集中して巨大化する過程で，ときに副都心（サブセンター）が形成されることがある。ときには大都市圏の外縁部にエッジ・シティ（edge city）と呼ばれる小規模のビジネス・センターを含む小都市が形成されることもある。なお，中心都市内で，都心（CBD）の外側の地区は，インナー・シティ（inner city）と呼ばれ，また郊外や大都市圏の外縁部に位置する行政都市は衛星都市（satellite city）と呼ばれるが，そのなかで計画的に形成された場合がニュータウン（New Town）である。このような大都市圏のイメージを図に描くと，図 8.2 のようになる。

2 集積の経済と都市発展

2008 年の世界銀行の年次報告 *World Development Report 2009: Reshaping Economic Geography* にあるように，世界各国の経済発展は都市発展という生産活動の空間的偏在に基づいている（World Bank [2008]）。都市・地域経済学や空間経済学では，都市という空間に経済活動が集中し，都市発展がおこるメカニズムの解明を進めてきた。そのメカニズムの解明にあたっては，都市形成や都市発展の要因を以下にあげる比較優位，社会資本（都市施設），集積の経済に求めて説明がなされてきた。

比較優位

比較優位の概念は第 5 章でも述べたが，本章では，都市における経済活動の立地に関する比較優位を取り上げる。この場合，移動不可能な生産要素（天然資源や交通条件）があることで，それらを有する都市で比較優位が生じる。水産資源や鉱物資源のような天然資源は移動不可能な生産要素であり，産業立地のあり方を規

定してきた。たとえば，2011年3月11日の東日本大震災で大きな被害を受けた三陸海岸沿岸では，豊かな水産資源に基づく水産加工業の拠点として水産クラスターが形成されてきた。藤田・浜口・亀山［2018］で述べられているように，内海漁業（養殖漁業，栽培漁業）や沿岸漁業，さらには，沖合・遠洋漁業をもとに，水揚げされた魚介類の水産加工，造船や船の修理，船の補給など関連のある周辺産業が次々に立地し，水産クラスターを形成しながら都市発展を遂げてきた。鉱物資源でも同様で，日本の近代産業化の黎明期における官営八幡製鐵所をみてみたい。八幡製鐵所の立地を契機として，石炭の採掘産業が筑豊に立地し，中国からの鉄鉱石の輸出産業が門司に立地し，鉄鋼プラントを稼動させる企業や関連のサービス産業（機械の保守・修理を含む）が八幡に立地し，原料の石炭や鉄鉱石，完成品の鉄鋼の輸送のために鉄道路線や港湾施設が整備されて都市が形成されてきた。これらのことからもわかるように，都市発展には天然資源に付随した自然条件（土地，気候，水，交通条件など）も比較優位をもたらす移動不可能な生産要素として重要である。

　世界をみても，大部分の都市は平野や広い盆地で発展しており，温暖な気候や豊富な水資源，天然の良港といった交通条件がある地域においてより大きく成長する。国際貿易の進展は，交通条件がよく都市間交通で利便性が高い都市の成長に大きく貢献してきた。今日の大都市の大部分が，航行可能な水路や港の存在するところに立地しているという事実は，この要因の重要性を示している。近代的な交通手段や掘削技術が発達したため，天然の水路や良港の重要性は減少しているが，過去に投資された交通施設やネットワークは今日も比較優位をもたらす重要な要因として作用し続けている。

社会資本（都市施設）の存在

近代化に向けた経済発展にあたっては、移動不可能な生産要素である天然資源がある地域を中心に開発がなされてきた。天然資源が豊富であったり、アクセスがよかったりする地域において、電気、ガス、水道といったライフラインの整備、道路、鉄道、港湾、空港といった輸送インフラの整備、工業団地の整備によって産業基盤型の社会資本が形成されていく。これらの社会資本の形成を呼び水として、企業の立地が始まり、企業間の取引や意見交換が活発化し、都市発展が進む。都市は生産の場として、このような産業基盤型の社会資本が整備されるが、同時に生活の場として、上下水道、公共賃貸住宅、都市公園、文教施設といった生活基盤型の社会資本も整備される。やがて時間とともに産業構造は変化し、それに応じた社会資本の更新（整備）も必要になる。現代の都市において高密度な経済活動を円滑に行うためには、交通・通信インフラをはじめとした種々の都市施設が有効に機能しなければならない。一方で、社会資本は規模の経済をもっているため、利用者の多い大都市ほど質・量ともに充実した社会資本サービスを効率的に供給できる。さらに、大都市では、劇場やコンサートホール、ミュージアム等の文化施設や種々のスポーツ・娯楽施設などの集積も進んでいる。このように充実した都市施設の存在自体が、都市のアメニティと多様性を高め、都市をますます魅力的なものにして、いっそうの都市集中を促すのである。

このように比較優位と社会資本（都市施設）をもとに、企業や産業の集積が形成されて都市発展が進む。日本はもとより、各国に共通した都市発展の過程である。東京や大阪のように近代化の以前から都市であったところでは、社会資本の更新（整備）と産業集積の形成が交互に進みながら、現代の都市発展にいたっている。しかし、現代の都市発展で最も重要な役割を果たしているの

が集積の利益である。

集積の利益：従来の都市経済学における都市発展のメカニズム

従来の都市経済学も空間経済学も，そのメカニズムの説明では，現代の都市発展の源泉は集積の利益という外部経済に求めている。生産活動の空間的集中（集積）は，外部経済によって都市レベルの収穫逓増を引き起こすのである。集積の利益を生み出す要因は，**規模の経済**（scale economy）と**集積の経済**（agglomeration economy）に求められる。

規模の経済は，企業規模に関する規模の経済を指し，企業が直接コントロールできる内部経済としての経済性である。生産費用の変化で捉えるなら，生産要素の不可分性などにより企業の生産規模が大きくなるとともに収穫が逓増し，生産物1単位当たりの生産費用が逓減する現象として説明できる。企業の平均費用曲線が図8.3のAC_1のように描かれるとすると，それが右下がりになる範囲で企業の生産活動が行われているとき，内部経済としての規模の経済が働く。すなわち，産出量がQ_AからQ_Bに増加すると，平均費用はC_AからC_Bに低下し，生産規模の拡大によって費用節約の効果が生まれる。このような費用条件のもとでは，$Q_B=2Q_A$であるなら，企業が全体でQ_Bの産出量を実現するためには，2カ所の工場でQ_Aずつ分散して生産するよりも，生産設備を1工場に集約（集中）してQ_Bを生産したほうが効率的である。このように内部経済としての規模の経済が存在する場合，生産施設を集約して大工場が建設される。さらに，その周辺に関連企業が集まり，多数の労働者やその家族が居住して都市が形成される。特定の企業の大工場を中心に発展した企業城下町と呼ばれる都市は，このようなメカニズムに基づき形成されたと考えることができる。

図 8.3 規模の経済と集積の経済

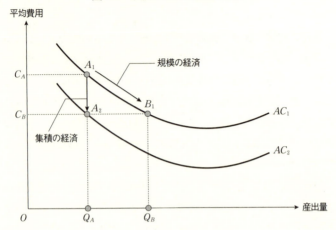

集積の経済は，多数の人や企業が互いに近接しながら地理的に集中して立地することで，各立地主体に種々の取引費用を減少させる経済性をもたらす現象である。集積の経済は，図 8.3 では，企業の平均費用曲線が AC_1 から AC_2 に下方へシフトする効果として表される。この場合，企業の産出量が Q_A にとどまるとしても，平均費用は C_A から C_B へ低下し，企業は費用節約の効果を享受できることになる。

集積の経済は，それを享受する主体の範囲によって**地域特化の経済**（localization economies）と**都市化の経済**（urbanization economies）に区分されて実証分析がなされてきた。地域特化の経済は，同種の産業に属する多数の企業が特定の地域に集中することによって生じる経済性で，その地域の当該産業に属する企業が享受できる外部経済である。都市化の経済は，多様な産業に属する多数の企業が特定の地域に集中することによって生じる経済性で，その地域の多様な産業に属する企業が享受できる外部経済である。これらの集積の経済は，近接して立地する経済主体相互の接触を

通して起こる情報や知識のスピルオーバーが各主体に直接的な影響を及ぼす技術的外部経済である。

これらの集積の経済は，第7章で紹介したマーシャルの外部経済をみてもわかるように，①共同の労働市場（labor pooling），②投入要素の共有（input sharing），③知識の漏出（knowledge spillover）の3つの効果が複合的に働くことで，生産性の向上や費用の節約をもたらすのである。そのため，都市に立地している個々の企業の生産関数が収穫一定であったとしても，外部経済である地域特化の経済や都市化の経済が働くことで，都市レベルの生産関数は収穫逓増になるのである。生産関数が収穫逓増であるということは，投入する生産要素をたとえば2倍にしたとき，産出量が2倍以上になることである。産出量をY，資本投入量をK，労働投入量をLとしたとき，生産関数Fが

$$\lambda^a Y = F(\lambda K, \lambda L) \qquad \lambda > 0, a > 1 \qquad (8.1)$$

を満たすとき，Fは規模に関して収穫逓増であるという。このとき，aの値が大きいほど，都市レベルの生産関数の収穫逓増の度合も大きくなる。この都市レベルの収穫逓増に関して，実証分析では，aの値の大きさを推定し，技術的外部経済の効果（集積の経済の効果）が検証されてきた。たとえば，グレーザーら（Glaeser et al. [1992]）は，集積の経済が都市の雇用成長にどのような影響を与えているのかを実証分析で検証しているが，その際，技術的外部経済である集積の経済を動学的外部経済として3類型化している。第1は「MAR（Marshall-Arrow-Romer）型の外部経済」，第2は「ポーター型の外部経済」，第3は「ジェイコブス型の外部経済」である。表8.2は，これらの3類型化による外部経済の要約である。これらは相互に対立した概念ではなく，都市における経済主体相互の接触を通して起こる情報や知識がスピルオーバーして生じる外部経済を捉える視点の違いを表していると

表 8.2 動態的外部経済

外部性の種類	外部性の範囲	有利な市場条件	静態的外部経済
MAR 型外部性	産業内＝地域特化	独占	地域特化の経済
ポーター型外部性	産業内＝地域特化	競争	
ジェイコブス型外部性	産業間＝多様性	競争	都市化の経済

（出所）　表の作成にあたっては，亀山［2006］の表 2-1（35頁）を参考にした。

みなされるものである。

　MAR 型の外部経済は，特定の産業に特化した都市内において当該（同一）産業に属する企業間で情報や知識がスピルオーバーして生じる外部経済である。マーシャルの外部経済の一要素であり，アロー（K. J. Arrow）やローマー（P. M. Romer）が動学的な経済成長モデルの定式化にあたって取り上げた効果である。地域特化の経済を動学的な視点から捉え直した効果といえる。グレーザーらは，MAR 型の外部経済は地域の当該産業の企業規模が大きくなると外部経済を内部化できるため，都市内においては，競争よりも独占のほうが都市成長にプラスであろうと指摘している。

　ポーター型の外部経済は，MAR 型の外部経済と同様に，同一産業に属する企業間で情報や知識がスピルオーバーして生じる外部経済である。しかし，ここでは企業間の競争が都市の成長を促すとされる。この外部経済は，産業クラスターの概念を提唱したポーター（M. E. Porter）の理論に基づいている。産業クラスターは相互に連関した企業，大学・研究機関，産業支援機関などが地理的に近接した集まりと定義される。産業クラスターにおける産学連携や産学官連携といった各種の連携によって競争と協力をともなう外部経済がもたらされる。企業間の競争は，外部経済を企業の革新に結びつけるインセンティブとして重要な役割を果た

しているのである。

　一方で、ジェイコブス型の外部経済は、都市内において多様な産業に属する企業間で情報や知識がスピルオーバーして生じる外部経済である。都市化の経済を動学的な視点から捉え直した効果といえる。第1節で紹介したジェイコブスの理論に基づく。ジェイコブスによれば、異質な主体間の接触による刺激から生まれた創造の機会を介して、分業の増殖と多様化が進み、新たな移出産業が生み出されるとともに、移入される財も多様化し、その一部は都市内で生産されるようにもなる（移入代替）。このような過程が繰り返されるメカニズム（都市経済の反復体系）が都市の持続的な発展を可能にする。さらに、新しい仕事が次々に生み出される基盤は多様産業に属する多くの小規模な企業の集積であるとされる。したがって、ジェイコブス型の外部経済においても、ポーター型と同様に、競争は都市成長を促す要因とみなされる。

集積の不経済

　しかし、経済活動の都市集中は、限られた空間への集中であることから、集積の利益だけでなく、集積の不利益をもたらすこともある。土地利用のいっそうの高密度化は、都心など都市内の限られた土地に対する需要の増大を通して地価の上昇を招き、収益率の高い企業の集中は労働需要の増大による高賃金をもたらす。一方で、通勤者や物流量の増加にともなう交通混雑は、種々の施設利用に混雑現象を生じさせて、時間的な損失である機会費用を増加させる。さらには、都市空間の拡大は、通勤や物流の移動費用を増加させる。また、大気汚染、水質汚濁、騒音といった公害による環境悪化を招き、社会的費用を増加させることもある。これらの費用増加は企業に外部不経済をもたらし、都市での生産活動の費用を増大させる。すなわち、図8.3において、平均費用

曲線 AC_1 が上方へシフトするため，企業は平均費用の上昇による損失を被ることになるのである。

このような集積の拡大と高密度化がもたらす外部不経済は集積の不経済と呼ばれ，都市への集中を抑制させたり，人や企業を都市から流出させたりする要因となる。現実の大都市は，集積の経済と集積の不経済との間のバランスのうえに成り立っているのである。

空間経済学における都市発展のメカニズム

1990 年代に入り，従来の都市・地域経済学はもとより，国際貿易論や経済地理学を巻き込む形で空間経済学が台頭してきた。藤田＝クルーグマン＝ベナブルズ（Fujita, Krugman and Venables [1999]）以来の空間経済学では，独占的競争という市場条件のもとで，財の多様性に基づく規模の経済と輸送費用の相互作用から集積の経済が内生的に生じるメカニズムを解明している。藤田（Fujita [2007]）に従うなら，都市への集中が財・サービスへの需要を増大させてさらに多くの生産者を引きつける後方連関効果と，多くの生産者の立地する都市は多様な財・サービスが輸送費をかけずに得られるために需要者を引きつける前方連関効果が働き，これらの連関効果を通して企業レベルの規模の経済が都市全体での規模の経済に転換される。こうして，図 8.4 のような循環的な因果のプロセスが生まれ，自己組織的な成長過程が実現する。図では消費財の多様化による消費財生産者と労働力の集積の因果の連鎖が描かれているが，このような集積が集積を呼ぶ循環的な因果関係のもとでは，都市に立地した経済主体がそこに固着されるロックイン効果が働き，新たな経済主体を引きつけながら，都市は転がる雪だるまのように自己組織的に成長するのである。以上の説明における集積の経済は，財市場での取引を経由してもた

2 集積の経済と都市発展　151

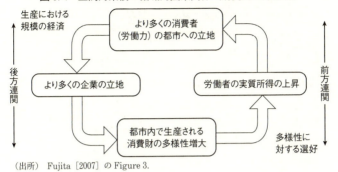

図 8.4 空間的集積の循環的因果関係（消費財と労働者）

（出所） Fujita [2007] の Figure 3.

らされる金銭的外部経済である。

技術的外部効果と金銭的外部効果の想定に基づく集積の分析の違い

現代の都市発展の源泉は，ルーカス（Lucas [1988]）が指摘しているように集積の経済である。集積の経済が都市で生じることで，さらに多数の人や企業が引きつけられることになる。従来の都市・地域経済学のように技術的外部性を想定しても，空間経済学のように金銭的外部性を想定しても，いったん集積が形成されて集積の経済が生まれると，人や企業はそれを求めて集中を進め，それがさらなる外部経済になって集積が集積を呼ぶ累積的な連鎖のメカニズムが働くことになるのである。経済学的な理解では，現代の都市発展は，このような集積の経済が生じるメカニズムによって展開されてきたのである。

以下では，技術的外部効果を想定した集積の分析と金銭的外部効果を想定した集積の分析が，それぞれどのような違いのもとで，集積の経済が生じるメカニズムを説明しているのかをみていきたい。表8.3にあるように，技術的外部効果を想定した集積の分析では，都市に立地している個々の企業は，収穫一定（収穫逓減）

表 8.3　技術的外部効果と金銭的外部効果の想定に基づく集積の分析の違い

	技術的外部効果を想定した集積の分析	金銭的外部効果を想定した集積の分析
市場の想定	完全競争市場	独占的競争市場
外部効果の想定	マーシャルの外部経済の③：知識の漏出（knowledge spillover）	マーシャルの外部経済の②：投入要素の共有（input sharing）
都市の想定	単一都市における集積の経済	都市システム（複数都市）における集積の経済
企業の想定	収穫一定（逓減）の生産技術	収穫逓増の生産技術
集積力	外生（集積力は知識波及）	内生（集積力は規模の経済に基づく中間財や最終財の多様性）
分散力	集積の不経済（混雑効果）	輸送費

　の生産技術のもとで完全競争を行う企業が想定されている。そのうえで，マーシャルの外部経済にある③知識の漏出（knowledge spillover）を想定し，集積の経済を単独都市における技術的外部効果によって生じる外生的なもの（所与）として，都市発展のメカニズムを説明している。一方，金銭的外部効果を想定した集積の分析では，都市に立地している個々の企業は，収穫逓増の生産技術のもとで独占的競争を行う企業が想定されている。そのうえで，マーシャルの外部経済にある②投入要素の共有（input sharing）を想定し，集積の経済を都市システムのなかで他の都市との関係における金銭的外部効果によって生じる内生的なものとして，都市発展のメカニズムを説明している。

　従来の都市・地域経済学では，完全競争の想定のもと，外生的に集積の経済（不経済）を設定したうえで都市形成や都市発展を理論的に説明し，これに基づき実証分析がなされている。なお，集積の経済はプラスの効果をもち，集積の不経済はマイナスの効果をもっている。一方，空間経済学では，独占的競争の想定のも

と，集積しようとする力である集積力（agglomeration force）と分散しようとする力である分散力（dispersion force）のバランスによって内生的に集積の経済を設定したうえで都市形成や都市発展を理論的に説明し，これに基づき実証分析がなされている。なお，どちらの分析フレームワークを使うのかは，分析の目的や対象によって変わってくるものであり，佐藤 [2014] が指摘しているように，従来の都市・地域経済学と空間経済学は，相互に補完的な関係にあるといえる。

ところで，日本は 2008 年をピークに人口減少時代に入っている。これまでの集積の分析は，外部効果の想定に関係なく，人口増加時代の都市発展を前提にした分析メカニズムになっている。しかし，少なくとも今後の日本では，人口減少時代の都市発展を前提にした分析メカニズムが必要である。森田・山本（Morita and Yamamoto [2014]）は，空間経済学の理論モデルに内生的な出生率を加味し，都市発展とともに出生率が低くなることを示している。夫婦は子育てと差別化された財・サービスの消費から効用を得ており，地域間の輸送費の逓減が，先進国の（夫婦における）消費の多様性の増加を通じて，出生率（出産意欲）を低くさせていることを理論的に解明している。同様に，近藤（Kondo [2015]）は，人口密度の高い地域ほど合計特殊出生率が低いということを背景に，集積の経済が夫婦の出生行動を抑制しているのかどうかを実証的に検証し，集積は夫婦における子どもの数（完結出生児数）を減らす効果があること，学歴などをコントロールしても集積は第 1 子の出産が地方部と比べて遅くなるなど若い夫婦の出生行動を抑制する効果があることを示している。人口減少時代の都市発展における集積の経済の働きにかかる研究は始まったばかりではあるが，これまでの人口増加時代の研究で得られていた政策含意が有効に働かない可能性もあるため，今後の研究成

3 都市化と都市圏の形成

都市化過程

都市化は人や企業の都市への集中として捉えられるが,個々の都市のレベルでみれば,集中のパターンに変化がみられる。都市化の初期の段階においては,それは既存の都市への人口集中として特徴づけられ,集中的都市化と呼ばれる。さらに人口の集中が進むと,既存都市のいっそうの人口増加とともに,都市空間の外部への膨張が起こることになる。すなわち,分散的都市化である。

分散的都市化は,まず,集積の不経済の増大による居住環境の悪化に対応して,より快適な居住環境を求めて住居を既存の都市の外へ移す現象として現れる。このような住居の移動を可能にしたのが,交通の発達,なかでもモータリゼーションの進展である。そして,都市の周辺に都市内へ通勤する人びとの居住地域が形成されると,移転した人びとへ主として身の回り品を供給する商店の立地が進む。さらに,工場などの生産機能の移転もみられるようになる。こうして,日常のさまざまな活動の範囲が既存の都市の境界を越えて展開されるようになると,既存の都市の周辺に郊外が形成される。すなわち,郊外化である。こうして,分散的な都市化の進展は,郊外化を通して大都市圏を成立させる。

このように,都市は都市化の進展にともなって大都市圏を形成し,その圏域の拡大をともないながら成長を続けるものと理解されていた。ところが,早くから都市化が起こっていた欧米では,分散化のいっそうの進展により,古くから発展していた中心都市が衰退を始めた。アメリカではニューヨーク,フィラデルフィア,デトロイトなどの東部の伝統的な大都市圏において,1950年代

から中心都市の人口減少がみられるようになり，70年代になると大都市圏の人口も減少に転じた。人や企業の分散が大都市圏の圏域を越えて進み，大都市圏が衰退しはじめたのである。

伝統的な大都市圏の衰退現象は反都市化（counter-urbanization），あるいは，逆都市化（disurbanisation）と呼ばれ，都市への人口集中を意味する従来の都市化とは異なる新しい都市化の流れとして認識されるようになった。反都市化はベリー（Berry [1976]）らによって主張されたもので，マクロなレベルでの人口移動パターンが，伝統的な大都市圏が存在する地域への集中からその他の地域への分散へと変化したことが強調された。

それに対して，逆都市化は，衰退現象を個々の大都市圏のレベルで捉え，従来の都市化の流れのうえに位置づけるもので，クラッセンら（Klaassen et al. [1981]）は，集中的都市化から逆都市化にいたる変化を都市化の段階論のもとで一体的に捉えることを提唱した。

都市化の段階論

「都市化の段階論」は，中心都市と郊外の人口や雇用の相対的な変化のパターンに基づき，都市化の過程を都市化，郊外化，逆都市化，再都市化の4つの段階に区分する。これを要約すると，図8.5のように表される。そして，個々の大都市圏は都市化の進展にともない，反時計回りに各段階を経ると想定される。

都市化の第1段階は，中心都市となる既存の都市への人口集中によって特徴づけられる集中的な都市化の段階である。その初期には，周辺部から中心都市への人口流入が支配的で周辺部の人口は減少する絶対的集中（タイプ1）というパターンを示す。その後，より遠隔の地域からの流入が増加し，中心都市の人口増加が続くとともに都市の膨張が始まり，大都市圏が形成される。すな

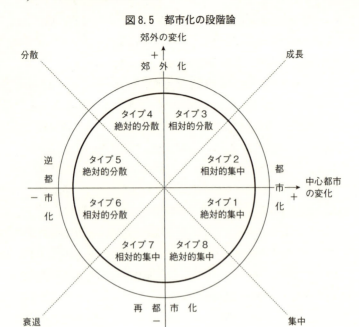

図 8.5 都市化の段階論

わち，周辺部が郊外として中心都市と結びつき，人口も増加に転じる。この段階では中心都市の人口増加が郊外のそれを上回り，相対的集中（タイプ2）というパターンを描く。

中心都市から郊外への分散，したがって，分散的な都市化が支配的になるのが第2段階の郊外化である。この段階では大都市圏としての成長が顕著になる。郊外化の前半では，中心都市の成長が続くものの，郊外の成長が中心都市を上回り，相対的分散（タイプ3）というパターンを示す。後半になると，中心都市への人口流入の減少と郊外への流出のいっそうの増加により中心都市の人口減少が始まり，絶対的分散（タイプ4）へと転じる。ただし，大都市圏全体としては依然成長を続ける。

中心都市からの分散がさらに進み大都市圏の外への流出が始ま

ると，大都市圏の成長ポテンシャルが低下し，大都市圏全体の人口も減少を始める。こうして，第3段階の逆都市化を迎える。その前半は，中心都市の人口減少が大きくなるものの，郊外の人口は増加を続ける絶対的分散（タイプ5）というパターンになるが，後半になると，郊外も人口減少に転じて相対的分散（タイプ6）というパターンを描く。

大都市圏の衰退に対し，中心都市において衰退を食い止めるための市街地再開発などの対策が実施されるなら，中心都市が活力を取り戻し，再び人口が流入しはじめることが期待されるようになる。第4段階として位置づけられる再都市化は，新たな成長へとつながる都市の再生の段階となる。この段階も，中心都市の人口減少の程度が縮小する相対的集中（タイプ7）と，それが増加に転じる絶対的集中（タイプ8）というパターンに区分される。

ヨーロッパの大都市圏を対象に都市化の段階論を当てはめた研究によると，1960年代は集中的都市化の後半段階から郊外化の前半段階にあったが，70年代の前半になると郊外化が主流になり，さらに，70年代後半には郊外化の後半段階から逆都市化段階に移りつつあるとみなされた。ところが，1970年代後半から80年代になると，逆都市化段階に入っているとみなされた欧米の大都市圏で，人口減少率が低下する，あるいは人口増加に転じるなど，再生の兆しが現れるようになった。とくに，アメリカでこの傾向が顕著で，1970年代に人口が減少した大都市圏において，80年代に人口が増加に転じた。このような人口の大都市圏への再集中現象は，都市人口の変動パターンとしては，再都市化の段階に位置づけられるが，それが大都市の再生を真に意味するのかどうかについては，必ずしも明確ではない。

ただし，2000年から09年までのアメリカの人口変化を圏域別に比較した研究（フランクリン〔Franklin [2014]〕）によると，大

都市圏全体では人口が増加している。人口が減少した大都市圏も存在するが、その割合は14%である。さらに、人口が300万人以上の大都市圏では、デトロイトを中心都市とする大都市圏以外のすべての大都市圏で人口が増加している。この研究は都市化の段階論をあてはめたものではないが、このような人口変化からは、人口の大都市圏への再集中が続いており、大都市が再生の段階にいたったことが示唆される。

日本の都市化

それでは、日本の都市化に関して都市化の段階論を当てはめるなら、どのような変化が認められるのであろうか。この点を明らかにするためには、大都市圏単位の分析が必要になる。アメリカでは、Core-based Statistical Area (CBSA) と総称される大都市圏 (Metropolitan Statistical Area) と小都市圏 (Micropolitan Statistical Area) が行政予算局によって公式に定義され、各種の統計において地域単位として用いられている。日本では、総務省統計局が「大都市圏」と「都市圏」を定義している。

しかし、総務省統計局の定義のみでは、日本の都市化分析のための地域単位としては不十分であり、これまでにいくつかの定義が提案されてきた。筆者らも、アメリカの標準大都市統計圏 (SMSA) と呼ばれた大都市圏の設定基準を参考に、**標準大都市雇用圏** (Standard Metropolitan Employment Area : SMEA) という大都市圏を提案した。さらに、CBSA や SMEA を参考にした**都市雇用圏** (Urban Employment Area : UEA) が提案され、経済産業省等で用いられてきた。これらの都市圏の設定基準は表8.4のとおりである。表には、OECD が提案した、加盟国全体に適用する共通の機能的都市圏 (Functional Urban Area : FUA) (OECD [2012]) の設定基準もあわせて示している。

表 8.4　日本の都市圏の設定基準の例

	国勢調査の都市圏		標準大都市雇用圏（SMEA）	都市雇用圏（UEA）	OECDの機能的都市圏（FUA）
	大都市圏	都市圏			
都市圏の条件	中心都市が互いに接近している場合は，その地域を統合して1つの大都市圏とみなす		総人口が10万人以上の圏域	DID人口が1万人以上の市町村を含む圏域で，中心都市のDID人口の規模により以下の2つに区分される。大都市雇用圏（MEA）：中心都市のDID人口が5万人以上のUEA 小都市雇用圏（McEA）：中心都市のDID人口が1万人以上，5万人未満のUEA	人口10万人以上の高密度クラスターを核として形成される圏域で，とくに，人口50万人以上の圏域が大都市圏と呼ばれる（注）。
中心都市の条件	東京都特別区部と政令指定都市	大都市圏に含まれない人口50万人以上の市	人口5万人以上で，昼夜間人口比が1以上の市	DID人口が1万人以上で他都市の郊外にならない市町村と，その1次郊外のなかで一定の条件を満たす市町村	人口密度が1500人／km²以上の連接するセル（1キロメッシュ）の集合として高密度クラスターが定義され，さらに人口が10万人以上の高密度クラスターに人口の50％以上が居住し，互いに連接する市町村の集合が都市核として定義される。
郊外（周辺市町村）の条件	中心都市への15歳以上通勤・通学者数の割合が常住人口の1.5％以上で，中心都市と連接している市町村		常住就業者に占める中心都市への15歳以上通勤者数の割合（通勤率）が10％以上で，鉱業を除く非1次産業就業者数の割合が75％以上の市町村	1次郊外：中心都市への15歳以上通勤者数の割合が常住就業者数の10％以上である市町村 2次以下の郊外：郊外市町村への15歳以上通勤者の割合が10％以上の市町村	都市核を形成する市町村への通勤者の割合が常住就業者の15％以上で，都市核と連接している市町村が後背地市町村となる。

（注）　OECDのFUAの条件である高密度クラスターの人口規模の基準は，日本，韓国，メキシコ以外の国々の場合は5万人以上である。

（出所）　国勢調査の大都市圏・都市圏の設定基準は総務省統計局『平成22年国勢調査報告最終報告書　日本の人口・世帯』（上巻：解説・資料編）による。標準大都市雇用圏の設定基準は山田・徳岡［1983］，都市雇用圏の設定基準は金本・徳岡［2002］による。また，OECDの機能的都市圏の設定基準はOECD［2012］による。

OECD 以外の 3 種類の大都市圏と都市圏について，2010 年に定義された圏域の面積・人口・従業就業者数を合計すると，表 8.5 のようになる。都市圏の空間構造の特徴としては，高密度な中心都市と，それよりも密度の低い郊外によって形成されていること，とくに大都市圏では，人口のほうが従業就業者よりも郊外への分散化が相対的に進んでいることがあげられる。

SMEA でみると，2010 年には 106 の大都市圏が存在し，日本の人口と従業就業者の約 77% が国土の 36% を占める空間に集中している。人口が最大の大都市圏は東京都特別区部を中心都市とする東京 SMEA で，周辺の 100 市町村を郊外として含み，人口は 3095 万人である。第 2 位の SMEA は大阪市を中心都市とする大阪 SMEA で，人口が 1183 万人，郊外は 67 市町村である。第 3 位は，名古屋市を中心都市として 35 の郊外市町村をもつ人口 516 万人の名古屋 SMEA である。以下，京都市，福岡市，神戸市，札幌市を中心都市とする 4 つの SMEA が人口 200 万人台で，さらに，仙台市，岡山市，広島市，北九州市，熊本市，宇都宮市，新潟市，静岡市を中心都市とする 8 つの SMEA が 100 万人以上で続く。

次に，日本の都市化段階の推移を SMEA の人口変化からみてみよう。ただし，2000 年から 10 年の間に実施された大規模な市町村合併の影響により，2010 年に定義された SMEA では 2000 年以前にさかのぼって人口変化をみることが現状では困難なので，2000 年に定義された 118 の SMEA によってみることにする。これらの SMEA の 1950 年から 2000 年までの 10 年ごとの人口変化のパターンをみると，基本的には都市化から郊外化へという，都市化の段階論が想定する変化の軌跡を描いてきたといえる。

なお，逆都市化段階に位置づけられる SMEA が徐々に増加するという変化も認められた。しかし，2000 年における人口が 100

3 都市化と都市圏の形成

表 8.5 日本の都市圏の面積・人口・従業就業者数 (2010 年)

圏域名			圏域数	構成市町村数	面積 (km²)	人口総数 (千人)	人口密度 (人/km²)	15歳以上従業就業者数 (千人)
国勢調査	大都市圏	圏域計	10	586 (33.9)	69,365 (18.4)	83,553 (65.2)	1,205	38,683 (64.9)
		中心市		20 (1.2)	12,225 (3.2)	35,364 (27.6)	2,893	19,552 (32.8)
		周辺市町村		566 (32.8)	57,140 (15.1)	48,189 (37.6)	843	19,131 (32.1)
	都市圏	圏域計	4	68 (3.9)	15,436 (4.1)	5,034 (3.9)	326	2,347 (3.9)
		中心市		4 (0.2)	1,782 (0.5)	2,369 (1.9)	1,329	1,128 (1.9)
		周辺市町村		64 (3.7)	13,654 (3.6)	2,664 (2.1)	195	1,219 (2.0)
SMEA	SMEA	圏域計	106	759 (43.9)	136,195 (36.0)	98,208 (76.7)	721	45,769 (76.8)
		中心都市		106 (6.1)	60,482 (16.0)	46,802 (36.5)	774	26,205 (44.0)
		郊外		653 (37.8)	75,713 (20.0)	51,406 (40.1)	679	19,564 (32.8)
UEA	MEA	圏域計	108	941 (54.5)	152,168 (40.3)	110,085 (86.0)	723	51,151 (85.8)
		中心都市		129 (7.5)	58,542 (15.5)	60,566 (47.3)	1,035	32,161 (54.0)
		郊外		812 (47.0)	93,626 (24.8)	49,519 (38.7)	529	18,990 (31.9)
	McEA	圏域計	121	354 (20.5)	93,098 (24.6)	11,966 (9.3)	129	5,641 (9.5)
		中心都市		126 (7.3)	57,813 (15.3)	8,297 (6.5)	144	4,015 (6.7)
		郊外		228 (13.2)	35,285 (9.3)	3,669 (2.9)	104	1,626 (2.7)
全国				1,728 (100.0)	377,950 (100.0)	128,057 (100.0)	339	59,611 (100.0)

(注) ( ) 内は, 全国に占める割合 (%)。
(出所) 国勢調査の大都市圏・都市圏は「e-Stat 都道府県・市区町村別統計表 (平成22年国勢調査)」に基づき集計した結果による。UEA は「都市雇用圏」のホームページ (http://www.csis.u-tokyo.ac.jp/UEA/uea_code.htm) から取得した, 2010 年基準の中心市町村と郊外市町村のコード表に基づき集計した結果による。SMEA は, 総務省統計局『平成22年国勢調査結果』の結果に基づいて徳岡が定義した 2010 年圏域を集計した結果である。なお, これらの圏域の面積・人口・従業就業者数は総務省統計局『平成22年国勢調査結果』によっている。

万人以上の大規模な SMEA に着目すると，北九州 SMEA が逆都市化段階にまでいたったが，その他は都市化または郊外化の段階で推移していた。東京 SMEA と大阪 SMEA の2大 SMEA も，中心都市の人口は減少したものの，郊外人口の大幅な増加に支えられ，圏域全体としては成長を続けた。日本の大規模な大都市圏に関しては，1970年代後半の欧米のような逆都市化へシフトして大都市圏が衰退するという傾向は，2000年まででは認められなかったのである。

以上のような 2000 年までの変化に対し，2010 年に定義された SMEA の 2000 年から 2010 年までの 10 年間の人口変化には，中心都市の人口が減少し，さらに，郊外の人口減少も加わって圏域全体の人口が減少する逆都市化段階にある SMEA が多いという特徴がみられる。さらに，再都市化と位置づけられる SMEA やタイプ1の都市化段階に位置づけられる，すなわち，郊外の人口の減少が大きく，結果として人口が中心都市へ相対的，あるいは，絶対的に集中する傾向がみられる SMEA も多くなっている。

その一方で，2000年までは中心都市の人口が減少を続けていた東京 SMEA と大阪 SMEA において，中心都市の人口が増加に転じたことも注目される。いわゆる，都心回帰の現象を反映した結果であるといえる。さらに，これら2大 SMEA を含む大規模な SMEA に関しては，一部の例外はあるものの，都市化か郊外化の段階を維持している。2000年代に入っても，上位の大都市圏への人口集中が続いているのである。

4 日本の都市制度

都市制度

都市問題の分析や都市政策の検討を行うために都市を定義する

場合,同質地域としての人口集中地区(Densely Inhabited District : DID),あるいは,結節地域としての都市圏という地域概念によって定義することが望ましい。しかし,データの利用可能性という制約から,基本的には都市を行政上の「市」を単位にして捉えることになる。

日本では,行政上の「市」の要件は,地方自治法の第8条第1項で次のように定められている。

① 人口5万人以上であること。
② 中心市街地を形成している区域内にある戸数が,全戸数の6割以上であること。
③ 商工業その他の都市的業態に従事する者とその世帯に属する者の数が,全人口の6割以上であること。
④ その他,都道府県の条例で定める都市的施設等の都市としての要件を備えていること。

要件の①と②は,都市としての規模と密集性について具体的な基準を与えている。要件の③と④は,都市にふさわしい産業構造と都市施設に関する基準である。地方自治法のもとでも,「市」は都市としての性質をもった空間として定義されるのである。ただし,現実の「市」の範囲には,都市としての基本的性質をもたない空間が多く含まれていることに注意する必要がある。

さらに,都市に関する行政上の課題として,地域の自立的な発展をめざす地域政策の観点から,また,行財政改革の推進と地方分権の観点から,都市の機能強化と都市を中心とした地域の発展という問題がある。このような課題に対して,一定規模以上の都市の権限を強化して地方分権の受け皿となるように整備をはかるとともに,複数の自治体にまたがる広域的な行政を推進するための広域連携の枠組みの整備が進められてきた。

都市の権限強化に関しては,1956年に創設された,人口50万

人以上の政令で指定された市に対して都道府県の権限の多くを移譲して区の設置を認める指定都市制度がある（地方自治法第252条の19）。1980年までに大阪市，名古屋市，京都市，横浜市，神戸市，北九州市，札幌市，川崎市，福岡市，広島市の10市が指定されていたが，その後，仙台市，千葉市，さいたま市，静岡市，堺市，新潟市，浜松市，岡山市，相模原市，熊本市が新たに指定され，2017年4月1日現在で20市になっている。いずれも人口が100万人以上，あるいは，100万人に近い大都市である。

さらに，地方分権の推進に資するために権限を移譲する都市の対象を拡大する制度改正が行われた。1994年に，人口が30万人以上で面積が100 km^2以上等の要件を満たす市の権限強化をはかるための中核市制度が，99年には人口が20万人以上の市への権限移譲を目的とした特例市制度が地方自治法の改正によって創設された。

その後，権限移譲のより積極的な推進をはかるために中核市の要件の緩和が進められ，特例市制度と中核市制度が統合されることになった。2014年の地方自治法の改正で，特例市制度が廃止され，中核市の要件は人口が20万人以上の市（地方自治法第252条の22）に改められた。なお，特例市の廃止により，廃止時点ですでに特例市であった市は施行時特例市とみなされ，特例市としての事務を引き続き処理することになった。中核市は2017年10月1日現在で48市が指定されている。また，施行時特例市は同時点で36市存在する[注1]。

(注1) 指定都市制度および中核市と特例市制度に関する情報ついては，総務省の地方公共団体の区分のサイト（http://www.soumu.go.jp/main_sosiki/jichi_gyousei/bunken/chihou-koukyoudantai_kubun.html, http://www.soumu.go.jp/cyukaku/）を参照。

広域連携

一方,都市化の進展にともなう日常生活圏の拡大を背景に,広域的な行政の推進がみられた。それは市町村合併(第14章を参照)と広域連携という2つの取り組みとして行われてきた。広域連携は,1969年から設定が行われるようになった広域市町村圏に始まる。その後,制度の整備と充実が図られ,1991年からは広域行政圏という名称のもとで,広域市町村圏と大都市周辺地域広域行政圏の2種類の圏域指定が行われた。これらの広域行政圏は広域行政機構を設置し,計画策定や施設の整備・運営,公共的な事業等を共同で実施してきた(注2)。

(注2) 広域行政圏については,総務省の広域行政・市町村合併のサイト (http://www.soumu.go.jp/kouiki/kouiki.html) を参照。

ところが,平成の大合併(第14章を参照)で市町村合併が進み,市町村数が激減したため,広域行政圏を構成する市町村数の減少や広域行政機構をもたない圏域が増加した。その一方で,少子高齢化の進展と人口減少時代の到来で,とくに地方圏では地域経済が低迷し,持続可能性の確保が容易でない地域が多くなった。

これらの課題を踏まえて広域連携の見直しが行われ,2008年5月に新たな仕組みとして「定住自立圏構想」が提案され,2009年4月から取り組みが開始された。この構想は,主として地方圏において,中心市と周辺市町村が協定を結び,相互の機能分担と連携・協力によって定住自立圏を形成することで,東京圏への人口流出の抑止と魅力的な地方居住の選択肢の提供による地方圏への人の流れの創出をめざしている。なお,このような新しい制度の発足にともない,広域行政圏は2009年3月末で廃止された。

「定住自立圏構想推進要綱」によると,定住自立圏を形成する中心市は,圏域全体の暮らしを支えることができる相当な規模と

周辺市町村の住民も活用する都市機能の集積をすでに有する市で，基本的な条件は，①人口が5万人程度以上であること，②昼夜間人口比が1.0以上であること，とされている。これらの条件をみたす市のなかで，定住自立圏の中心市としての役割を果たす意思を表明（中心市宣言）した市が中心市になり，周辺市町村として連携を希望する近隣の市町村との間で定住自立圏形成協定を結ぶことで定住自立圏が成立する。2017年7月14日現在で，定住自立圏の中心市宣言を行った市が130，形成済みの定住自立圏は119である[注3]。

(注3) 定住自立圏構想については，総務省の定住自立圏構想のサイト（http://www.soumu.go.jp/main_sosiki/kenkyu/teizyu/index.html）を参照。

定住自立圏は，基本的には基礎的な生活圏域を維持するための市町村による広域連携の仕組みであるが，さらに，地域経済を牽引していくのにふさわしい規模の都市を核とした圏域の形成が求められるようになった。そこで，総務省は，2014年8月に人口減少に対して「地方が踏みとどまるための拠点」の形成を目的とする「地方中枢拠点都市圏構想」を発表した（「地方中枢拠点都市圏構想推進要綱」による）。さらに，圏域概念やその目的が類似する国土交通省が提言した「高次地方都市連合」などとの間での概念の統一がはかられることになり，2015年1月に名称を「連携中枢都市圏構想」に変更して，統一された。

連携中枢都市圏は，地域において相当の規模と中核性を有する中心都市と近隣の市町村が連携して，高次都市機能の集積・強化や生活関連機能のサービス向上をはかるとともに，経済成長の牽引役を担うことで，人口減少・少子高齢社会において活力ある社会経済を維持するための拠点づくりをめざす圏域である。そのため，圏域の中心都市である連携中枢都市の要件は，原則として地

方圏に立地する指定都市または中核市であり，昼夜間人口比がおおむね1.0以上とされている。

　圏域の形成に向けての手続きのあり方は，基本的には定住自立圏と同じで，連携中枢都市に該当する市が連携中枢都市宣言を行い，近隣の市町村との間で連携協約（地方自治法第252条の2）を締結することで形成される（「連携中枢都市圏構想推進要綱」による）。2017年3月31日現在で，連携中枢都市宣言を行った市が25，形成済みの連携中枢都市圏は23である[注4]。

　　(注4)　連携中枢都市圏構想については，総務省の連携中枢都市圏のサイト（http://www.soumu.go.jp/main_sosiki/jichi_gyousei/renkeichusutoshiken/index.html）を参照。

　中心都市と連携して定住自立圏や連携中枢都市圏を形成する近隣市町村は，経済・社会・文化または住民生活において中心都市と密接な関係を有する市町村であることが望ましいとされ，その目安は中心市や連携中枢都市への通勤・通学比率が10%以上であるとされる（それぞれの構想の推進要綱による）。したがって，これらの圏域は前節で紹介した都市圏・大都市圏の概念を適用して形成される圏域という特徴を有する。地方自治体間の広域連携の枠組み作りにあたって，都市圏の概念が積極的に活用されるようになってきているのである。

第9章 都市システム

　かつての都市はそれぞれ互いに孤立して存在していたが、今日では、各都市は政治・経済・文化などの各方面において密接な交流がなされ、相互依存的な関係にある。ある国または地域における都市同士の相互依存関係を都市システムと呼ぶ。この都市システムの構造を説明する理論はいままでにも多数提案されてきたが、本章ではまず、都市システムのモデルの基礎となる輸送費と商圏の関係について第1節で考察する。そのうえで、最も古典的な都市モデルであるクリスタラー（Christaller [1933]）とレッシュ（Lösch [1940]）の中心地理論を第2節で紹介する。中心地理論は、第7章で言及したようにもともと小売業・サービス業などの立地を分析するために導入された理論であるが、それにとどまらず、都市システムの構造を説明する理論として用いられ、発展を遂げてきた。そのうえで、日本の都市システムについて第3節で検討し、さらに第4節では、都市システム研究の理論的・現実的側面における新たな潮流について展望する。

1　輸送費と商圏

　各立地点における財の生産コストと運賃率が所与の場合に、最適な立地点を示すための手法として、ウェーバーが考案した「等

輸送費線」を用いる方法がある。等輸送費線を利用することによって，原理的には原料地や市場の条件がより複雑な場合や，労働費や租税がとくに安い場所が存在する場合でもその立地を図示することが可能になる。しかし，等輸送費線のもつ利用価値はそれだけではなく，逆に消費者が均等に分布する市場において，任意の地点に立地した企業がどれだけの範囲から消費者を集めることができるか，すなわち企業の商圏を容易に求めることができる点も重要である。

商圏分析

図 9.1 (a) はある財の 2 つの生産地 $M_1 \cdot M_2$ からの売り渡し価格を等輸送費線で表したものである。(b) は (a) の $M_1 \cdot M_2$ の 2

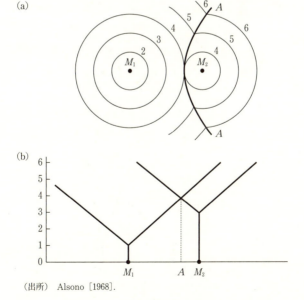

図 9.1　等輸送費線による商圏分析①：販売価格が異なる場合

(出所)　Alsono［1968］.

点を通る直線上でみた図で、縦軸はコストの大きさを表している。販売される同一の財の価格が場所によって異なる場合 ($M_1 < M_2$)、消費者は「売り渡し価格＝販売価格＋輸送費」が最小になる地点から財を購入するので、財の運賃率が一定であるならば、(b) の A 点より左側は M_1 の商圏、右側は M_2 の商圏となり、販売価格の低い M_1 の市場圏がより広い商圏を獲得する。財の価格差が十分に大きいか、あるいは2つの生産地の間の距離が短い場合には、M_1 がすべての市場を獲得することもありうる。

さらに、2つの生産地が直面する運賃率がそれぞれ異なる場合には、図 9.2 のような現象が生じうる。販売価格の高い M_2 に関する運賃率が M_1 より大きい（(b) における傾きが急な）場合、M_2 周辺こそ M_2 の商圏となるが、その他はすべて M_1 の商圏となる。

図 9.2　等輸送費線による商圏分析②：運賃率が異なる場合

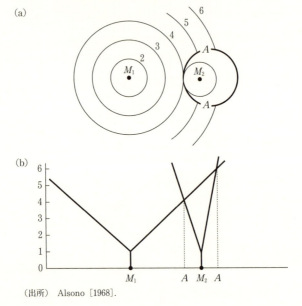

（出所）　Alsono [1968].

平面的にみると, M_1の商圏の「海」のなかに, M_2の商圏の「島」が取り残された形になる。このような現象は以下のように現実にもさまざまな場面でみられる。

例1:日本の石炭産業の衰退

戦前の日本では, エネルギー源や製鉄の際の原料として, 筑豊炭田や石狩炭田などの国内の炭鉱から採掘された石炭が多く用いられた。戦後これらの炭鉱はほとんど閉山したが, 一方で日本は今日でもおもに製鉄用に大量の石炭をオーストラリアや中国などから輸入している。これらの海外の炭鉱を M_1, 国内の炭鉱を M_2 とすると, 露天掘りで大規模に採掘できる M_1 のほうが地中奥深くまで坑道を掘り進まねばならない M_2 より採掘費=販売価格は大幅に安い。また日本の製鉄工場の多くは臨海立地であり, 炭鉱から石炭を鉄道で輸送しなければならない M_2 より, 大型船で工場まで輸送可能な M_1 のほうが運賃率も低い。そのため国内炭の需要は急速に減少し, 海外から輸入する量が増加したのである。

例2:地方都市の郊外型大型店の発達

今日の地方都市では, 駅前の商店街が空洞化する一方, 郊外の幹線道路沿いに大型店の出店が相次ぎ, 多くの利用者で賑わっている(第7章第3節参照)。ここでも, 郊外の大型店を M_1, 駅前の商店街を M_2 とすると, 自家用車の普及にともない, M_1 へ買物に行く移動コストは鉄道やバスに乗らざるをえない M_2 より小さくなった。加えて, M_1 における商品の販売価格は概して M_2 より安いので, 人びとは駅前商店街より郊外の大型店を利用するようになったのである。

等輸送費線と需要円錐

ところで, ここまでの議論は消費者がどこから財を購入するかのみを考察してきた。しかし企業の側からみると, どれだけの範

囲の商圏を確保できれば採算が取れるのかという問題がもう1つある。必要になる商圏面積は財によって異なる。このことを考慮に入れることによって,商圏を均等に分割するような企業の立地を示すことができる。そして,この考え方から企業の立地する都市の立地を検討したのが,次節で説明する中心地理論にほかならない。

まず,ある1種類の財(またはサービス)を,同一の選好をもつ消費者に供給することを考えてみよう。国土はどの方向へも交通条件が等しく,輸送費・移動コストはその距離のみに比例すると仮定する。まず,供給地点(中心地)が1カ所の場合には,そこから遠ざかるにつれて(財の消費者までの)輸送費もしくは(消費者の供給地点までの)移動コストを加えた財の実質価格は上昇する。これは,まさに等輸送費線を用いて容易に表すことができる。そのため,財に対する需要は供給地から離れるほど少なくなる。このことを示したのが図9.3の空間的需要円錐体である。この底面(=市場圏)の円 O は,財に対する需要が0になる輸送費水準の等輸送費線であり,この円の半径 Or はこの財を供給する企業の需要が存在する最大距離(到達範囲の上限)を表す。この財に対す

図9.3 空間的需要円錐体

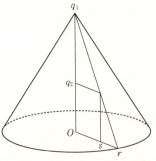

(出所) Berry and Parr *et al.* [1988].

る需要が最も大きいのは財の供給地点 O であり，このときの需要量が q_1 である。O から離れた，たとえば s 点での需要量は q_2 となる。円上の各点における需要量の総和となる円錐の体積は，この財を供給する企業の収入を表す。

ある企業の収入がコストを相殺してなおあまりあるならば，そこに超過利潤が発生する。図9.4(a)のように参入する企業が少ないうちは，各企業は多大な超過利潤を得ることができる。しかし，その超過利潤をねらって多数の企業（互いに均質であると仮定する）が市場圏の隙間に参入してくると，激しい立地競争が展開され，(b)のように市場圏の隙間はしだいに狭くなるであろう。そして(c)のように市場が隙間なく埋め尽くされるようになる（点線で描かれた円がもとの市場圏）。ただし，(c)の段階では各企業の市場圏が到達範囲の上限に基づいているため，まだ若干の超過

図9.4　市場圏の形成過程と均衡

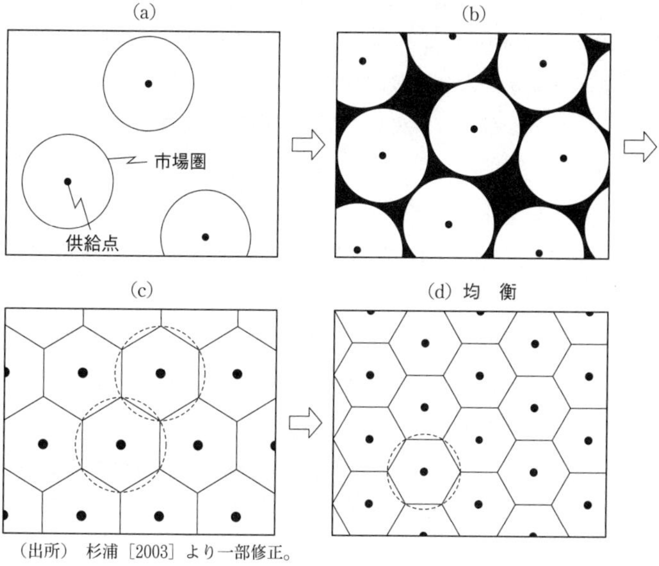

(出所)　杉浦［2003］より一部修正。

利潤が存在する。最終的な均衡を示したのが (d) であるが，このときには各企業の市場圏が (c) より小さくなっている。(d) では，各企業の市場圏の半径はその企業の収支が均衡する最低限の収入を得るだけの距離（到達範囲の下限）に描かれている。(d) においては企業の超過利潤は0となり，もはや新規参入は生じない。

2 中心地理論と都市システム

中心地理論

都市の立地に何らかの規則性が存在することは古くから指摘されていたが，その問題をはじめて理論的に追究したのが，ドイツの地理学者クリスタラーであった。彼は消費者行動の立場から，供給者が赤字にならない範囲で，商業や公共サービスなどの都市的機能（中心地機能）を，それらがもたらす社会的余剰が最大になるように配置するにはどうすればよいかを，医師による診察（医療サービス）を例に，具体的な数値例に基づいて検討した。彼の考察プロセスをより一般的な形式にモデル化しようとした試みはいくつかあるが，今日にいたるまで完全に成功したものはみられない。

それに対してレッシュの議論においては，クリスタラーと対照的に，各企業（＝供給者）が利潤を最大にするような中心地配置が，農村における農家の自家製ビールの製造・販売を例に，経済理論に基づいてモデル化したうえで検討されている。しかし興味深いことに，供給する財が1種類の場合には，両者の主張する中心地配置はいずれも図9.4 (d) のようになりまったく一致するのである。クリスタラーとレッシュの違いは複数の財を考えた場合に生じ，最終的に得られる中心地体系は大きく異なっている。

複数の財の場合：財の階層性

供給する財の種類を複数にすると，財によって到達範囲の上限・下限の値，すなわち市場圏の大きさも異なるはずである。たとえば，食料品店や小学校の「市場圏」は小さく，デパートや大学のそれは大きい。ここまではクリスタラー，レッシュとも意見の相違はない。しかしここで，クリスタラーは次のような重大な仮定を置く。

- 各中心地をその供給する財の市場圏の面積の大小によって，いくつかの有限個の階層に区分することが可能である。
- そして階層に分ける場合，大きな市場圏をもつ（高次な）中心地はそれ以下の市場圏をもつ（低次な）中心地を兼ねる。

これらの仮定はクリスタラー独自の特徴であり，レッシュはこのような仮定を採用しなかった。この差はそれぞれが分析対象としていた産業・施設の違いによってまずは説明できるであろう。製造業の工場を想定していたレッシュは，たとえば自動車産業と紡績産業の工場が互いに隣接しなければならない必然性を感じなかった。各産業がそれぞれの都合で工場（＝中心地）を決定し，それがときには近接することもあり，近接すればそこで中心地間の交易・交流もありうる，という考え方である。そのためレッシュのモデルでは，各財の市場圏の境界が複雑に交錯し，各財を供給する中心地は互いに別の地点に立地しうる（図9.5）。

他方，クリスタラーは，小売・サービス業や公共施設の立地を考えていたため，各施設の「集積」を無視することができなかった。上記の仮定を容認するならば，中心地はいくつかの階層に大幅に統合され，その配置には一定の規則性が得られる。クリスタラーはその規則について，ある階層の市場圏が，その次の階層の市場圏をいくつ含むか（その数をkで表す）に基づいて整理し，財・サービスを最も効率的に供給できる「補給（市場）原理」

図9.5 4種の最小市場地域規模に基づく中心地のレッシュ・モデル

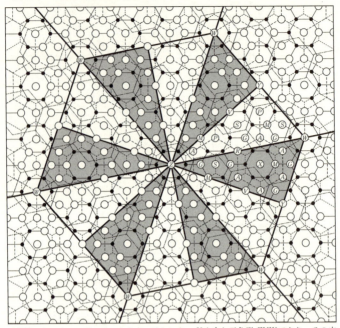

(注) センター・リッチ・セクターはセンターXを含む三角形ZYWであり、その内部にXと同格の13の中心地がある。センター・プア・セクターはセンターPを含む三角形ZYWであり、その内部にPと同格の11の中心地がある。
(出所) Berry and Parr et al. [1988].

($k=3$, 図9.6)のほか、高次の中心地間を結ぶ直線上に低次中心地が配置される「交通原理」($k=4$)、および低次中心地の市場圏全体がより高次の中心地の市場圏に包含される「行政(隔離)原理」($k=7$)の3類型を提示した。

中心地理論と都市システム

中心地理論はすでに述べたとおり、地域の小売・サービス業の立地の説明から編み出されたものであり、必ずしも全国的な都市システムを対象にしたものではなかった。しかし、その精密な階

図9.6 クリスタラーの補給（市場）原理（$k=3$体系）

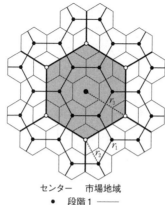

センター　市場地域
- ● 段階1 ──
- ○ 段階2 ──
- ● 段階3 ──

（出所）Berry and Parr *et al.* [1988].

層モデルは，それ以後の都市システム研究にも大きな影響を与えた。中心地＝都市とみなすならば，中心地理論に基づいて全国レベルでの都市システムを構築することができる。

クリスタラーの中心地理論によると，各都市は最上位の都市（＝首都）から下位の都市まで整然と階層に分けられ，図9.7（a）に示すように，下位の都市はただ1つの上位都市にのみ従うことになる。この都市システムのもとでは，最上位の都市には高次機能から低次機能まですべての機能が揃うことになり，最上位都市への「一極集中」が生じやすいと考えられる。

中心地理論への批判

中心地理論は都市システムの研究に大きな影響を与えたが，一方で，中心地理論では説明しきれない要素が都市システムの理解には重要であるという批判がなされている。たとえば，都市にお

178　第9章　都市システム

図9.7　クリスタラー型都市システムとプレッド型都市システム

(a) クリスタラー型都市システム ($k=3$)

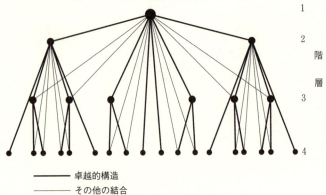

階層　1　2　3　4

―――― 卓越的構造
―――― その他の結合

(b) プレッド型都市システム

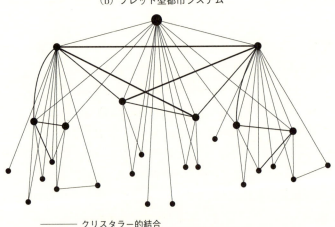

―――― クリスタラー的結合
―――― レッシュ的結合（低次都市間の相互作用）
―――― 高次都市間の相互作用

(出所) Pred [1971].

ける中枢管理機能の立地には，情報の伝達の問題が避けて通れないが，この問題は財・サービスの供給を前提とした中心地理論では十分に説明できない。

この点を指摘したプレッド（Pred [1971]）によると，クリスタラー理論は，①各地域が相互に独立し，地域間の連結関係を欠いている，②同規模の都市間の相互関係が欠如している，③小都市からの情報の大都市への伝達を考慮していない，という3つの問題点を指摘している。これらの点を踏まえて，プレッドは図9.7(b)のような非対称的な都市連結システム・モデルを提示した。プレッドはこのモデルを提示するに際して，地域間の相互作用の存在を説明する論拠の1つとして，互いに違う機能をもつ中心地同士で交易を行うことを容認するレッシュの考え方を採用している。

図9.7(a)のクリスタラーの$k=3$の場合の都市システムと比較すると，プレッドのモデルには何らかの尺度（人口規模など）での都市の「序列」はあっても，中心地理論でみられたような，都市の規模やその市場圏の面積の観点からの厳密な都市間の「階層」はみられない。このような非対称的な都市システムは，しばしば大企業の本社・支所などの組織構造からも見出される。たとえば，大企業の本社はすべてが大都市に立地するわけではなく，また本社・支所関係は，本社の勢力圏内の支所よりも，むしろその圏外の支所とのほうがより緊密である。プレッドはこれらの点に着目し，このような本社・支所関係をもった企業システムがもたらす，より複雑な情報ネットワークのために，先進工業国においては都市システムも同様のネットワーク組織をなすと考えたのである。その考え方には批判もあるが，今日では都市システムを検討する際の有力なモデルとして定着している。

3 日本の都市システム

日本の都市の規模と分布

　日本を大きく，北海道，東北，関東，中部，近畿，中国四国，九州の7地域ブロックに分けると，そこには必ず1つ以上の大都市圏が存在している。このうち，関東の東京（首都圏），中部の名古屋（中京圏），近畿の京都・大阪・神戸（京阪神圏）は，その中枢性がとくに大きいとされてきた。これらの3大都市（圏）は交通体系においても，あるいは経済活動上も密接に結びつき，「東海道メガロポリス」と呼ばれる世界有数の高密度居住地域を形成している。その他の4地域ブロックには，それぞれその地域ブロック（北海道・東北・中国四国・九州）全体の経済・文化の拠点としての役割を果たしている**地方中枢都市**と呼ばれる都市（札幌・仙台・広島・福岡）が存在する。ただし第2章でみたとおり，東京一極集中と地方中枢都市の発展のはざまで，今日では中京圏ならびに京阪神圏であっても，地方中枢都市に対する卓越性は必ずしも大きくなく，この両都市（圏）も地方中枢都市とみなしうるかもしれない。地方中枢都市は，いずれも人口100万人を超え，中央官庁の出先機関や大企業の支店などが多数立地する「支店経済」都市として発展してきた。

　地方中枢都市のもとには，各都道府県レベルでの拠点となる**地方中核都市**が存在する。これらはおおよそ人口規模にして30万〜50万人程度で，たいていの場合その県の県庁所在都市である。また地方中核都市のなかには，地方中枢都市よりは影響が及ぶ範囲は狭いものの，なお複数の県にまたがる範囲で拠点的地位を保っている都市が存在する。新潟・金沢・高松・熊本などの都市がその例としてあげられ，これらの都市のなかには，近年の市町村

合併を通じて規模を拡大し,地方中枢都市に匹敵する 70 万〜80 万人程度の人口規模を有するところも出てきた。そして地方中核都市の下には,人口規模 10 万〜20 万人程度の,県の一部地域(律令制における「国」や江戸時代の「藩」の領域などに由来する範囲であることが多い)の中心と位置づけられる都市がみられる。弘前(青森県)・長岡(新潟県)・津山(岡山県)・都城(宮崎県)などが例として知られる。

日本の都市システム:都市の階層性をめぐって

日本の都市システムはどのように規定されるであろうか。一般的な見解としては,日本では東京 - (大阪・名古屋) - 地方中枢都市 - 地方中核都市(県庁所在都市等)という都市間の「序列」がみられ,それはすなわちクリスタラー型の階層的都市システムとみなすことができると考えられている。ここでしばしば指標として用いられるのが,企業の本社・支所などの中枢管理機能の立地である。これは人口規模よりも都市の高次な機能を反映しやすく,また支所が担当する地域(テリトリー)が同時に決められるので,その地域ブロックを管轄する中心都市を選びやすいという特徴もある。

西原 [1991] は日本の主要 74 都市を対象にして,企業の事業所網からみた都市群システムを分析し,本社立地別の支所進出数から,3 大都市圏本社企業 → 全国規模企業,広域中心都市本社企業 → 地方規模企業という図式を見出し,都市(群)システムにおいても一部の都市を除いてクリスタラー型結合が卓越していると結論している。表 9.1 をみても,そこに示されている本社・支所の「数」だけに着目すれば,本社における東京対地方中枢都市,支所における地方中枢都市対地方中核都市の歴然とした格差から,西原と同様の結論に到達するであろう。

表 9.1　日本の大都市における主要上場企業の本社・支所数（2010 年）

順　位	都市名	本社数	支所数
1	東京 23 区	1,072	1,346
2	大阪	309	1,206
3	名古屋	98	1,157
4	福岡	34	954
5	仙台	10	850
6	広島	13	736
7	札幌	25	721
8	横浜	61	548
9	さいたま	14	407
10	高松	10	400
11	静岡	10	372
12	新潟	12	371
13	金沢	9	367
14	神戸	46	361
15	京都	46	339
16	千葉	13	339
17	岡山	11	313
18	宇都宮	1	264
19	鹿児島	5	257
20	浜松	14	246

（出所）　阿部［2015］。

　ただし，この見解には異論も出されている。たとえば阿部［1993］は，自ら中枢管理機能の立地と都市システムの関係を分析していくなかで，日本の都市システムには階層性は存在するものの，主要都市間相互の結合関係が強いなど，必ずしも厳密なクリスタラー型とはいえず，むしろプレッド型に近いのではないか，という疑問を投げかけている。阿部は個々の企業の本社・支所間の結合関係からみれば，地方都市に本社を置く企業が，東京や本社所在都市と同規模の都市に支所を設けることが普遍的にみられると指摘している。表 9.1 も詳細にみると地方中枢都市間での支所配置数に格差が存在しており（たとえば，福岡対札幌），階層が固定的であるとはいいがたい。

両者の見解の相異は、クリスタラー型、プレッド型という都市システムの判定を、その形態と形成原理のどちらに着目して行うかによる。日本でも個々の企業においては、中枢管理機能の立地原理に着目すれば、それはおそらく阿部の指摘するようにプレッド型であるといえよう。しかし、現実の都市システムの形態からみれば、今日の日本では人口・所得の東京一極集中や行政機関との接触の重要性など、企業内の情報伝達以外の要因が卓越しているので、全体的にはクリスタラー型（に近い）階層的な都市システムが成立しているのではなかろうか。

4 都市システムと人口規模分布

都市の順位・規模分布

クリスタラー型の階層的な都市システムにおいては、階層の上位にある都市ほど規模が大きく、下位になるほど都市数が多くなるとともに規模は小さくなる。このような都市システム内における都市間の規模の関係は都市規模分布の問題として早くから実証的な研究が進められ、対数正規分布、パレート分布、順位・規模分布が比較的よくあてはまることが知られてきた。

そのなかでよく利用されるのが順位・規模分布で、次のような都市の人口規模とその順位の間の関係で表される。

$$rP_r^q = c \tag{9.1}$$

あるいは、

$$r^\lambda P_r = C \tag{9.1'}$$

である。r は人口規模が最大の都市を1位とした都市の規模の順位、P_r は第 r 位の都市の人口、c, C と q, λ はパラメータ（一定）である。なお、順位 r を人口が P_r 以上である都市の数と読み替えるなら、順位・規模分布はパレート分布と同じ分布を表す

とみることができる。すなわち，パレート分布は，人口規模が P 以上である都市数の累積シェアを $n(P)$ とするとき，$n(P)=AP^{-a}$ で表されるので，累積シェアを人口が P 以上の都市の数に置き換えれば，(9.1) 式の順位・規模分布と同じになる。

とくに，q あるいは λ が1に，したがって $C(c)$ が最大規模の都市の人口に等しくなる場合，この関係は「順位・規模法則（ランク・サイズ・ルール）」，または，「ジップの法則」と呼ばれる。すなわち，「人口×順位＝最大都市の人口」が成り立つというもので，ジップ（G. K. Zipf）が1940年のアメリカにおける都市圏の人口規模分布に関してこの関係がほぼ成立することを示し，そのメカニズムについて論じて以来，都市規模分布に関する経験的な法則として注目されてきた。

ローゼンとレスニック（Rosen and Resnick [1980]）は，44カ国の1970年における人口規模の上位50位まで，または人口10万人以上の都市人口データを用いて，都市の順位・規模分布を (9.1) 式により国ごとにパラメータの推定を行い，q の値が0.809から1.963の範囲で，平均値は1.136（標準偏差は0.196）になるという結果を得た。

さらに，ブラックマンら（Brakman, Garretsen and van Marrewijk [2001]）は，国連の国別の都市人口データベースを用いて，人口10万人の都市が10以上存在する国々を対象に，(9.1′) 式に基づいたパラメータの推定を行っている。ブラックマンらによる λ の推定結果を要約すると，表9.2のようになる。決定係数の平均値が示すように，全体に順位・規模分布のあてはまりは非常に良好である。

彼らは都市の定義として行政上の都市と都市圏を用いた場合の両方を用いて推定を行っているが，表からわかるように，都市圏のほうが λ は1に近い。また，ローゼンとレスニックが行政上

表 9.2　世界の国々の都市規模分布

$$\log(P_r) = \log(C) - \lambda \log(r)$$

λ の推定結果

	対象都市の定義	
	行政上の都市	都市圏
平均値	0.88	1.05
標準偏差	0.030	0.046
最小値	0.49	0.69
最大値	1.47	1.54
決定係数の平均	0.94	0.95
対象国数	42	22

(出所)　Brakman *et al.* [2001], Table 7.4 (p. 207).

の都市を用いて行った推定結果の平均値 1.136 の逆数は 0.88 であり、ブラックマンらの行政上の都市による λ の推定値の平均と一致する。対象となる年次が異なるにもかかわらず同じ結果が得られたことは、都市規模分布が安定的であることを示しているように思われる。

日本の都市規模分布

以上のような都市規模分布の規則性を、日本の都市システムのなかで確認してみよう。ここでは、都市を都市圏という空間的範囲で捉え、第 8 章で紹介された SMEA (標準大都市雇用圏) を用いて、その順位・規模分布をみることにする。なお、SMEA は人口 10 万人以上の大都市圏であるので、ブラックマンらの都市圏を用いた推定結果と比較が可能である。図 9.8 は、横軸に順位の、縦軸に人口の常用対数をとり、2010 年に定義された 106 の SMEA の順位と人口の関係を描いたものである。図には、同年の人口 10 万人以上の市についても、その順位と人口の関係があわせて示されている。いずれの順位と人口も、両対数軸上で直線的な関係をもつことが明らかである。

図 9.8　日本の都市規模分布（2010年）

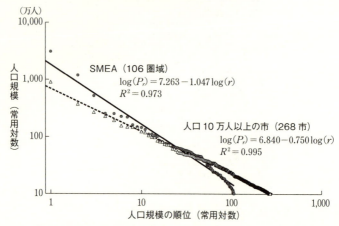

（9.1′）式に基づいて推定されたパラメータ（λ）をみると、SMEAが1.047であるのに対して、市は0.750である。日本の都市規模分布においても、都市圏よりも行政上の市の方がパラメータの値が小さく、ブラックマンらの研究と整合的な結果が得られている。ただし、SMEAのλは1に近いものの、1ではないという仮説を棄却することができない。したがって、2010年の日本の都市圏の人口規模分布に関して、厳密な意味での順位・規模法則が成り立っているとはいえないのである。

それでは、SMEAの順位・規模分布は時間的にどのように変化してきたのだろうか。1965年、85年、2000年、2010年に定義されたSMEAについて、各時点の人口とその順位によって（9.1′）式に基づいた回帰式（$\log(P_r) = \log(C) - \lambda \log(r)$）を推定すると、表9.3のような結果になる。いずれの時点においても順位・規模分布がよくあてはまっていることがわかる。さらに、パラメータ（λ）の値が、1965年には1を下回っていたが、時間の経過とともに大きくなってきていることが注目される。このこ

4 都市システムと人口規模分布

表 9.3 SMEA の順位・規模分布の変化

$$\log(P_r) = \log(C) - \lambda \log(r)$$

	SMEA 数	λ	$\log(C)$	決定係数
1965 年	87	0.943 (42.95)	6.846 (198.29)	0.956
1985 年	118	0.994 (63.90)	7.145 (270.43)	0.972
2000 年	118	1.030 (63.25)	7.237 (261.53)	0.972
2010 年	106	1.047 (61.03)	7.263 (255.91)	0.973

(注) ( ) 内は t 値。対数は常用対数。2010 年の SMEA の人口は徳岡が独自に定義した結果による。2000 年は徳岡 [2003], 1995 年以前は徳岡 [1998] による。

とは, 図 9.8 のような両対数軸上に描かれた順位と人口の関係を表す直線の傾きがだんだんと大きくなってきたことを意味する。その背景には, 1 位の東京 SMEA の人口が他の SMEA に比べてより大きくなってきた, すなわち, 東京一極集中が進んできたことがあるといえるのではないだろうか。高橋 [2012] がヨーロッパの都市システムの長期的な変化を順位・規模法則の観点から分析した研究を紹介したうえで指摘しているように, 都市の順位と規模の関係の時間的変化は, 都市システムの歴史的な変化について多くの情報を与えてくれるようである。

以上の既存研究から判断するなら, 厳密な意味での順位・規模法則の成立を認めることは困難である。しかし, 国土の広さや地理的条件, さらには人口規模が大きく異なるにもかかわらず, 一国の都市システムを形成する都市の人口規模分布が同じパターンを描き, 一部の例外はあるものの, q または λ の値が 1 に比較的近くなることは, そこに共通したメカニズムが働いていることを示唆している。

都市規模分布の理論

それでは，以上のような都市の人口規模分布の背後には，どのようなメカニズムが働いているのであろうか。中心地理論から導かれる都市の階層構造と都市規模の関係を踏まえるなら，クリスタラー型の階層的な都市システムと都市規模分布との間に関連があることが予想されるであろう。

都市の規模分布を階層的な都市システムから理論的に説明しようとした最初の重要な研究がベックマン（Beckman [1958]）である。彼は中心地理論に基づき，都市システムを単純な数学的モデルで表現した。そして，中心地である都市の人口が階層ランクに応じて指数的に変化するという関係を導き，各階層の都市規模の決定にはランダムな要因が働くと仮定して，順位×規模＝一定，すなわち，順位・規模法則が近似的に成立することを示そうとした。しかし，その結論に対しては批判も多く，都市規模分布を決めるメカニズムが解明されたとはいいがたいとみなされている。

藤田＝クルーグマン＝ベナブルズ（Fujita, Krugman and Venables [1999]）は，空間経済学の理論的枠組みに基づき，市場メカニズムを通して階層的な都市システムが形成される可能性を検討するための動学モデルを構築している。彼らは，工業部門に3つの産業が存在する場合について，人口が時間とともに増加し，それにともなって農業地域が外へ拡大するとき，いつどこに都市が形成されるかを検討した。それぞれの産業で生産される財は多様であるが，消費者の多様性に対する選好の度合と財の輸送費は産業によって異なると仮定される。そして，工業部門の3つの産業すべてが立地する最上位の都市がただ1つ存在するという前提のもとに，2つの産業が立地する第2階層の都市と1産業のみが立地する第3階層の都市が形成されていくプロセスをモデルのシミュレーションにより描き出し，クリスタラー型の階層的都市シ

ステムが市場メカニズムを通して形成されるという結果を得た。しかし,そこで描き出された都市システムにおける都市の規模分布は,順位・規模法則はもちろん,現実に観察される順位・規模分布をも再現できていないとする。

このように,近年の研究成果からみても,都市規模分布の規則性を階層的な都市システムのみによって説明することは困難なようである。都市規模分布に関する理論的な研究には,リチャードソン(Richardson [1973])などに整理されているように,階層システムからのアプローチ以外にも,サイモン(H. A. Simon)に代表される確率モデルをはじめとしてさまざまな試みがある。しかし,いずれのモデルも時間や空間を超えて確認される都市規模分布の規則性を誰もが納得できる程度に説明するまでにはいたっていないというのが実状である[注1]。

(注1) マッカン(McCann [2001])の第2章と世界銀行(World Bank [2008])の第1章においても,世界の国々の都市規模分布の特徴を概観しつつ,順位・規模法則について興味深い見方が示されている。

第10章　都市の土地利用

　都市は多種多様な経済活動が営まれる空間であるが，都市における経済活動の空間的配置，すなわち都市の土地利用構造にはある規則性が見出される。どの都市にも都心地区（英語圏ではそれは一般にダウンタウンと呼ばれる）があって，市役所，商工会議所，オフィスビル，百貨店などが立ち並び，その周囲にはレストラン街，劇場街，娯楽街などがある。その外側には卸売商店や倉庫，町工場などが立地している。そして，都心から離れるほど住宅が多くなる。このような土地利用の構造は，どのようなメカニズムで形成されているのであろうか。この問題に対して，理論的にアプローチしようとするのが，本章の課題である。

　都市の土地利用構造を決定する経済学的に最も重要な要因は，いうまでもなく土地市場であり，そこで形成される土地の価格（地価と地代）である。そこでまず，地価と地代との関係をみてみよう。

1　地価と地代

　地価とは，ある時点での資産（あるいはストック）としての土地の価格である。都市において土地に価格がつくのは，ストックとしての土地が経済活動に必要な用地（たとえば商業用地，居住用地

1 地価と地代

など）を提供しており，用地（すなわち経済活動に必要な空間）の提供というサービスに対して対価が支払われるからである。用地の提供という土地サービスの価格が地代である。土地がストックであるのに対して，土地サービスは一定の期間にわたって発生するフロー概念である。一般に，ストックの価格とフローの価格との間には，市場においてある関係が成立するが，地価と地代との関係についても同様である。そこで，地価と地代との関係についてみることにしよう。そのためには，まず現在価値の概念を理解する必要がある。

いま手元に100万円の現金があり，これを利子率i（たとえば5％）で金融機関に預けると，1年後に5万円の利子を受け取ることができ，当初の元本100万円と合計すると105万円となる。したがって，1年後の元利合計105万円に対して元本100万円は1年後の105万円の現在の価値にほかならない。この100万円は105万円を（1＋利子率）で割った値であり，1年後の105万円の割引現在価値あるいは現在価値と呼ばれる。1年後に受け取る金額をR_1，その現在価値をP，利子率をiで表すと，

$$\text{現在価値}=\frac{1年後に受け取る金額}{1＋利子率} \quad \text{すなわち} \quad P=\frac{R_1}{1+i}$$

となる。同様に，元本100万円は2年後には複利で，

$$100(1+0.05)^2=100\times 1.1025=110.25$$

となるから，2年後の元利合計R_2（110.25万円）の現在価値は100万円である。同様にして，j年後に受け取ることのできる金額R_jの現在価値は，次式で示される。

$$\text{現在価値}=\frac{j年後に受け取る金額}{(1＋利子率)^j} \quad \text{すなわち} \quad P=\frac{R_j}{(1+i)^j}$$

そこでいま，ある土地がもたらす1年後の地代をR_1，2年後の

地代を R_2, j 年後の地代を R_j とし, この地代収入が無期限に続くとすると, この地代収入の現在価値 P は次のようになる。

$$P = \frac{R_1}{(1+i)} + \frac{R_2}{(1+i)^2} + \cdots\cdots + \frac{R_j}{(1+i)^j} + \cdots \tag{10.1}$$

ここで, 毎年の地代収入は一定で R_1, R_2, …, R_j, …はすべて等しく R だとし, また利子率 i は変わらないとすると, (10.1) の式は単純な無限等比数列の和となり, 次式が得られる。

$$P = \frac{R}{i} \quad \text{すなわち} \quad 地価 = \frac{地代}{利子率} \tag{10.2}$$

この式は, 土地市場と資本市場で形成される地代と利子率という市場の基礎的要因によって地価が決定されることから, マーケット・ファンダメンタルズ (MF) 式と呼ばれる。また, この式によって決定される地価 P は収益還元価格あるいは資本化価値とも呼ばれるものであり, 地価と地代との関係を示す基本式である。この式が成立していると, 地代が2倍になれば地価も2倍になり, また利子率が低下して, たとえば5%から2.5%になる場合にも地価が2倍になる。また, 地代が一定率 g% で上昇することが予想されるならば, 地価は,

$$P = \frac{R}{i-g} \tag{10.3}$$

となる。たとえば, 利子率が4%, g が2% であると, 地価は地代が一定の場合の2倍になることを (10.3) 式は示している。

以上は, ある土地を無限期間所有して毎年一定の地代 (あるいは一定率で上昇する地代) を受け取るという長期均衡の場合である。次に, ある時点 (t期) で土地を購入して次の期 ($t+1$期) にはその土地を売却しようとしている人の短期均衡の条件を考えよう。まず, 土地を購入することによって得られる収益は地代収入 (インカム・ゲイン) と土地価格の上昇による利益 (キャピタル・ゲイ

ン）の2つである。そこで、t期の地代をR_t、土地価格をP_t、土地の値上り益を$\Delta P_t = P_{t+1} - P_t$とする（土地の売買に要する取引費用はゼロと仮定する）と、

$$\text{土地の収益率} = \frac{R_t + \Delta P_t}{P_t}$$

となる。他方、この人は金融資産（たとえば債券）にも投資することが可能であり、その収益は利子収入であり、その収益率は利子率iであるとしよう。人びとが合理的に行動すれば、土地の収益率と利子率とは等しくなるであろう。したがって、短期均衡（裁定）の条件は、

$$\text{利子率} = \text{土地の収益率} \quad \text{あるいは} \quad i = \frac{R_t + \Delta P_t}{P_t} \quad (10.4)$$

である。なお、この式から出発して長期均衡の条件を求めることもできる。

2 住宅の立地

単一中心都市モデル

本章の最初に述べたような都市の土地利用構造がどのように形成されるのか、そのメカニズムをできるかぎり単純な形で理解するために、都市経済分析の基本モデルである**単一中心都市**（monocentric city）のモデルを利用しよう[注1]。

(注1) このモデルはアロンゾ（Alonso [1964]）によってはじめて定式化されたが、とくに住宅立地については、ミュース（R. F. Muth）、ミルズ（E. S. Mills）の研究が相次ぎ、古典的住宅立地理論として確立され、「アロンゾ＝ミュース＝ミルズ・モデル」とも呼ばれる。

単一中心都市とは、次の仮定から構成される都市モデルである。

① 都市は同質の特徴のない平野にある。
② 都市の中心部には，中心業務地区（Central Business District：CBD）が存在し，オフィス企業が立地している。
③ 都市の住民はすべてCBDにある職場に通勤し，一定の所得を得る。通勤交通費用は都心からの距離とともに増加する。
④ 都市内の土地は都市外の不在地主によって所有されており，都市の住民は地主から賃貸した土地に居住し，地代を支払っている。

家計の住宅立地

まず，都市という空間のなかで就業し，居住する家計の行動を考えよう。家計を構成するメンバーの1人はCBDにある職場に通勤して，一定の所得を得て，食料，衣料，その他種々の財・サービスの購入を行うが，都市住民にとって最も重要な選択は，どこに住み，どれだけの広さの住宅に住むかである。CBDの近くに居住すれば職場への通勤費は少なくなるが，都心に近いほど地代は高くなるので，狭い住宅に住むか，食料などその他の財の支出を減らすかしなければならなくなる。他方，都心から離れた郊外に住めば，地代は都心から離れるほど低くなるので広い住宅を選ぶことができるが，その代わり交通費は高くなる。つまり，職場（CBD）への近接性と住宅の広さとはトレードオフの関係にあり，都市住民はこのようなトレードオフに直面して住宅立地の選択行動を行っている，と考えることができる。そして，この選択行動をできるだけ単純な形で示そうとしたのが，以下の住宅立地モデルである。

まず，都市に居住する家計の効用水準 u は，住宅サービスの消費量 l とその他の財（以下では，ミクロ経済学の慣行に従って「合成財」と呼ぶ）の消費量 z によって決まると考えれば，その効用

図 10.1　家計の均衡と付け値地代

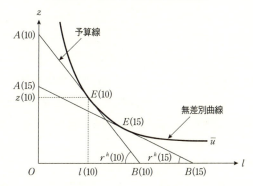

関数は次のように表される。

$$u = u(z, l) \tag{10.5}$$

そして，ある一定の効用水準をもたらす z と l の組合せは図 10.1 の無差別曲線（原点 O に対して凸のなめらかな曲線と仮定される）で示される。

家計は，CBD で働いて単位期間（たとえば 1 カ月）に所得 y を得ており，この所得の制約のもとで，住宅サービスの消費量，合成財の消費量および住宅の立地点を効用が最大となるように決定する。なお，単純化のために，住宅サービスは住宅の広さ（敷地面積）によって測られるとする。所得は次のように支出される。

　　所得＝合成財への支出＋住宅サービスへの支出
　　　　＋通勤交通費用　　　　　　　　　　　(10.6)

住宅の立地点は都心からの距離 x によって示されるので，通勤交通費用は，単位期間（1 カ月）・単位距離（1 km）当たりの交通費を k で表すと，kx である。合成財の価格を p_z で表すと，合成財への支出は $p_z z$ である。住宅サービスは住宅の広さ（敷地面積）で測られるので，その価格は単位期間・単位面積（1 m²）当たりの地代 r である。市場で成立している地代は，一般に都心か

らの距離とともに低下するので、都心からの距離 x の関数（市場地代関数）であり、$r(x)$ で表すと、住宅サービスへの支出は $r(x)l$ となる。したがって、(10.6) 式は、

$$y = p_z z + r(x) l + kx \tag{10.6'}$$

と表され、所得制約式と呼ばれる。図 10.1 では、予算線 AB として示されているが、この予算線は、立地点を定めると kx も定まるので、次式のように左辺を交通費を控除した可処分所得として、

$$y - kx = y^D(x) = p_z z + r(x) l$$

の形で図示されている。そして、この予算線は立地点ごとに描くことができる。そこで、最適の立地点に対応する予算線と無差別曲線とが接する点 E で、効用を最大にする最適な合成財と住宅サービスの消費量が決定されることになる。その点では、無差別曲線の勾配（住宅サービスと合成財との限界代替率）と予算線の勾配（地代と合成財の価格の比率）とが等しくなっている。すなわち、

$$限界代替率 = \frac{地代}{合成財の価格} \tag{10.7}$$

である[注2]。この式は家計の効用を最大にする均衡条件の1つである。次に、最適立地点を考えよう。

（注2）(10.7) 式は数式では、次のように表される。

$$-\frac{\Delta z}{\Delta l} = \frac{r}{p_z} \tag{10.7'}$$

なお、次の立地均衡条件 (10.8') はこの式を利用して導かれる。すなわち、立地点を変更すると、x とともに z, l, r が変化するが、所得は一定なので、次式が成り立つ。

$$0 = p_z \Delta z + \Delta r l + r \Delta l + k \Delta x$$

この式に上の (10.7') 式を代入すると、(10.8') 式が得られる。本文はこの式の経済学的意味を与えるものである。

いま家計の住宅立地点がある立地点より CBD からの距離が大きくなる方向へ移動したとしよう。交通費用は増加するが、地代

はCBDから遠くなるほど低下するから、より広い住宅サービスが消費されるとしても、所得は一定であるので、地代の支出額は低下することになる。そして、交通費用の増加額が地代支出の節約額によってちょうど相殺されるならば、その点が最適立地点である。したがって、住宅立地の均衡条件は、

　　地代支出節約額＝交通費増加額　　　　　　　　　(10.8)

である。これを数式で表すと、

$$-\Delta r l = k \Delta x \quad \text{あるいは} \quad -\frac{\Delta r}{\Delta x} l = k \tag{10.8'}$$

である。

3 付け値地代・市場地代・土地利用

以上では、与えられた市場地代関数を前提として、家計の最適化行動を説明し、最適住宅立地の条件を明らかにした。次に、その市場地代関数（すなわち市場地代曲線）がどのように形成されるのか、について考察しよう。

家計の付け値地代

家計は、居住しようとする都市で達成される効用水準について、1つの目標をもっているとしよう。その目標が図10.1に描かれている無差別曲線の効用 $\bar{u}$ であるとする。立地点 x に応じて、交通費を控除した可処分所得 $y^D(x)$ が定まるが、合成財の価格を 1 （$p_z=1$）として扱うとすれば、$y^D(x)$ は図10.1の縦軸の切片として示すことができる。

いま、家計が都心からの距離が10 kmの立地点を選ぶと仮定し、$y^D(10) = y - k \cdot 10$ を示す縦軸の切片 $A(10)$ から無差別曲線 $\bar{u}$ に接する予算線 $y - k \cdot 10 = z + r^h(10) l$ を引くと、接点 $E(10)$

と横軸の切片 $B(10)$ が得られる。$B(10)=(y-k\cdot 10)/r^h(10)$ であり、得られた予算線の勾配は $r^h(10)$ である。$r^h(10)$ は、立地点 (10 km) において「効用水準 $\bar{u}$ を達成しつつ支払うことのできる最大の地代」である。

次に、CBD から 15 km の距離の立地点に移動すると、同様の手続きによって、$A(15)$、$E(15)$、$B(15)$ が定まり、この予算線の勾配として $r^h(15)$ が得られる。$r^h(15)$ は、立地点 15 km において効用水準 $\bar{u}$ を達成しつつ支払うことのできる最大の地代である。無差別曲線は原点 O に対して凸のなめらかな曲線（限界代替率の逓減）を前提としているので、$y^D(15)$ は $y^D(10)$ より小さいから、$y^D(15)$ に対応する無差別曲線への接線である予算線の勾配 $r^h(15)$ は、$r^h(10)$ よりも緩やかである。すなわち、$r^h(15)$ の絶対値は $r^h(10)$ のそれより小さい。同様に、立地点が CBD から遠くなると、同じ手続きによって得られた予算線の勾配 $r^h(x)$ は小さくなる。

さて、この $r^h(x)$ は、「目標効用水準 $\bar{u}$ の達成を前提として、家計が各立地点で支払いうる最大の地代」であり、付け値地代と呼ばれる。この付け値地代は、都心からの距離が大きくなるほどその絶対値が小さくなることは上で述べたが、(10.8′) 式を変形した次式からも確かめられる。

$$\frac{\Delta r^h(x)}{\Delta x}=-\frac{k}{l} \quad \text{すなわち}$$

付け値地代の勾配

$$=-\frac{\text{単位距離当たり交通費}}{\text{住宅の広さ}} \qquad (10.8'')$$

ここで、交通費も住宅の広さもプラスの値をもつから、左辺の $\Delta r^h(x)/\Delta x$ はマイナスの値となる。すなわち、CBD からの距離 x が増加すると、付け値地代は低下する。したがって、付け値地

3 付け値地代・市場地代・土地利用　199

図 10.2　家計の付け値地代曲線

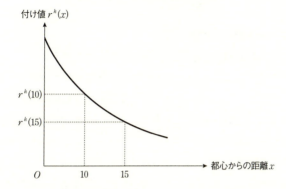

代と CBD からの距離の関係を示す付け値地代曲線を描くと，図 10.2 に示されるように，右下がりの曲線となる。

次に，いま目標効用水準が $\bar{u}$ よりも高い場合を考えよう。無差別曲線は $\bar{u}$ のそれよりも右上方に位置することになり，各立地点（たとえば CBD から 10 km）からその無差別曲線に接する予算線を引くと，その勾配は図 10.1 の $A(10)B(10)$ の予算線よりも緩やかであり，付け値地代は小さくなる。

また，所得が上昇した場合を考えよう。目標効用水準が変わらなければ，所得が増加しているので可処分所得 $y^D(x)$ は大きくなる（たとえば，CBD から 10 km の場合，交通費は変わらないので，$y^D(10)$ は大きくなる）。$A(10)$ は前よりも高くなり，前と同じ無差別曲線に接する予算線の勾配 $r^h(x)$ は大きくなる。つまり，所得が大きくなっているため，より高い地代を支払うことが可能となり，付け値地代は大きくなるのである。

以上から，家計の付け値地代曲線 $r^h(x)$ は次のような性質をもつことになる。

① 付け値地代曲線は右下がりである。
② より高い効用水準に対応する付け値地代曲線は低くなる。

③ より高い所得水準に対応する付け値地代曲線は高くなる。

オフィス企業の付け値地代

ここで，CBDに立地する企業の立地行動を考えよう。問題を単純化するために，CBDにはオフィス企業のみが立地すると考える。ただし，ここでいうオフィス企業とは，経済活動に必要な情報を収集・処理・提供する企業であり，典型的には，法律・金融・投資・保険・広告・マーケティング・会計などのコンサルティングなどであるが，製造業の本社部門や市役所等も含めて考えることができるであろう。このオフィス企業の基本的な特徴は，この企業が行う情報の収集・処理・提供にあたって，フェイス・トゥ・フェイス (face to face)・コミュニケーションが最も重要な手段となることである。

問題を簡明にするために，オフィス企業の生産物は顧客に対する情報提供サービスであり，単位期間（たとえば1カ月）当たりQ回行われ，1回当たりのサービスの価格はPとしよう。次に，情報提供サービスは都市センターで行われ，オフィス企業のマネージャーはそのたびに都市センターへトリップを行う。この企業の立地点が都心から$x$kmの距離にあり，都心へのトリップ費用（往復）は1km当たりTとしよう。また，この企業が使用する土地はL，その地代は1m^{2}当たりr^oとし，土地以外の費用は単位期間当たりCとする。そうすると，この企業の利潤は，売上高から費用を差し引いたものであるから，

　　　利潤＝売上高－土地費用－非土地費用－交通費用　　(10.9)

あるいは，利潤をπで表すと，次式で示される。

$$\pi = PQ - r^o L - C - TxQ \tag{10.9'}$$

ここで，オフィス企業の市場参入は自由で，同産業の市場は競争的であることを前提にすると，理論的には利潤πはゼロと考

図 10.3 市場地代曲線

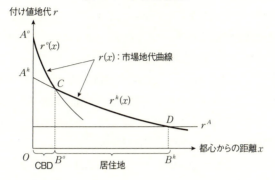

えることができる。したがって、オフィス企業にとって、売上高から非土地費用を差し引いた残余は地代として支払うことが可能な最大の額であり、その額をオフィス用地面積で割った値が企業の付け値地代である。したがって、オフィス企業の付け値地代 $r^o(x)$ は次式で表される。

$$r^o(x) = \frac{PQ - C - TxQ}{L} \quad \text{すなわち}$$

$$\text{付け値地代} = \frac{\text{地代支払前利潤}}{\text{オフィス用地面積}} \tag{10.10}$$

そして、付け値地代曲線の勾配は次のようになる。

$$\frac{\Delta r^o(x)}{\Delta x} = -\frac{TQ}{L} \tag{10.11}$$

ここで、交通費 T、情報提供サービスの産出量 Q、用地面積 L はすべてプラスの値をもつから、オフィス企業の付け値地代曲線の勾配はマイナスの値となり、図 10.3 に示されるように、家計の場合と同様、右下がりの曲線である。

市場地代曲線

都市がオフィス企業と家計から構成されると想定して、それぞれの付け値地代曲線を導いたが、単純化のために、この都市に立地するオフィス企業はすべて同質であり（同一の技術をもつ）、家計もすべて同質である（同一の所得と選好をもつ）、と仮定しよう。その場合、各オフィス企業と各家計の付け値地代曲線もそれぞれ同一となり、図10.3に示されるように、それぞれ単一の付け値地代曲線となる。2つの付け値地代曲線は C 点で交差している。

2つの付け値地代曲線は、オフィス企業は家計よりも都心でより高い地代を支払うことができるとともに、その勾配は家計のそれよりも急であるとして描かれている。オフィス企業にとって都心への近接性はより重要であるのに対して、家計は、郊外に居住すれば、より広い住宅に居住することが可能となるので、郊外も魅力的である。そのため、家計の付け値地代は距離とともに低下するとしても、オフィス企業よりもより緩やかとなる。

したがって、2つの付け値地代曲線は C 点で交わり、都心から B^o の地点までは、オフィス企業がより高い地代を支払うので、オフィス企業が立地する。これに対して、家計の付け値地代は D 点で農業地代 r^A と等しくなるので、B^o から B^h までは家計がより高い地代を支払うことができて家計の居住地となる。B^h 以遠は農業地代がより高くなって農地となり、B^h は都市の境界である。B^o は企業と家計の立地の境界であり、O から B^o までの区域がオフィス企業の立地するCBDである。また、OB^o 間のCBDでは、オフィス企業の付け値地代が、$B^o B^h$ 間では家計の付け値地代が、それぞれ他より高い地代となるので、それらが市場地代を形成する。すなわち、$A^o CD$ が**市場地代曲線** $r(x)$ となる。

これが、土地市場において価格が形成され、同時に土地利用構造が決定される市場メカニズムである。この説明は「付け値地

代」概念を中心に展開されるので，付け値地代理論と呼ばれている。

ところで，以上では単純化のために，産業部門としてはオフィス産業のみとしたが，産業を多数にしたり，一産業内の企業タイプを複数にしたり，あるいは複数の家計タイプを導入して，モデルを拡張することも容易である。

そこで最後に，オフィス産業以外に，商業部門が存在する場合

図 10.4 市場地代と都市の同心円構造

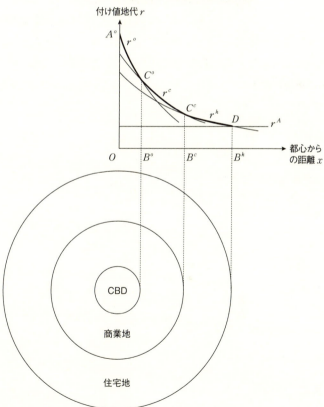

も考えよう。商業部門に属する企業について,オフィス企業とほぼ同様の論理展開によって,商業を営む企業について図10.4の付け値地代曲線 $r^c(x)$ が描かれるとしよう。オフィス企業の付け値地代曲線と商業を営む企業のそれとが交差する点を C^o,商業企業と家計のそれぞれの付け値地代曲線が交差する点を C^c とすると,それらに対応して B^o,B^c および図10.3と同様に B^h が定まる。したがって,OB^o 間はオフィス企業の立地する CBD,B^oB^c 間は商業地,B^cB^h 間が家計の住宅地となり,図10.4のような都市的土地利用の同心円構造が形成される。これは,ときにはアーバン・リングと呼ばれるものであり,また都市社会学者バージェス(E. W. Burgess)が提唱する同心円構造を経済学的に基礎づけるものである。また,図10.3のときと同様に,$A^oC^oC^cD$ が市場地代曲線となる。

第11章　土地問題と土地政策

　都市や地域は，成長・変化する過程で，土地利用をめぐるさまざまの問題が生ずる。それらは，一言でいえば土地問題ということになる。戦後の日本の場合，地価の変動が最も重要な問題として意識され，土地問題は地価問題だといってよいほどであった。地価の変動が，名目GDPや物価と比べていかに大きかったかは，図11.1に示されている。

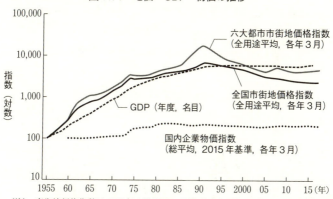

図11.1　地価・GDP・物価の推移

(注)　市街地価格指数は1955年3月を100，国内総生産（名目）は1955年度を100，国内企業物価指数（総平均）は1960年3月を100とした指数である。

(出所)　市街地価格指数は日本不動産研究所「市街地価格指数」（平成29年3月末現在），GDP（国内総生産）（名目）は内閣府『平成29年度経済財政白書』の長期経済統計，国内企業物価指数（総平均）は日本銀行の「企業物価指数（2015年基準）」による。

1 戦後の土地問題と土地政策

戦後日本は，昭和30年代に始まった高度経済成長と同時に進行した人口・産業の大都市集中，それに続く地域開発ブームと2度の石油危機，1980年代の東京一極集中とバブル経済を経験して，90年頃まで地価はほぼ持続的に上昇を続けた。とくに，1960年代初め（昭和35～36年頃）の所得倍増ブーム期，70年代初め（昭和47～48年頃）の列島改造ブーム期，80年代後半（昭和63～平成2年）のいわゆるバブル経済期，の3つの時期には急激な地価高騰が生じた（図11.2参照）。

① 昭和30年代は「工業開発と高度成長の時代」と呼ぶことができるが，急速な工業開発・重化学工業化にともなって工業地を中心に地価が上昇し，とくに所得倍増ブーム期には地価が急騰した。この地価高騰は土地問題に対する社会的関心を呼び起こし，地価対策を中心とする土地政策は日本における第一級の内政課題

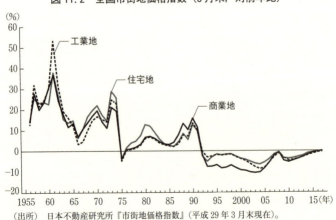

図11.2 全国市街地価格指数（3月末，対前年比）

（出所）　日本不動産研究所『市街地価格指数』（平成29年3月末現在）。

と意識されるようになった。大都市集中とあいまって，高地価は劣悪な住宅ストックの形成を促進し，深刻な住宅問題を招き，住宅政策も重要な課題となった。

② 昭和40年代は「地域開発と郊外化の時代」と呼ばれ，地方では地域開発政策の推進によって列島改造ブームが起こり，大都市では郊外化の進行によってスプロール (sprawl) すなわち無秩序な市街地の形成と拡大が問題になった。そのため，計画のあり方が問われ，1969 (昭和44) 年には都市計画法の改正が行われた。この時期は，核家族化による世帯数の増加や所得の上昇によって住宅需要が増加し，その結果，住宅地の地価が主導して全体の地価を押し上げ，列島改造ブーム期の地価急騰となった。

③ 昭和末期には，経済の自由化・情報化を背景に東京一極集中が進行するとともに，「カネ余り現象」によって土地の投機的取引が盛んとなり，バブル経済が生じた。とくに，東京都心部ではオフィス需要が盛り上がり，それにともなって商業地の地価が著しく上昇し，またその地価上昇が他へ波及していった。さらに，高地価による資産格差の拡大が問題となった。その結果，不動産業向け貸出の総量規制，土地取引の監視区域制度などの地価対策が導入され，1989 (平成元) 年には土地基本法が制定された[注1]。それ以降，地価税の創設，土地譲渡益課税の強化が行われて，バブルは崩壊し，戦後はじめての本格的な地価下落を経験し，6大都市以外は現在にいたるまで長期の下落が続いている。

(注1) 土地基本法は土地に関する基本理念を次の4つに整理して宣言している。①土地についての公共福祉の優先，②土地の適正利用と計画利用，③投機的取引の抑制，④土地の価値増加にともなう利益増加に応じた適切な負担。

2 土地政策の概念

土地政策とは,広義では,土地の所有と利用に関わるすべての政策である。もちろん,土地の所有と利用は相互に密接な関係があり,土地制度すなわち土地所有権のあり方を定める制度は現実の土地利用を規定するが,他方,土地利用のあり方を定める制度,たとえば土地利用規制は土地所有に対してある制約を加えることになる。そして,現実の土地所有と土地利用に何らかの問題,すなわち望ましくない状況が生じるとき,土地問題が発生する。

土地政策の最終目標は,すべての経済政策がそうであるように,国民の生活をより豊かにすることである。土地問題が生じるのは,現実の土地所有や利用のあり方がこの目標に対して重要な阻害要因になるときである。この土地問題の解決をはかる政策が土地政策にほかならない。

その場合,土地利用に関する制度,たとえば土地利用規制を変えなければならない場合もあれば,より根本的に土地所有制度を改革しなければならない場合もある。後者のように,土地所有の制度を大きく変えなければならない場合は,通常,土地改革と呼ばれる。たとえば,第2次世界大戦直後に行われた日本の「農地改革」のように,政府による不在地主の小作地の強制買い上げと自作農の創設という政策はその典型的な例である。

これに対して,現行の土地所有制度を大きく変えることなく,それを前提としながら,土地利用のあり方を是正しようとする政策が,狭義の土地政策である。

日本の現行の土地所有制度は,まず,明治維新における封建的土地所有制度の解体によって近代的な土地私有制に大きく変わり,次いで戦後の農地改革を経て確立した。1946(昭和21)年に制定

された日本国憲法において,「財産権」は侵すべからざるものとして規定され,それに基づいていわゆる「絶対的土地所有権」が成立する。もっとも,その内容は公共の福祉に適合するように法律で定めるとされた。そのため,財産権の不可侵性と公共の福祉への適合性は,その後の土地政策の重要な問題点となったが,1989年に制定された土地基本法において公共の福祉の優先がうたわれ,日本の土地政策の基本理念が宣言されることになる。

土地政策とは,すでに述べたように,土地問題の解決をはかる政策であるが,時代によって土地問題は変化するから,土地政策の内容も時代によって変化する。戦後1960年頃から90年頃までの約30年間は,地価騰貴がさまざまな悪影響(劣悪な住宅ストックの形成,無秩序な市街地形成,資産格差の拡大,さらに社会資本整備の遅れ)をもたらしたため,地価対策すなわち地価騰貴の抑制が土地政策の目標とされてきた。

しかし,1990年代の地価下落の過程で,地価の抑制はもはや土地政策の目標ではなくなる。そこで,国土庁は,1996(平成8)年に「新総合土地政策推進要綱」を発表し,土地政策の目標として「土地の有効利用」を掲げた。もっとも,地価の抑制を土地政策の中心的な目標とすること自体に問題があったといってよい。

本来,土地の有効利用がより上位の目標であり,地価抑制が必要であるとすれば,それは土地の有効利用をはかるための1つの手段である。さらに,土地政策は経済政策の1つであり,土地をめぐる分配の公正もその目標でなければならない。したがって,土地政策の目標は一般には,第1は土地の有効利用であり,第2は土地をめぐる分配の公正である。この2つの目標は必ずしも両立するものではなく,多くの場合トレードオフの関係にあり,いかに両者のバランスをとるかが重要な問題となる。

3 土地と土地市場の特性

　以上では，土地政策を一般的な視点から捉えてきたが，経済学的視点からみると，土地政策は政府による土地市場への介入にほかならない。政府の市場への介入が正当化されるのは，主として市場の失敗が存在する場合，および分配の公正を実現するための「再分配」が必要となる場合である。そこで，土地政策が必要とされる土地市場の特性をみることにしよう。

土地市場の特性

　土地は物理的には地表の一部であるが，法律の制限内で空中と地下を含む空間であって，経済的には経済活動を営むことを可能にする空間である。その意味で，土地は経済資源であり，また本源的生産要素となる。そして，土地のもつ種々の性質から土地市場の特性が形成される。

　(1) 土地供給の非弾力性

　土地は，埋立てのような特殊な場合を除いて，新たに生産することができないが，減耗することもない無限の耐用年数をもつ「超耐久財」である。したがって，土地の総供給量は固定的であり，供給は完全に非弾力的である。しかし，土地利用形態の転換（たとえば農地から宅地への転換）は可能であり，特定用途の土地の供給は長期的には可変的である。とはいえ，用途の転換には費用と時間を要するから，その供給はやはり非弾力的である。

　(2) 土地の個別性

　土地は移動することができず，その位置の地理的・歴史的条件によって，その質を異にする。すなわち，土地はその自然環境および社会環境，たとえば，交通施設（道路，鉄道等），公園，上下

水道，学校などの都市基盤施設（インフラストラクチャー）やその他種々の社会資本の利用可能性等によって，快適性・利便性が異なり，それぞれに個別的である。したがって，その質（快適性・利便性等）によって，土地の経済的価値は異なる。もっとも，類似の土地は存在するから，類似の土地の間で代替が可能となる。

(3) 土地利用の外部性

土地は一般に区分して利用されるが，近隣の土地で営まれる経済活動との間で相互に直接的に影響を与えあう。すなわち，土地利用間で外部効果が発生し，利益を受けるならば外部経済，不利益を受けるならば外部不経済が生じる。

(4) 情報の不完全性

土地市場では，多くの場合に不動産業者が仲介するが，売り手と買い手は相対（あいたい）で取引を行い，価格が決定される。その際，彼らは代替可能な土地の需要価格や供給価格等についての情報を十分にもっているわけではない。とくに個人の場合には，十分な情報を得ることは困難であり，取引相手が不動産業者であるならば，売り手と買い手の情報格差（情報の非対称性）があり，価格形成に歪みが生ずる可能性がある。また，土地の価格は土地利用がもたらす将来の収益性を反映するものであるが，将来の市場条件を正確に知ることはできず，情報の不完全性が生じる。

土地市場への政府介入の必要性

このような土地および土地市場の特性のために，土地市場には「市場の失敗」が生じ，政府の介入が必要となる。第1に，土地の開発・利用が自由放任で市場に委ねられるときには，土地を利用して行われる経済活動の間で環境汚染等の外部不経済が生じたり，無秩序な市街地形成（スプロール）が行われたりする。これらのいわゆる乱開発を避けるために，土地利用計画や規制が必要

となる。また，道路や公園などの都市基盤施設やすぐれた町並みなどの都市景観は，地方公共財と位置づけることができるが，公共財は市場の失敗が生ずる1つのケースである。そして，土地の開発・利用はこれらの地方公共財やその他の社会資本の整備がなされて可能となるものであり，その整備が良好になされるほど土地の価値も高くなる。したがって，都市施設や社会資本のすぐれた整備を進める計画（フィジカル・プラン）が要請されることになる。

第2に，土地利用に関して生じる外部経済や外部不経済は，土地開発の規模を大きくすることによって内部化することができる。したがって，土地開発には規模の経済が作用する。たとえば，住宅開発規模が大きくなれば，外部不経済が生じないように街路や緑地をゆとりをもって整備することができ，住宅地の価値も高まる。したがって，ニュータウンのような大規模開発を促進する制度が要請される。

第3に，都市基盤施設などの社会資本の整備や自治体による公共サービスの提供が行われることによって，土地の利用価値が高まり，それにともなって地価が上昇する。このことは，社会資本整備や公共サービスがもたらす便益が土地に帰着し，土地所有者がその利益を享受していることを意味する。したがって，社会資本整備や公共サービス提供に要する費用を土地利用者に負担させることは合理的なことである。また，地価上昇は一般に土地所有者に有利な資産分配をもたらすものであり，この面からも土地所有者に費用負担を求めることが正当化され，土地税制（土地保有税，土地譲渡所得税など）が必要となる。

なお，鉄道や道路などの交通施設や他の都市施設が新たに整備されて都市開発が進んだ場合に生じる地価上昇分や，都市が全体として発展することによって生じる地価上昇分などは，とくに開

発利益と呼ばれるが,土地税制を含めて,この開発利益をどのように社会に還元させるべきかは重要な問題である。

第4に,都市開発にともなう地価上昇以外に,土地市場の諸特性,とくに土地供給の非弾力性,情報の不完全性のために,土地は土地市場を取り巻く外的環境の変化によって価格の変動を受けやすい。そのため,価格の変化による利益(キャピタル・ゲイン)を得ようとする投機的需要が発生しやすく,金融緩和によって過剰流動性が存在するときには,バブル価格(マーケット・ファンダメンタルズによって決定される価格から上方に乖離した価格)が発生することもある。そのため,日本ではバブル経済の時期に政府は投機的土地取引の抑制,適正価格への誘導を意図して,市場への介入を行った。不動産業向け貸出の総量規制や地価の監視区域制度などがそうである。

4 土地政策の手段

土地政策が必要とされる理由は,上記のように多様である。それに対応して,土地政策の手段もまた多岐にわたるが,大きくは次の4タイプに分類することができよう。

① 土地開発の推進
② 土地税制
③ 土地市場の整備
④ 土地利用規制と都市計画

土地開発の推進

都市的土地利用の促進(言い換えれば,宅地供給)は,一般に土地開発と呼ばれるが,土地開発には,大きく分けると2つの方法がある。1つは,鉄道・道路などの社会資本の整備である。交通

時間が短縮されれば都市の通勤圏は拡大し、従来は通勤圏外であった地域での住宅開発が可能となる。また、交通以外の都市基盤の整備が行われ、よりよい都市環境が創出される場合にも、土地開発が進むであろう。

もう1つは、より直接的に住宅・宅地開発などの都市開発を推進する施策である。これもいくつかのタイプがある。第1は、宅地開発の諸事業である。日本ではニュータウンづくりの「新住宅市街地開発事業」および公共施設の整備・改善や宅地利用の増進をはかるために、土地の区画形質の変更を行いながら宅地の供給を行う「土地区画整理事業」が主として公的部門によって施行され、宅地開発において重要な役割を果たしてきた。また、民間による宅地造成も広範に行われており、良好な宅地造成を進めるために宅地造成等規制法などによる指導が行われている。

第2は、都市再開発である。都市の既成市街地において都市基盤施設の整備が立ち遅れているため、生活環境の改善や都市機能の更新、土地の高度利用、都市環境の向上などが必要とされる地域が存在している。したがって、市街地再開発事業に対しては、公的補助や税制上の優遇措置によって再開発が支援されている。また、容積率規制などの規制の緩和を認める手法（たとえば、特定街区、高度利用地区、再開発地区、総合設計制度など）を用いて、都市再開発が進められている。

第3は、市街化区域内農地の宅地化促進である。市街化区域内の農地は宅地への転換を促進することが望ましい土地であるが、従来は長期営農継続制度によって、現在は生産緑地制度によって「宅地並み課税」を免除されている。農住組合制度によって、土地区画整備事業や賃貸住宅供給が行われているとはいえ、このような税制上の優遇措置によって農地の宅地化は抑制されてきた、といってよい。

土地税制

　土地に関わる税金は，土地の保有に課せられる土地保有税，土地の譲渡に際して課せられる土地譲渡所得税，土地の取得に際して課せられる土地取得税（相続税や不動産取得税など）の3つに分類されるが，いずれも土地の利用や所得・資産分配に影響を与えるものであって，土地政策の重要な柱となる。とくに，土地保有税と土地譲渡所得税は，土地の有効利用への効果に関連して論議を呼んできた。

　土地保有税は，地域で提供される公共サービスが，土地の価値を増加させるという形態で，土地所有者に利益をもたらすことを根拠に，応益課税の原則に基づいて課される税金である。課税の効果としては，土地の総供給は固定されているので，すべての用途に一様な税率で課税されるかぎり，土地保有税は中立的であり，宅地供給を増加させない，というのが古典的な考え方である。しかし，土地需要は低下して，地価は下落するという効果が生じる。

　日本では，1950（昭和25）年にシャウプ勧告に基づいて，土地保有税として固定資産税が創設され，地方（市町村）税の柱の1つとなった。同税は，土地のほか，家屋や償却資産が課税対象で，標準税率は1955年から現在まで1.4%である。バブル経済期に，固定資産評価額と時価との乖離が大きくなって実効税率が低下したため，また地価対策としても固定資産税の引き上げが求められて，論争の末，土地保有税の強化策として1992（平成4）年に地価税が国税として導入された。しかし，その後，地価下落が進行したこともあり，1998（平成10）年に地価税は停止された。

　次に，土地譲渡所得税は土地の売却益に対して課されるものであるから，社会資本整備による開発利益を吸収するとともに，過度の土地投機を抑制し，資産格差の是正にも役立つ等のすぐれた効果をもつものである。しかし，現行の土地譲渡所得税は売却に

よって実現したキャピタル・ゲインに対してのみ課税されるため，土地の売却を延期させる効果すなわち凍結効果が発生する。この効果は土地の有効利用を阻害するものであるから，譲渡所得税はむしろ軽減すべきであるという主張もある。

日本では，土地譲渡所得税は地価高騰時には強化され，沈静時には緩和される，という措置が繰り返されてきた。また長期譲渡所得は相対的に軽く，短期譲渡所得は重く課税されてきたが，長期と短期の区分も3年，5年，10年と変化して一定していない。

土地取得税のなかで最も重要なのは，相続税である。同税は被相続人の財産を相続により取得した際にかかる国税であり，主として所得・資産分配の公正という観点から課される税金であるが，蓄積財産に着目した一生涯の所得に対する課税の相続時点での清算という性質もあり，また，相続時点までの土地増価（キャピタル・ゲイン）に対しても課税されることになるので，それらの意味から所得税の補完的機能をもっている。

日本の相続税は，相続税の評価額に応じて10～70%の累進課税となっているが，問題は土地の評価額が時価（市場価格）よりも低く，時価で評価される金融資産よりも有利となっていることである。そのため資産選択に歪みが生じており，土地需要を押し上げて，地価騰貴をもたらす要因の1つとなった。

土地市場の整備

土地市場はその諸特性とくに情報の不完全性のために変動が激しく，ときにはバブルも発生する。したがって，地価の安定性・適正化をはかり，土地の有効利用を実現するために，土地に関する種々の情報（土地取引，地価，地籍など）の収集・整備・分析・提供を行いながら，土地市場の整備が進められているが，土地市場の整備に関連する施策は，次の3つに分けることができる。

① 土地評価制度の整備
② 土地に関連する金融市場の整備
③ 土地に関連する賃貸市場の整備

まず,土地評価制度は,日本では不動産鑑定評価制度と公的評価制度から構成されている。不動産鑑定評価制度は 1963 (昭和 38) 年に確立したが,評価方法には「原価法」「取引事例比較法」「収益還元法」の3つの種類があり,不動産鑑定士が評価活動を行っている。公的評価制度としては,1969 (昭和 44) 年に「地価公示法」が制定されて公示地価が中心となったが,ほかに相続税評価 (路線価) および固定資産税評価があって,地価高騰時にはこれらと時価とが大きく乖離し,「一物四価」といわれた。公示地価は標準地における自由な取引によって定まる「正常な価格」を示そうとするものであり,今日では,路線価は公示地価の8割,固定資産税評価は7割を目安として決定することが目標とされている。

土地に関連する金融市場は,従来は持家建設のための融資を中心に進められていたが,土地の有効利用を促進するために不動産の証券化の推進が課題となっていた。1998 (平成 10) 年に「特定目的会社による特定資産の流動化に関する法律」(SPC法) が施行され,不動産の証券化は本格的に動きはじめた。

土地に関連する賃貸市場の整備は,定期借地市場,定期借家市場の育成が課題である。従来の借地・借家制度は,借地人・借家人の権利保護が重視されたため,借地・借家経営で採算をとることが困難であった。したがって,民間の土地関連賃貸市場は限定的であり,歪んだ形態をとっていた。しかし,1992 年に新しい「借地借家法」が施行されて,定期借地権制度が創設され,また 99 (平成 11) 年の改正で,定期借家制度が復活し,土地・住宅関連賃貸市場が成長しつつある。

土地利用規制と都市計画

土地を利用して行われる種々の経済活動は一般に外部効果をもたらし，とくに経済活動が高密度に行われる都市での外部効果は重要な都市問題を生じることになる。ここで**外部効果**とは，ある経済活動が他の経済活動に対して直接的に（市場を経由しないで）及ぼす効果である。それがプラスの影響の場合は**外部経済**と呼ばれ，マイナスの効果の場合は**外部不経済**と呼ばれる。後者の例としては，工場の排煙や自動車の排気ガスによる大気汚染，工場排水による水質汚濁，航空機による騒音などがあげられるが，これらは典型的な環境公害あるいは汚染（pollution）現象である。

都市において，このような問題が生ずる第1の要因は，ある地域内に汚染物質を排出する経済活動と被害を被る経済活動が近接あるいは混在していることである。したがって，外部不経済効果を現実化する土地利用構造が問題であり，土地利用に対して政府が介入して規制を行う根拠が成立することになる。

この根拠によって，政府による**土地利用規制**の正当性が認められた有名な出来事は，1926年のアメリカ合衆国連邦最高裁判所による「ユークリッド判決」である。この判決は，土地利用規制は個人の財産権を不当に侵害するものではないかという議論に対して，他の土地利用に対してニューサンス（nuisance：害悪）をもたらす用途を規制するのは適法である，とするものである。以後アメリカでは，自治体によるゾーニング（zoning：用途地域制あるいは地域地区制）が普及することになる。

土地利用構造に関わる第2の問題として，スプロールがある。これは，都市化とくに郊外化が急激に進行するとき，大都市圏の外縁部で社会資本施設が未整備のまま，虫食い状に無秩序な市街地が形成される現象である。スプロールによって環境の悪化や汚染の拡大が生じたり，非効率な都市公共サービスの供給を余儀な

くされたりするため，秩序だった都市開発を行うための都市計画が要請されることになる。

土地利用構造に関わる第3の問題は，スラム（slum）の問題である。これは近代工業都市の成立とともに生じた古典的な問題であるが，環境劣悪な工場地域のすぐ近くに，工場労働者が居住する低家賃ではあるが低水準の不良住宅集中地区が形成された。イギリスでは，19世紀後半に公衆衛生法に基づく建築規制によって労働者住宅の改善に一定の前進がみられた後，都市計画家ハワード（E. Howard）の「田園都市」論（1898年）を経て，最初の都市計画法が1909年に制定された。

それ以降，先進諸国ではスラム問題は徐々に解決されていったが，発展途上国の大都市ではいまなお深刻な問題である。また，アメリカでは第2次世界大戦後にセグリゲーション（segregation：少数民族の差別と結びついた住み分け）問題が生じ，ゲットーと呼ばれる密集居住地区が出現し，住宅の質の低下や犯罪・麻薬などの社会病理現象が生じた。これらの問題には，都市における貧困層の集中と土地利用構造とが関連しており，貧困問題に対処する都市政策とともに，**都市計画**（city planning）および土地利用計画が必要となる（日本の土地利用計画については第16章第1節を参照）。

第12章 住宅市場と住宅政策

1 住宅と住宅市場の特質

　住宅は私たちの生活の豊かさ（広義の福祉）を支える最も重要な要素である。戦後の住宅不足の時代を経て，日本の住宅事情は改善されてきた。しかし，日本の住宅問題は質を変えて存続している。そこで，まず住宅と住宅市場の特質についてみてみよう。

　住宅は土地の上に建設され，供給されるものであるから，その特性は第11章でみた土地の特性と共通するところが多い。

　第1に，住宅は土地と同様に立地点をもち，移動することができない財である。したがって，住宅は近隣環境に影響を及ぼし，また近隣環境から影響を受けることになる。これは移動が不可能であることから派生する性質であって，近隣外部性と呼ばれる。

　第2に，ストックとしての住宅は，耐用年数のきわめて長い耐久財である。そのため，住宅は資産としての性質をもち，資産選択の対象となる。

　第3に，住宅は種々の属性から構成される合成的な財である。土地も，立地点，近隣環境，道路との関係，土地利用規制などさまざまの属性によってその質を異にするが，住宅にはそのうえに住宅それ自体の属性が加わる。床面積，敷地面積，材質，建て方

（一戸建，長屋，アパート，マンション等），内装・外装の質や構造などが住宅本体の属性を構成している。それら属性の組合せによって，全体としての住宅の質が決定され，価格づけが行われる。

第4は，住宅生産における規模の経済性である。建築戸数が多くなると，部品の大量発注，生産のプレハブ化，建築の定型化等によってコストの節約が可能となり，規模の経済が発生する。

第5は，住宅需要の必需性である。住宅は，食料と同様に，人間の生活にとって必要不可欠なものである。とくに，風雨をしのぐシェルターとしての住宅は，人間の基本的ニーズの1つを満たすものであり，公共住宅供給の根拠とされている。

第6に，住宅供給には情報の非対称性が存在する。たとえば，住宅建設において発生するいわゆる手抜き工事など住宅の欠陥を買い手が知ることは困難である。また，賃貸住宅の場合，貸し手は，借り手が住宅を大切に扱うかどうかを事前に知ることは難しく，住宅の維持・管理についても，情報の非対称性が生ずる。

第7に，住宅の取引には種々の費用が発生する。家探しのための情報収集に要する時間や金銭の支出，すなわち探索費用がかかる。また，契約に際しては，手付金，仲介手数料，各種の税金や，賃貸の場合は敷金や礼金などの契約費用がかかる。これらは合わせて**取引費用**と呼ばれるが，住宅についてこの取引費用は他の財よりもかなり大きな額となる。

以上のような住宅の特性から，住宅経済には考慮すべきいくつかの問題点が生ずる。その1つは，住宅市場の重層性である。いままで住宅と呼んできたものは，厳密には「ストックとしての住宅」と，それを一定期間利用することを意味する「フローとしての住宅」，すなわち住宅サービスとに分けることができる。したがって，住宅市場はまず，住宅ストック市場とフローの住宅サービス市場とに分かれる。さらに，住宅ストック市場は新築住宅市

場と中古住宅市場から構成され,住宅サービス市場は借家市場と持家市場(潜在的)とに分かれる。この市場構造に対応して,住宅の価格も,ストックとしての住宅の価格すなわち「資産価格」と住宅サービスの価格である「賃貸価格」とが区別される。賃貸価格は住宅を借りるときの価格であり,家賃と呼ばれる。持家の場合には家賃の支払いは行われないが,居住者である経済主体が持ち主である経済主体(自分)に家賃を支払っているとみなすことができ,その家賃は帰属家賃と呼ばれる。

住宅の資産価格と賃貸価格との関係は,土地の地価と地代との関係と同じであるが,住宅の保有には,資本減耗費(減価償却),維持管理費,固定資産税などの費用がかかり,また地価変動等によって資産価格も変動するので,住宅の資本コストには利子以外にこれらの要因を含めねばならない。いま,資本減耗費を D, 維持管理費を M, 固定資産税を T, 住宅価格の期待変動額を ΔV で表すと,土地の地価と地代との関係式(10.2)に対応する住宅の資産価格 V と賃貸価格 R との間の関係は,

$$\frac{R-(D+M+T+\Delta V)}{V}=i \tag{12.1}$$

となる(iは利子率)。ここで,資本減耗費,維持管理費,固定資産税が住宅の資産価格に比例しており,$d=D/V$, $m=M/V$, $t=T/V$, 住宅価格の期待変動率を $g=-\Delta V/V$ とすると,(12.1)式は次のようになる。

$$\frac{R}{V}=i+d+m+t+g \tag{12.2}$$

(12.2)式の右辺が住宅の資本コストである。したがって,

$$V=\frac{R}{h} \quad ただし,\quad h=i+d+m+t+g \tag{12.2'}$$

となる。つまり,住宅の資産価格はその賃貸価格を資本コストで

割ったものである。

2 住宅の需要と供給

住宅市場と価格形成

住宅市場における需要・供給と価格形成について考察しよう。

最初に最も単純なケースから始める。それは，住宅ストックから提供される住宅サービスが同質である，あるいは何らかの形で同質の財に変換できる，と仮定するモデルである。

まず短期については，住宅ストックを一定と考えることができるので，対応する住宅サービスの供給曲線 S_H は図 12.1 のように垂直線となる。他方，住宅サービスの需要量は賃貸価格（借家の家賃，持家の帰属家賃）の低下とともに増加するから，住宅サービスの需要曲線 D_H は図 12.1 に示されるように右下がりの曲線となり，均衡賃貸価格 R_0 は固定的な住宅サービス供給 H_0 と住宅需要とが等しくなるように決定される。

住宅の賃貸価格が住宅サービス市場で決定されると，それに対応して (12.2′) 式から住宅の資産価格が定まる。この価格が住宅の建設コストを上回るならば利潤が生ずるので，住宅の新規建

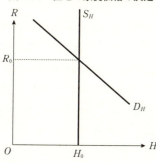

図 12.1 住宅の家賃価格の決定

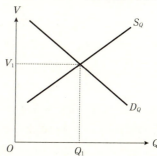

図 12.2 住宅の資産価格の決定

設(住宅投資)が促進され、住宅ストックが増加する。住宅ストックの供給費用は、供給量 Q が増加すると通常は増加する。住宅の建築資材、労賃、地価などが上昇するからである。したがって、長期では住宅の供給曲線 S_Q は、図12.2に示されるように、右上がりの曲線となり、需要曲線 D_Q との交点で長期均衡の資産価格 V_1 が決定される。以上はストック-フロー・アプローチと呼ばれる。

住宅の生産

ここで、住宅サービスの生産について、生産関数によるアプローチをみておこう。住宅の生産のために用いられる投入物として最も重要なのは、土地と資本(建物)である。そこで、住宅サービスの生産量 H は土地 L と資本(建物) K によって生産されると考え、その技術的関係を生産関数と呼ぶとすれば、住宅サービスの生産関数は次のように書くことができる。

$$H = F(L, K)$$

この生産関数において、一定量の住宅サービスを生産するのに必要な土地と資本の組合せ(たとえば、狭い土地と高層マンション、広い土地と低層住宅など)が多数(理論的には無数)存在していると仮定すると、図12.3のような(原点 O に凸な)等産出量曲線を描くことができる。

また、このときの土地サービスの価格を r、資本(建物サービス)の価格を P_K とすると、総費用 C は、土地への支出 rL と資本費 $P_K K$ の合計である。ここで、土地サービスの価格すなわち地代は、第10章で論じたように、立地点(都心からの距離 x)によって異なり、都心から離れるほど低下する $[r=r(x)]$ が、資本の価格 P_K は立地点によって差はないと考えてよい。そうすると、総費用 C は次式のように書ける。

図12.3 住宅サービス生産者の均衡

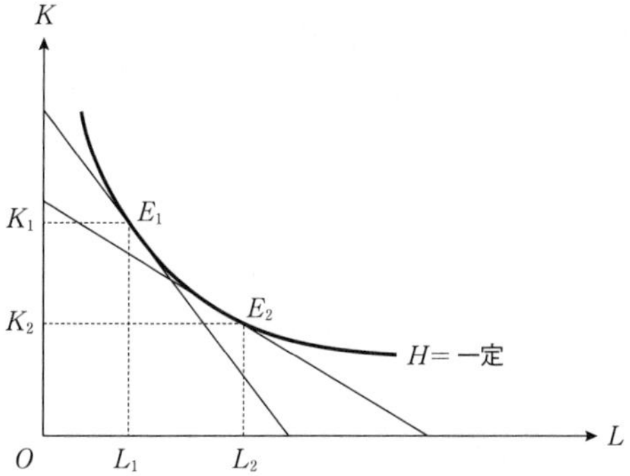

$$C = r(x)L + P_K K$$

そこで、ある立地点 x_1 において一定の住宅サービス H を生産する費用が最小となるのは、等産出量曲線と等費用線が接する点 E_1 である。この点で、等産出量曲線の勾配（すなわち投入要素間の限界代替率 $[-\Delta K/\Delta L]$）と等費用線の勾配（すなわち2投入要素の価格比 $r(x_1)/P_K$）とが等しくなっている。

これに対して、x_1 よりも都心から遠くなる立地点 x_2 で同じ住宅サービスを生産する費用が最小となる点を E_2 とすると、地代 $r(x_2)$ は $r(x_1)$ より低くなっているので、等費用線は緩やかとなっている。したがって、図12.3に示されるように、土地と資本の組合せは変化し、都心から遠い立地点では都心に近い地点と比べてより多くの土地とより少ない資本の組合せが選ばれることになる。このことは、都心に近い地点では資本集約的な住宅（たとえば高層マンション）、都心から遠い地点では土地集約的な住宅（たとえば庭付き低層一戸建住宅）が生産されることを意味している。

住宅の異質性：ヘドニック・アプローチ

ここで、住宅は種々の属性から構成される合成的な財であり、

したがって住宅はそれぞれ異質な財である,という現実により近いモデルを考えよう。このモデルは住宅の質を捉えようとするものであり,ヘドニック・アプローチ (hedonic approach：商品の質の差を把握しようとする分析手法) と呼ばれる。住宅の属性は,

① 土地に関する属性：都心からの距離,最寄り駅からの距離,自然環境,社会環境 (公共施設・商業施設へのアクセス) など

② 住宅そのものの属性：床面積や敷地の広さ,間取り,建て方,内装・外装の質など

からなり,ヘドニック・アプローチは住宅をこれらの属性の束で表現する。すなわち,各属性の水準を q_i で表すと,住宅 q はこの属性 q_i から合成されるベクトル

$$q = (q_1, q_2, \cdots, q_n)$$

で示される。そして住宅の市場価格はこのベクトルに対応して形成されることになり,その対応関係は,市場価格関数

$$P = P(q_1, q_2, \cdots, q_n)$$

によって表される。個々の属性の水準 q_i が変化すると,市場価格 P もそれに対応して変化する。

住宅の需要

住宅の生産と同様に,住宅サービスを同質的な財と仮定する場合,住宅に対する需要は,1つには住宅の賃貸価格 R に依存する。図 12.1 の D_H のように,価格が上がれば需要量は減少するであろう。もう1つは家計の所得であり,一般には,所得上昇は需要増加をもたらし,住宅は優等財 (あるいは上級財) と考えられる。需要曲線は需要量と価格との関係を図示するものであるから,所得など価格以外の変数は需要曲線のシフトをもたらす要因である。もちろん,価格 R と所得 Y が最も重要な変数であり,住宅の需要関数は,通常次のように書かれる。

$H=H(R, Y)$

そして，住宅需要の価格弾力性や所得弾力性の計測は実証分析の重要なテーマとなっている。

フィルタリング

住宅市場には新築住宅市場と中古住宅市場があることを先に指摘したが，耐久消費財である住宅が時間の経過とともに老朽化が進むプロセスで，フィルタリングと呼ばれる現象が生じる。

住宅が老朽化すると，住宅の質の低下によって住宅価格は下落するが，住宅の所有者が更新投資をしないで質の低下，したがって価格下落を容認する場合，居住者はより質の高い住宅に転居するケースが多い。その場合，質（価格）の低下した住宅には以前よりも低い所得階層が居住することになるであろう。その結果，住宅が一種のフィルターとなって居住階層の交代が行われる。これがフィルタリングと呼ばれる現象であり，低所得階層への住宅供給方式の1つとなっている。フィルタリング現象が顕著にみられたのは，戦後のアメリカの古い大都市内の集合住宅である。それらの住宅地に居住していた中産階級が郊外のより広い住宅へ転居した後，その住宅はより低い所得階層に引きつがれて，スラム化が進行し，ゲットーが形成された。

3 住宅政策

住宅政策は政府による住宅市場への介入であるが，なぜ住宅市場に対して政府が介入する必要があるのだろうか。それは次に示す場合のように市場が十分に機能しないからだといってよい。

住宅政策の目的

第1に,所得再分配政策の1つの手段として,住宅政策が必要とされる。住宅は人びとの健康で文化的な暮らしに必要不可欠なものであり,いかなる低所得層にも最低水準(ソーシャル・ミニマム)の住宅が提供されるべきである,という社会的合意が成立している,といえよう。この場合,ソーシャル・ミニマムとしての住宅は価値財(merit goods：市場によって供給可能であるが,消費者が市場において需要する以上にその消費を促進することが望ましい財)と考えられており,その典型が公営住宅である。

第2は,住宅市場において「市場の失敗」が生ずる場合である。市場の失敗は次のようなケースに生じる。

① 住宅が他の住宅などに「外部不経済」をもたらすケース。たとえば,それを防ぐために日影規制や用途規制がある。
② 住環境(アメニティ)は一種の「公共財」であり,アメニティをよくするための政策が行われるケース。たとえば歩道,街路樹,公園などの公共財の供給が必要であり,建物の外装についても規制が行われている。
③ 住宅建設については「規模の経済」が働くので,団地方式によって住宅が大量供給されるケース。日本では,日本住宅公団によって中間所得階層向けの住宅供給が行われていた。
④ 住宅供給における情報の非対称性の存在を前提として,住宅の性能確保のための政策が行われるケース。建築基準法によって,建物の安全性などについて規制が行われている。

第3に,政府の他の政策によってもたらされた市場の歪みを相殺するための政策がある。戦後の日本では,旧借地借家法のために民間住宅市場は歪んだものとなり,低質の民間賃貸住宅は供給されたが,優良住宅の賃貸市場は育たなかった。政府はこれに対して,「特定優良賃貸住宅制度」(民間の土地所有者が建設する良質

の住宅を借り上げ，公的賃貸住宅として中堅所得者向けに供給する制度）を設けて，民間借家の供給促進策としていた。

日本の住宅政策

まず，住宅政策の5つのタイプをみておこう。

① 住宅補助政策（公共住宅の供給，家賃補助，住宅購入資金の低利融資など）
② 住宅税制（所得税，不動産取得税，贈与税，相続税，固定資産税，譲渡所得税などについての税制上の優遇・軽減措置）
③ 借地・借家制度（「借地借家法」による借地・借家契約の規制）
④ 建築・土地利用・開発等の規制（「建築基準法」「都市計画法」等による規制）
⑤ 社会資本・公共サービスの供給（交通・通信施設，上下水道，電力・ガス等の社会資本，教育・衛生等の公共サービスおよび公園など住環境に影響を及ぼす政策）

これらのタイプのうち，①②③は固有の住宅政策であり，④⑤は住宅供給に影響を及ぼす住宅関連都市政策と呼ぶことができる。そこで，①②③を中心に戦後日本の住宅政策を概観しておこう。

第2次世界大戦直後の日本は，戦災による住宅の破壊や海外からの引き揚げ世帯等のため，420万戸（人口の約4分の1に相当）と推計される絶対的な住宅不足があった。この絶対的不足を解消するため，低所得層に対しては1951（昭和26）年に公営住宅法が制定されて，公営住宅の供給が始まり，中堅所得層に対しては55（昭和30）年に日本住宅公団が設立され，公団住宅の建設が開始された。他方，1950（昭和25）年に住宅金融公庫が設立され，主として持家建設のための長期低利の融資制度もスタートした。こうして，公営・公団・公庫の3本柱による住宅政策の骨格ができあがり，この3本柱のもとで1966（昭和41）年から「住宅建設

計画法」に基づいて住宅建設5カ年計画が実施されることになる。

しかし,高度成長期の大都市集中が進む時代,住宅の公的供給は増加する住宅需要に対してきわめて少なく,そのため木賃アパートや文化住宅と呼ばれる低質の民間賃貸住宅が大量に供給された。とくに,その密集地域は住環境も劣悪で,問題地域となり,再開発が必要となる。1969(昭和44)年に都市再開発法が施行され,以後さまざまな住宅市街地整備事業が展開されていく。

次に,住宅建設を促進するため,住宅に対する税制上の優遇措置が数多く実施されてきた。住宅地に対する固定資産税の軽減措置,所得税の住宅取得控除,持家の相続税の優遇措置,持家の譲渡所得税について一定額の控除,などである。

また,居住者である借地借家人の保護に重点がある旧「借地借家法」の存在のため,第2次世界大戦後,良質の賃貸住宅の供給がほとんど行われなくなり,日本の住宅市場は大きな歪みをもつことになった。そのため,1990年代に入って,借地借家法の改正が行われるとともに,定期借家制度も導入され,民間賃貸市場の成長が進むことになった。

戦後の住宅政策は,基本的には,量的充足を目的として実施されてきたが,20世紀末にその目的はほぼ達成されたこと,また21世紀に入って人口減少時代となったことから,日本の住宅政策は大きく転換されることになった。

まず,日本住宅公団は1981年に宅地開発公団と統合して住宅・都市整備公団となっていたが,民間事業者との競合が問題視されるなど,批判が高まって事業を縮小することになり,1999年に都市基盤整備公団となって分譲住宅から撤退,2004年には地域振興公団と統合されて独立行政法人・都市再生機構(UR都市機構)になり民間住宅供給の支援に事業の重点を移し,賃貸住宅事業も縮小していく。住宅金融公庫も2007年に廃止され,独

立行政法人・住宅金融支援機構となった。その間，2005年に8期40年継続した住宅建設5カ年計画が廃止され，06年には住宅建設計画法に代わって，住生活基本法が制定された。

　住生活基本法は，①国民の住生活の基盤となる良質な住宅の供給，建設，改良，管理，②住民が誇りと愛着をもつことのできる良好な居住環境の形成，③居住のために住宅を購入する者等の利益の擁護・増進（住宅市場の整備），④住宅の確保にとくに配慮を要する者の居住の安定の確保，を4つの柱とし，国と都道府県で，住生活基本計画の策定が行われるようになった。住宅政策は，住宅確保要配慮者に対する居住福祉政策を存続させつつ，住宅のストック重視，市場重視へと再編されたのである。

　住宅ストックを重視すべき理由としては，住宅の質の向上のほかに，空き家問題がある。20世紀末より空き家が急増しており，2013年の住宅・土地統計調査によれば，同年の空き家数は820万戸となり，全国の住宅の13.5％に達した。そのうち，家主が長期不在など管理の行き届かない空き家も多数存在し，その外部不経済効果により，防災・衛生・景観等の生活環境の悪化が社会問題となっている。空き家問題に対処するため，2015年に国は「空き家法」（空家等対策の推進に関する特別措置法）を制定，また空き家条例を施行した自治体も多くなり，空き家の有効利用や除却のための措置が進められている。

第13章　都市交通と環境

1　都市と交通システム

　都市とは，第9章でみたように，人びとのさまざまな活動が高密度に行われる場である。とくに現代の大都市では都心に高層ビルが林立し，種々のビジネスが営まれている。職住分離が一般化したため，都心で働く人びとの大部分は，都心外の住宅から通勤し，ときには片道1時間以上を要する郊外から移動してくる。また，都市で行われるビジネスや生活のため，種々の物資が都市の外から移入され，また都市内での物資の移動も大きい。

　都市における巨大な人と物の円滑な移動を実現し，都市のさまざまな活動を支えているのが高度に発達した都市交通システムである。すなわち，都市高速鉄道（JR，民鉄，地下鉄），路面電車・LRT（Light Rail Transit），モノレール等の鉄軌道系の交通手段やバス，トラック，タクシー・自家用車，自転車などの道路系の交通手段などさまざまな種類があり，相互に補完しあいながらも，競争しつつ，都市の発展に貢献している。

　旅客輸送における各交通手段の主たる適用範囲を示したのが，図13.1である。まず，高速鉄道は片道数万人/時間の輸送需要に対応できる大量輸送機関であり，大都市圏の通勤・通学輸送に不可欠な基幹的交通機関として機能している。次に，路面電車・

1 都市と交通システム

図 13.1 都市（旅客）交通手段の適用範囲

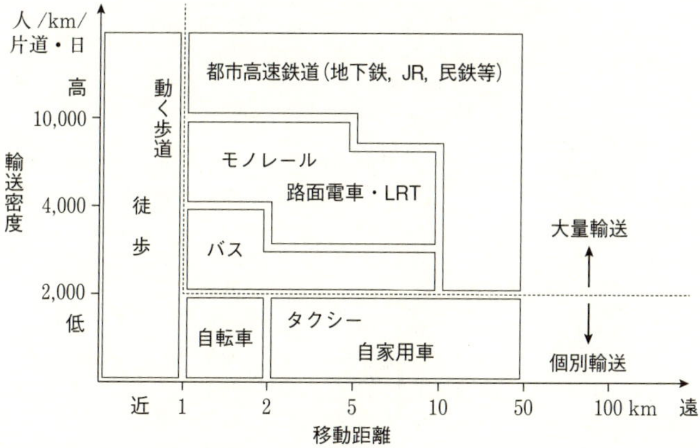

縦軸：輸送密度（人/km/片道・日）、高〜低、2,000／4,000／10,000
横軸：移動距離（近〜遠）、1, 2, 5, 10, 50, 100 km

- 動く歩道
- 徒歩
- 都市高速鉄道（地下鉄、JR、民鉄等）
- モノレール
- 路面電車・LRT
- バス
- 自転車
- タクシー
- 自家用車

大量輸送／個別輸送（2,000を境に）

（出所）都市交通研究会 [2002] より作成。

LRT や市内路線バスは数千人/時間の輸送需要に対応し，10 km 程度の比較的短距離の移動に適した交通機関であり，大都市においては大量高速交通機関を補完する役割を担っているが，中都市では基幹的な交通機関として重要な役割を果たしている場合が多い。なお最近，日本において新たに LRT 導入の動きがみられる（たとえば，富山ライトレール）。

これに対して，自動車は，鉄道に比べて輸送効率は悪いものの，ドア・ツー・ドアの移動が可能である点で，利便性が高い。また，道路網の拡充や燃費の向上など機能面での質の向上のため，その利用は急速に上昇してきた。

表 13.1 は，東京と京阪神の交通圏における最近の旅客交通について，交通機関別のシェアと変動を示したものである。自家用自動車は第 2 次世界大戦後急速に増加して，1975 年頃に全国では約 3 分の 1 のシェアを占めるにいたったが，大都市でも 20％ 前後のシェアを占め，その後東京で 33％，京阪神では 40％ を超えるシェアを占めることになった。これに対して，鉄道旅客は東

表 13.1 交通機関別旅客輸送人員の推移

		鉄軌道		バス・タクシー		自家用乗用車		合計	
		分担率(%)	指数	分担率(%)	指数	分担率(%)	指数	実数(百万人)	指数
首都交通圏	1975年	59.7	100	21.0	100	19.4	100	15,875	100
	1985年	58.6	116	16.1	90	25.3	154	18,700	118
	1995年	55.5	141	11.5	83	33.0	258	24,021	151
	2000年	55.4	137	10.7	75	33.9	258	23,411	147
	2005年	56.8	143	10.1	73	33.1	258	23,916	151
	2009年	59.7	154	8.4	62	31.9	253	24,393	154
京阪神交通圏	1975年	56.0	100	20.7	100	23.3	100	7,975	100
	1985年	52.5	105	16.7	90	30.8	148	8,903	112
	1995年	48.9	116	12.6	81	38.4	219	10,587	133
	2000年	47.4	107	10.9	67	41.7	227	10,108	127
	2005年	46.8	103	10.7	63	42.6	224	9,781	123
	2009年	48.7	101	9.4	53	41.9	208	9,229	116

(出所) 運輸政策研究機構『平成23年版 都市交通年報』による。

京では全体の伸びとほぼ並行して増加し，50％台のシェアを保っているが，京阪神では横ばいでシェアは40％台に低下している。

交通は，形態で大別すると，公共交通と私的交通に分けることができる。公共交通は，交通事業者が交通手段を用いて有償で行う交通（営業交通）である。私的交通は，個別主体が私的交通手段を用いて自己の移動目的を実現する交通であり，交通サービスの自己生産であり，自家輸送とも呼ばれる。現代社会では，モータリゼーションの結果，自家用乗用車の利用が大きくなり，公共交通の衰退が生じており，その維持が課題となっている。

2 交通需要

交通サービスの需要の特徴

われわれの毎日の生活は絶えず交通行動をともないながら営ま

れている。家庭から職場や学校へ出かける場合，徒歩や自転車によって道路という交通手段を利用するだけでそれが可能な人もいるが，多くの人はさらにバス停や駅からバスや鉄道を利用して通勤や通学を行っている。また，最近では乗用車を利用する人が増加している。

このような交通行動において人や物の移動を実現する交通サービスは，その生産と同時に消費も行われる。したがって，交通サービスは，生産と消費が同時に行われる無形財（即時財とも呼ばれる）であり，貯蔵つまり在庫ができない。これが，交通サービスの第1の特徴であり，この在庫不可能性のため，需要（＝供給）に時間的波動が生じる。つまり，朝夕のラッシュ時のピークとオフピークが存在することになり，ピーク時には混雑という大きな問題が発生する。

交通サービスの次に重要な特徴は，旅客交通の場合，その大部分は通勤，通学，買物，娯楽など他の目的を達成するための手段として行われることである。この場合の交通に対する需要は，到着地で行われる活動という本源的需要から派生した需要であり，派生需要である。貨物輸送の場合は，そのすべてが派生需要である。鉄道ファンが行う交通のように，交通そのものが目的である交通も存在はするが，都市交通は基本的に派生需要から構成されていると考えてよい。

トリップの便益と費用

そこで都市における人びとの交通行動を分析する場合には，トリップという概念が有用となる。トリップとは，人や車が「1つの目的をもって行う出発地から目的地までの移動」であり，乗り換えの有無にかかわらず単一の目的で行われる移動は1つのトリップである。人の移動はパーソン・トリップ，車の場合はカー・

トリップと呼ばれ，交通量を測る1つの基礎単位となる。

人びとが交通を行うのは，ある目的をもって行うトリップによって得られる便益が，トリップに要する費用を上回るからである。この場合，便益は人がそのトリップを行うために支払ってもよいと考える最大の金額，すなわち支払意思額で測ることができる。これに対して，トリップ費用には，トリップを行うのに必要な貨幣支出（運賃，あるいは車であれば燃料費など）すなわち金銭的費用以外に，トリップに要した時間も費用として考えなければならない。交通に要した時間には，交通以外の目的のために使った場合に得られるであろう便益が機会費用として発生しているため，移動時間は短ければ短いほど望ましいからである。

次に，金銭的費用と時間費用を統合する必要が生じるが，そのために時間費用を貨幣換算する時間価値の概念が利用される。時間価値は機会費用の貨幣額であり，単位時間当たりの稼得可能額すなわち賃金率と関連づけて理解されるが，一般に賃金率よりは低いと考えられている。以上から次式を用いて分析が可能となる。

トリップの費用＝金銭的費用＋時間費用

（ただし，時間費用＝交通時間×時間価値）

このような，金銭的費用に時間費用を加えた交通費用の概念は，一般化交通費用と呼ばれる。

交通需要の弾力性

交通需要の分析は，伝統的には，交通手段によって提供される交通サービスに関する需要関数を通じて行われてきた。ある交通手段Aのあるサービスに対する需要（q_A）を決定する主な要因は，そのサービスの運賃（あるいは費用，p_A），競争交通手段Bの運賃（あるいは費用，p_B），需要者の所得（y）であるから，需要関数は次のように表される。

$$q_A = q_A(p_A, p_B, y) \tag{13.1}$$

ミクロ経済学の理論に基づいて,運賃 p_A が上昇すれば需要量 q_A は減少する,これに対して,競争手段の運賃 p_B が上昇すれば q_A は増加し,所得が上昇すると q_A は上昇する,と考えられる。問題は,変化の大きさである。それを測るためのツールとして,需要の弾力性という概念が用いられる。いま,運賃 p_A が Δp_A だけ変化したとき,q_A が Δq_A 変化した場合の需要の弾力性は次のように示される。

$$\text{需要の運賃弾力性} = \frac{\text{需要量の変化率}}{\text{運賃の変化率}} \quad \text{すなわち}$$

$$e_A = -\frac{\Delta q_A / q_A}{\Delta p_A / p_A} \tag{13.2}$$

いま,運賃が1%変化した場合に需要量が1%変化すると,この定義により需要の運賃弾力性は1である。もし需要量がほとんど変化しなければ,弾力性は1より小さく,非弾力的であり,1%以上変化する場合は弾力的と呼ばれる。必需的なサービス(たとえば通勤のための交通サービス)は1より小さい,と考えられる。需要の運賃弾力性は,交通サービスの供給者にとって重要な意味をもつ。いま,交通サービスの運賃収入を R_A で表すと,$R_A = p_A q_A$ であるから,

$$\begin{aligned}\frac{\Delta R_A}{\Delta p_A} &= \frac{1}{\Delta p_A}\{(p_A + \Delta p_A)(q_A + \Delta q_A) - p_A q_A\} \\ &\fallingdotseq \frac{\Delta p_A q_A + p_A \Delta q_A}{\Delta p_A} = q_A(1 - e_A)\end{aligned} \tag{13.3}$$

となる。すなわち,運賃を上げると,e_A が1より大きいときには収入 R_A が減少し,e_A が1より小さければ収入は増加する。したがって,需要の運賃弾力性によって収入が左右されることになり,供給者の運賃決定において,それはきわめて重要なのである。

3 都市の交通問題

交通の外部不経済

交通需要にこたえる交通サービスの供給は交通手段（運搬具，動力，通路）を用い，交通労働を投入して行われる。その際，交通者は労働，エネルギー，維持修理，減価償却，通路費，保険・税などの内部費用を負担するが，同時に公共空間で行われる交通は第三者に外部不経済をもたらすことになる。都市交通における外部不経済としては，混雑，交通事故，騒音，振動，排気ガスによる大気汚染（それによって生ずる健康被害・動植物への影響，気候変動など）があげられ，これらは交通の外部費用を形成し，内部費用と外部費用の合計は社会的費用と呼ばれる。経済活動とそれにともなう交通行動が集中する都市では，交通容量の制約もあり，混雑問題が重要となる。

交通混雑

高密度の経済活動が営まれている都市において，混雑は避けることのできない現象である。とくに，朝夕のラッシュ時には，人も車もCBDに集中し，混雑現象は深刻となる。

混雑は，人びとが利用する施設，あるいは利用が行われる空間の容量（キャパシティ）と利用量との相対的な大きさの関係で発生するものであり，そのメカニズムは基本的には同じであるが，その現れ方は施設とそれを利用する活動によって異なる。

ここで，自動車による道路混雑について考察しよう。道路混雑はさまざまな原因によって引き起こされるが，1つは交通信号，車線減少など道路上の何らかのボトルネックによって待ち行列が形成される場合であり，このタイプは「ボトルネック混雑」と呼

ばれる。これに対して,もう1つのタイプは,ほぼ同時に道路へ多数の車が流入して生じる自然渋滞による混雑であり,「フロー混雑」と呼ばれる。伝統的にはこのフロー混雑を中心に研究されてきたので,以下ではフロー混雑のモデルについて述べる。

交通密度と交通量

多くの自動車が同時に道路を利用するとき,道路空間内の交通密度(単位距離当たりの車の台数)が高くなり,ある水準を超えると,それぞれの車は安全性のためにスピードを落とすことを余儀なくされ,車の走行速度は低下する。交通密度が低いときには,流入する車が増えてスピードが低下しても,交通密度の上昇にともなって道路を通過する車の数すなわち交通量(一定時間に道路を通過する車の台数)は増加するが,混雑が激しくなると,交通量は減少しはじめる。この関係を示したのが表 13.2 の数値例である。この例では,途中に交差点や脇道のない 10 km の1車線の道路を同じ型の車が同じ方向に走行するケースが想定されている。

数値例をみよう。道路のある 1 km の区間を走行している車の台数(すなわち交通密度)が 30 台に到達するまでは,車は制限速度 60 km で走ることができる。しかし,30 台以上になると走行速度は徐々に低下する。この道路を通り抜けるのに要する時間すなわち走行時間(分/10 km)は走行速度の逆数であるから,交通密度が 30 台のときは 10 分,50 台のときは 12 分である。さて1時間内に道路を通過する車の台数すなわち交通量は,交通密度が 20 台のときに時速 60 km であるから,1分ごとに 20 台通過し,60 分では 1200 台であり,次の式が定義的に成り立っている。

　　　交通量(台/時)=交通密度(台/km)×速度(km/時)　(13.4)

数値例では,交通密度が 50 台/km のときに,速度は 50 km/時だから,交通量は 2500 台/時で最大となる。

表 13.2 交通密度と交通量（設定例：1方向・10 km 道路）

交通密度 (台/km)	速度 (km/時)	走行時間 (分/10 km)	交通量 (台/時)
20	60	10.0	1,200
30	60	10.0	1,800
40	55	10.9	2,200
50	50	12.0	2,500
55	40	15.0	2,200
65	30	20.0	1,950
70	20	30.0	1,400

混雑費用

次に，混雑にともなって費用がどのように変化するかをみよう。まず，道路利用にあたって運転者が直接負担する費用は，第1に燃料，オイル，タイヤ磨耗など貨幣支出をともなう金銭的走行費用であり，有料道路であればそれに通行料も含まれる。第2は道路通行に要する時間費用である。この2つが短期の可変費用としては主なものであるが，ほかに車両資本費用や保険料などの固定的な費用がある。また，部分的には非利用者によって負担される事故や環境汚染などの外部費用がある。

このなかで，混雑にともなって変化する主要な費用は，短期可変費用を構成する最初の2つであり，とくに時間費用がそのウェイトも大きく最も重要なので，まず時間費用についてみてみよう。いま，交通量が Q から ΔQ （1台）増加すると，走行時間は T から ΔT だけ増加するとしよう。このとき全交通量の走行時間は QT から $(Q+\Delta Q)(T+\Delta T)$ となる。したがって，交通量が1台増加したときの変化を式で表すと

$$(Q+\Delta Q)(T+\Delta T) - QT = Q\Delta T + \Delta Q(T+\Delta T)$$

すなわち，

　　総走行時間の変化＝交通量×走行時間の変化分
　　　　　　　　　　＋変化後の走行時間　　　　　(13.5)

右辺の第1項に注目しよう。これは交通量が1台増加したことによって，同時に走行していた他の車が被る時間費用の増加であり，経済学的にいえば，1台の増加が他の車に及ぼす外部不経済，すなわち混雑の外部費用にほかならない。

ここで，先に述べた一般化交通費用の概念を適用しよう。対象道路を利用する人びとの平均時間価値を想定できるならば，道路走行の所要時間と時間価値の積を算出することができる。これと金銭的走行費用との合計額が一般化交通費用である。すなわち，

一般化交通費用(円)＝金銭的走行費用(円)＋走行時間(分)
　　　　　　　　　×平均時間価値(円/分)　　　　(13.6)

この一般化交通費用を用いて，道路を利用する車の1台当たりの費用を示すことにしよう。

さて，交通量が増加するとき，個々の運転者が負担しなければならない一般化交通費用は，ある水準(表13.2では，1800台/時)までは，時間費用が変わらないから一定であり，混雑が始まると，それは上昇する。この費用は個々の運転者が負担する費用であり，その意味で私的費用である。そして，その費用は，同時に走行しているすべての車が同額を負担しているので，交通量全体の立場からみると，社会的平均費用としての性格をもつ。そして，混雑が生じている状態で，交通量が1台増加したときの社会的総費用の変化は社会的限界費用と呼ばれる。そこで，私的費用をC，その変化をΔCで表すと，社会的総費用は私的費用(すなわち社会的平均費用)と交通量Qとの積であるから，社会的限界費用は，

$$(Q+\Delta Q)(C+\Delta C)-CQ=Q\Delta C+\Delta Q(C+\Delta C)$$

となる。この式は，$\Delta Q=1$として，次のように表現される。

社会的限界費用＝交通量×私的費用の変化分
　　　　　　　＋変化後の私的費用　　　　(13.7)

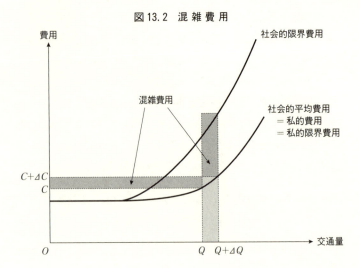

図13.2 混雑費用

(13.5) 式と同様に、右辺の第 1 項は、交通量が 1 台増加したことによって、同時に走行している他の車の運転者が被る私的費用の増加分であり、したがって交通量の増加がもたらす外部不経済（あるいは外部費用）である。これは単純に**混雑費用**とも呼ばれる。また、いままで私的費用と呼んできたものは交通量の 1 台の増加に対応する私的費用であるから私的限界費用でもある。そこで (13.7) 式は簡単化して次のようにも書き直すことができる。

社会的限界費用＝混雑費用＋私的限界費用　　　(13.8)

この式の意味するところを示したのが図 13.2 である。

混雑料金

ここで、道路を利用する運転者の道路サービスに対する需要面をみよう。この道路を利用しようとする人は、交通に要する費用が高ければ少なくなり、それが低ければ多くなるから、需要曲線は、図 13.3 に示されているように、右下がりの曲線 DD' とし

図13.3 混雑料金

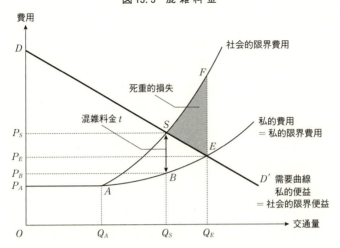

て描かれる。他方，ある交通量に対応する需要曲線の高さはちょうどその高さの費用を支払ってよいと考える人の私的便益，言い換えれば支払意思額を表している。また需要曲線の高さは社会的限界便益を示している。なぜなら，ある交通量までの需要曲線の下の面積は，その交通量に達するまでの道路利用者の支払意思額すなわち私的便益の合計，すなわち社会的総便益であり，交通量が1台増加することによって生じる社会的総便益の増加分は，新たに増加した1台の支払意思額だからである。したがって需要曲線は私的便益を示すだけでなく，社会的限界便益曲線でもある。

さて，運転者の道路利用から得られる私的便益すなわち支払意思額が道路利用に要する私的費用を超えているならば，運転者は道路を利用するであろう。このことは，道路の利用について制限速度以外の規制がないならば，需要曲線と私的費用曲線との交点（図13.3のE）まで交通が行われることを意味する。なぜなら，交点の左側では，私的便益が私的費用を上回り，その右側では逆

となっているからである。この交点は，自由放任の均衡点と呼ばれ，次式が成立している。

  社会的限界便益＝私的便益＝私的限界費用 (13.9)

ここで重要なことは，この均衡点は，混雑が発生しているならば，最適点ではないことである。混雑が発生している場合，交通量が増加することによって同時に走行している他の車の速度を低下させる外部不経済が生じており，すでにみた混雑費用が存在している。したがって，この均衡点では，社会的限界費用は社会的限界便益を混雑費用 EF だけ上回っており，混雑費用に対応する社会的損失 EFS（死重的損失）が生じている。最適点では，社会的限界費用と社会的限界便益とが等しくなければならない。すなわち，社会的限界費用曲線と需要曲線との交点 S が最適点である。したがって，最適点では次式が成立する。

  社会的限界便益＝私的便益＝社会的限界費用 (13.10)

それでは，どのようにすれば，最適が実現できるのであろうか。その1つの方法は，私的限界費用を社会的限界費用に一致するように引き上げることである。そのためには，混雑が生じている道路を利用している車（外部不経済の発生者）に対して，最適交通量のときの混雑費用 BS に見合う額（t）を新たに賦課すればよい。そうすれば，運転者が負担する費用は私的費用プラス混雑費用 BS となり，最適交通量 Q_S が実現される。混雑費用 BS を課すことは，私的費用曲線を混雑費用 BS だけ上方にシフトさせることであり，その結果，シフトした私的費用曲線と需要曲線と社会的限界費用曲線が最適点 S で交差し，交通量は均衡交通量 Q_E から最適交通量 Q_S に減少する。混雑費用 BS に見合う賦課金が混雑料金（congestion charge）と呼ばれるものである。注意すべきことは，混雑料金を課したからといって混雑がまったくなくなるわけではなく，過剰な混雑をなくして最適混雑水準が達成される

ことである。

　以上から明らかなように，混雑料金の意義は，社会的限界費用と私的限界費用の乖離をなくして，社会的限界費用に基づいて選択が行われるように道路利用者を誘導することである。混雑料金が課されていないときは，すでにみたように，交通量は最適交通量を上回って過大となっている。混雑料金が課されると，利用者は私的費用のなかに混雑費用を含めて選択するから，私的費用は社会的費用と一致して，社会的限界費用と私的便益（社会的限界便益でもある）とが等しくなる点まで交通が行われ，社会的純便益は最大となる。

　ところで，このような料金政策によって交通量を最適に調整しようとする方法は，市場メカニズムを利用するものであり，外部費用の内部化と呼ばれる。なお，このような方法で外部効果を調整しようとするアイデアを最初に提出したのはピグー（A. C. Pigou）である。彼は外部不経済を抑制する方法として税金（いわゆる「ピグー税」）を課すことを提案したのであるが，その関係から，以上で混雑料金と呼んできた賦課金は最初「混雑税」（congestion tax）と呼ばれていた。また，混雑料金の賦課は，従来は無料で供給されていた道路に対して，混雑の大きさ（これは混雑費用によって測られる）に応じて価格づけを行うものであるから，ロード・プライシングと呼ばれることとなった。

　このロード・プライシングの考え方は，1960年代にイギリスで提起されたが，75年にシンガポールではじめて「都心乗り入れ賦課金」（Area Licensing Scheme：ALS）という形態で導入された。その後，電子通信技術の発達により，98年からは「電子式道路料金システム」（Electronic Road Pricing System：ERP）に転換されて継続されている。また，ノルウェーのいくつかの都市とソウルでも導入が行われ，2003年にはロンドンで実施され，成

功が伝えられた。他方，導入が計画されながら，反対があって，見送られた都市もいくつかある（香港，エジンバラなど）。

ロード・プライシングには，いくつかの大きな問題点があった。

① 社会全体としてはプラスの純便益が期待されるが，道路利用者の大部分にとっては消費者余剰が減少する。

② 所得分配の面で，逆進的であり，低所得者層にとってはマイナスの効果が大きい。

③ 最適な混雑料金を課すためには，内部化されるべき混雑費用の計測が必要となるが，それは時間的に変動し，容易ではない。

そこでロード・プライシングとは別の混雑緩和の方策が問題となる。その1つが道路整備である。しかし，道路投資は自動車交通を増加させる効果がある。また，今日の大都市ではほとんど不可能である。もう1つは，次に述べる交通需要マネジメントである。

交通需要マネジメント

混雑料金を含む混雑対策のうち，主として交通需要に影響を及ぼす施策を，最近は交通需要マネジメント（Transportation Demand Management：TDM）と総称し，さまざまな方策が提案されている。それらは，大きく次の3つのタイプに分けることができる。①自動車交通を他の交通手段やオフピーク時に移すようなインセンティブを提供すること，②移動者に対して，車両の乗車人員を多くするようなサービスを提供したり，あるいは規制したりすること，③ITの利用によって，交通手段を利用しないで，移動の目的を達成すること，である。

①としては，最も重要である混雑料金以外に，駐車料金や公共交通の補助があり，ほかにフレックスタイムや時差出勤などがあ

る。また、パーク・アンド・ライドもその方策の1つである。

②は、アメリカで重視されている方策である。1人乗車の自動車走行を抑制するため、相乗り（カープール、バンプール）あるいは2人以上が乗車する車両（High Occupancy Vehicle：HOV）の専用（あるいは優先）車線の設置や駐車優遇などの種々の方策がアメリカの多くの都市で実施されている。

③には、テレワーク（テレコミューティング）等がある。これらは今後大いに発展することが期待されている。

4 都市の環境問題

都市と汚染

人間は、自然が与えるさまざまな資源を利用して、人間にとって有用な財（goods）を生産し、消費しているが、そのプロセスにおいて人間にとって不用な物（廃棄物）や有害な物（bads）すなわち**汚染物質**が排出されることになる。都市はこのような人間の活動が高密度に、すなわち相互に近接して行われる場であるから、廃棄物の量は大きくなり、汚染物質による被害も重大となりやすい。したがって、都市の汚染現象も、混雑現象と同様に、高密度な経済活動に起因するものであり、両者を合わせて「広義の混雑」（generic congestion）と呼ぶこともある。ただし両者の間には1つの相違点がある。道路の混雑は道路利用者相互間の外部不経済であるのに対して、汚染は運転者が第三者に対して及ぼす外部不経済である。つまり、混雑では運転者は加害者であると同時に被害者でもあるが、汚染では運転者は加害者であるが、被害者は第三者であって、この関係は一方的である。

しかし、混雑料金を導いた同じ理論は、自動車交通がもたらす環境問題についても、ほとんどそのままあてはまるのである。交

通量の増加とともに,自動車の排気ガスの排出量が増加し,大気汚染が進行する。汚染物質の排出量は第三者(居住者や歩行者)に対する典型的な外部不経済である。したがって,図13.3における混雑費用を汚染費用(汚染による第三者への悪影響)と読み替えることによって,同じ図を用いて同じ論理展開が可能である。この場合,社会的限界費用は私的費用と汚染費用の合計(社会的費用)の限界費用である。したがって,最適交通量は需要曲線と社会的限界費用曲線との交点Sに対応する交通量Q_Sである。自由放任の交通量Q_Eを最適交通量に減少させるためには,汚染という外部費用を内部化して,汚染費用に対応する額tを環境税として徴収することが必要となる。汚染による外部費用を価格メカニズムを利用して内部化するのが環境税の役割である。なお,交通の外部費用としては,大気汚染以外にも騒音,振動や交通事故があり,それを含めて総合的に論ずる必要がある。

ところで,以上の議論は,ひろく一般企業によるその他の汚染にも適用される。その場合,図13.3のAE曲線は私的限界費用曲線(=私的供給曲線)であり,AF曲線は同曲線に汚染費用(汚染にともなう被害)を加えた社会的限界費用曲線である。最適供給量はやはりQ_Sである。そのための政策としては,汚染費用にみあう環境税を課すことであるが,ほかに供給をQ_Sに直接的に規制する政策,あるいは排出者に補助金を与えてQ_Sまで供給を減少させる政策もありうる。もっとも今日では,汚染者負担の原則(Polluter Pays Principle:PPP)がOECD加盟国において確立しており,環境税のような汚染物質の排出者がその費用を負担することがひろく承認されている。

都市化と環境問題

日本で,汚染が重大な社会問題になったのは,昭和30年代

（1950年代の後半以降）の高度経済成長にともなう都市化・工業化が急速に進んだ時期であり，四日市ぜんそく，熊本水俣病，新潟水俣病，イタイイタイ病，カネミ油症事件などの公害問題が続発した。これらは，大気汚染，水質汚濁，土壌汚染などによって引き起こされたが，発生地点が特定化できる産業型公害であったといえよう。反公害運動の高まりのなかで，1967年に「公害対策基本法」が制定され，典型公害として大気汚染，水質汚濁，土壌汚染，騒音，振動，地盤沈下，悪臭が指定された。1970年以降，環境基準の設定や排出濃度規制が実施され，環境庁も設置されて，環境行政は本格化する。

他方，都市化のさらなる進行，それに並行して進んだモータリゼーション等によって，都市型公害が深刻な問題となる。1970年代に入って，自動車の排出ガスから生じる光化学スモッグが東京等の大都市で大きな問題となる。また，自動車・鉄道・航空機等の移動発生源による騒音・振動，および工場騒音・カラオケ・パチンコ・ピアノ等の近隣騒音などの騒音公害は大都市における公害苦情件数のなかでは最も多い苦情となった。

都市型公害のなかでは，廃棄物問題も重要である。廃棄物は産業廃棄物と一般廃棄物とに分けられるが，一般廃棄物からし尿を除いたものが「ごみ」である。この「ごみ」は都市化の進展とともに増加を続けており，最終処分場の確保とリサイクルが緊急の課題となっている。

この間，日本の環境規制の法制度も進んだ。1993年に環境基本法が制定され（公害対策基本法は廃止），循環・共生・参加・国際的取り組みの4目標を掲げた環境基本計画が作成された。また，廃棄物問題に対する基本法として「循環型社会形成推進基本法」が2000年に制定され，その他個別法も整備され，2001年には環境省が発足している。

地球温暖化問題

さらに，1990年代に入って，もう1つの環境問題，地球温暖化問題も大きく取り上げられるようになった。地球温暖化とは，人間の種々の活動によって排出される二酸化炭素（CO_2）などの温室効果ガスの大気中の濃度が上昇し，地球表面の温度が上昇する現象である。地球温暖化により，都市のヒートアイランド現象，海面上昇，気候変動，それに基づく洪水，干ばつ，森林火災，疫病，生態系への影響などが生じる，と考えられている。

そこで，温室効果ガスの削減が課題となるが，その方法として，交通部門については，公共交通の利用促進，自動車の低公害化（ハイブリッド車，電気自動車，燃料電池自動車などの開発，車両の低燃費化等）を促進する車両単体規制や優遇税制・補助金を通じて経済的インセンティブを与える方法などがあげられる。その他の部門については，エネルギー効率の向上のための建築基準，地域冷暖房事業，再生可能エネルギーの利用促進，緑化事業等があげられる。

地球温暖化問題は世界的な問題であり，国際的な協力による対応が必要となる。そこで，1992年の地球サミットで採択された気候変動枠組条約のもと，95年より締約国会議が開催され，その対策が議論されている。1997年に第3回会議（COP3）が京都で開催，京都議定書が採択され，先進各国は温室効果ガスの大幅削減を約束した。その後も種々の議論が続けられ，2015年にパリで開催された第21回会議（COP21）で京都議定書に代わるパリ協定が採択され，各国は地球温暖化対策計画を策定し，対策に取り組みつつある。

日本では，京都議定書の目標を達成するために，温室効果ガスの大幅な削減などの目標を掲げて先駆的な取り組みにチャレンジする都市を「環境モデル都市」として選定する政策も進められて

おり，2013年度までに帯広市，富山市，京都市，堺市，北九州市，水俣市など23都市が選ばれている。さらに，環境モデル都市を発展させた「環境未来都市」構想が2010年からスタートした。この構想は環境だけでなく社会・経済を含めて人間中心の新しい価値を創造する「持続可能な都市」をめざすものであり，2011年に横浜市，富山市，北九州市，柏市，北海道下川町および東日本大震災の被災地から南相馬市など6地域が選定されている。また，2012年施行の「都市の低炭素化の促進に関する法律」（エコまち法）に基づき，市町村が「低炭素まちづくり計画」を作成して低炭素まちづくりを推進することを支援する仕組みが作られた。

持続可能な都市

新しい環境基本法に導入され，環境政策の基本理念の1つとなったのは，持続可能な発展（sustainable development）という概念である。持続可能な発展は，「環境と開発に関する世界委員会」（ブルントラント委員会）が1987年に国連に提出した報告書『我ら共有の未来』（Our Common Future）のなかで提唱された概念であり，「将来世代のニーズに応える能力を損なうことなく，現在世代のニーズを満たす発展」と定義されている。この考え方は，地球環境資源の有限性を認識したうえで，人類の発展の可能性を追求しようとするものである。その後，EUでは都市環境のあり方について討議が重ねられて，持続可能な都市（サステイナブル・シティ）の概念が提出された（「EU都市環境専門家グループ報告書」1996年）。同報告書は「持続可能な発展とは，経済，社会，文化の次元をあわせもち，現代におけるさまざまな人間相互の公平性や世代相互の公平性を含む概念である」として，環境を，経済・社会・文化と関連する幅広い概念として再構築しつつ，持続可能

な都市を都市政策の基本概念としたのである。

今日ヨーロッパを中心に多くの国で，この概念は地域の環境基本計画と都市政策の策定にあたっての最も重要な理念として受け入れられてきた。そして，とくに OECD 諸国では，この理念を実現するための空間戦略としてコンパクトシティ概念を導入し，都市開発モデルとして推進しようとしている（OECD [2013]）。コンパクトシティとは，コンパクトな都市空間形態で，その主要な特徴は，①高密度で近接した土地利用，②公共交通機関で結ばれた市街地，③地域サービスや職場への移動の容易さ，である。日本でも，富山市，青森市，高松市など数多くの都市で，中心市街地活性化方策と関連づけて，積極的に導入し成果をあげている（第 16 章第 2 節を参照）。

第14章 地方財政と地方分権

1 地域経済と地方財政

　それぞれの地域では，住民が生活し，企業が生産活動を行っている。そして，これらの経済主体の活動を支えるため，地方政府は道路などの地方公共財を提供している。とくに，地方公共財と呼ばれている道路や橋などは民間企業が供給することができないので，地方政府の果たす役割は大きい。地方政府は，地方公共財を提供するための財源を得るため，地方債を発行したり，住民税や固定資産税などの地方税を住民と企業に課したりしている。このように地方政府の活動は地域においてきわめて重要な位置を占めている。

　住民は同じ地域に定住するのではなく，よりよい暮らしを求めて地域間を移動する。企業もより高い利潤を求めて地域間を移動する。このように，住民や企業は地域間を移動する。その結果，ある地域は停滞し，他の地域は活況を呈することになる。すなわち，地域間格差が発生する。大きな地域間格差の発生は公平性の観点から望ましくない。しかし，それぞれの地域に与えられている地域政策のメニューは限定的である点や，地方政府は自らの地域しか考慮しない点などを考えると，それぞれの地方政府の努力だけでは地域間格差の解消は実現しない。このようなとき，地域

間格差を解消するために中央政府による補助金が必要とされる。また，経済活動水準が低い地域では，税収が少ないためいわゆるナショナル・ミニマムが達成されないことがある。やはり，このようなとき中央政府による補助金が導入される。日本では，これらの補助金に対応するものとして，地方交付税と国庫支出金がある。

地方公共財の供給やこれにともなう地方税課税などの地方政府の経済活動，および中央政府による地方政府への補助金などを総称して地方財政と呼んでいる。いま述べたように，地域経済のあり方と地方財政は密接な関係があり，切り離すことはできない。また，地方財政はいつまでも同じ制度のまま存在するのではなく，経済の国際化，経済構造の変動に対応して変化する。最近では，社会資本整備の効率的供給のため新たな仕組みが導入されたり，効率的財政運営などを求めて政策評価が導入されたりしている。また，地方分権のよりいっそうの進展が叫ばれている。これらの動きに対応して，地方財政制度の変容が迫られている。本章では，第2節で地方財政の仕組みを簡単に紹介し，第3節で地方歳出のなかで重要な位置を占める地方公共財の概念，その最適供給水準と足による投票，社会資本，社会資本整備などのための新たな仕組みであるPPP（Public Private Partnership）について述べる。第4節で政策評価について述べ，第5節で分権化定理に言及しながら，日本で進んでいる地方分権について述べる。

2 地方財政の歳入と歳出

地方財政と国の財政の関係

図14.1に2016（平成28）年度の国の財政と地方財政の関係が示されている。地方財政は地方財政計画の数値を採用している。

2 地方財政の歳入と歳出　255

図14.1　国の財政と地方財政の関係（2016〔平成28〕年度）

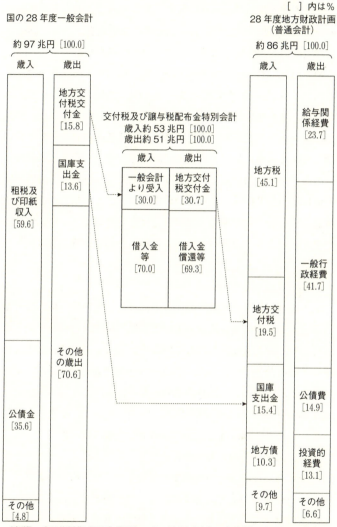

（出所）　窪田修編著［2016］『図説 日本の財政』（平成28年度版），東洋経済新報社を参考に作成。

これは地方財政法第7条により作成されるもので，当該年度の地方財政の歳入歳出の見込額に関する書類である。地方財政計画は，地方財源の確保，地方団体の財政運営の参考資料と指針，国の財政政策の策定の参考になることを目的に作成される。

地方財政の普通会計規模は約86兆円と，国の財政の一般会計の約97兆円を下回る規模になっている。地方財政の主な歳入は，地方税，地方交付税，国庫支出金，地方債からなっている。地方交付税は交付税及び譲与税配付金特別会計を通じて，国税の一定割合をある基準によってそれぞれの地方に配分するものである。国庫支出金は補助金であり，やはり中央政府から交付される。地方債は地方公共団体によって発行されるが，この相当な部分が政府資金等の公的資金を通じて引き受けられている。このように，かなりの資金が中央政府から地方政府に流れている。

歳入と歳出

いま述べたように，地方政府の主な歳入は地方税，地方交付税，国庫支出金，地方債からなっている。地方税は，道府県民税・市町村民税，固定資産税，たばこ税などからなっている。地方交付税は，地方公共団体の税収の絶対的な不足を補うとともに（財源保障機能），各地方公共団体の税源の偏在によって生じる財源の偏在を調整すること（財政調整機能）を目的として，国税の一定割合を原資として国が地方公共団体に交付する一般補助金である。

国庫支出金は，国と地方が共同責任で行う事務，本来なら中央政府の事務であるが，効率性などの観点から地方政府へ委託する事務，中央政府が地方政府のために，奨励的あるいは援助的に行う事務のために国が地方公共団体に交付する補助金である。それぞれの事務に対応して国庫負担金，国庫委託金，国庫補助金がある。地方債は，普通建設事業等の資金に充てるために発行される

2 地方財政の歳入と歳出

表 14.1 主な地方税（2015 年度）

都道府県			市町村		
税 目	金額(億円)	構成比(%)	税 目	金額(億円)	構成比(%)
道府県民税	61,105	33.9	市町村民税	95,480	45.3
事業税	37,034	20.5	固定資産税	87,550	41.5
地方消費税	49,742	27.6	市町村たばこ税	9,361	4.4
不動産取得税	3,768	2.1	都市計画税	3,613	1.7
自動車税	15,428	8.6	事業所税	12,444	5.9
自動車取得税	1,373	0.8	法定外目的税	13	0.0
軽油引取税	9,246	5.1	その他	2,302	1.1
法定外目的税	89	0.0			
その他	2,437	1.4			
合 計	180,222	100.0	合 計	210,763	100.0

（出所） 総務省『地方財政統計年報』(http://www.soumu.go.jp/iken/zaisei/toukei.html)。

もので，その償還は次年度以降に行われる。図 14.1 で示されているように，歳入のなかで地方税が占める割合が 45.1% と一番高い。次に，地方交付税，国庫支出金，地方債の順になっている。

主な地方税は表 14.1 で示されている。都道府県の場合，道府県民税，事業税，地方消費税の 3 税で地方税の 82.0% を占めている。他方，市町村は市町村民税と固定資産税で 86.8% を占めている。地方消費税は都道府県税である。これらの税のほかには，都道府県には自動車取得税，軽油引取税など，市町村には入湯税，都市計画税，水利地益税，事業所税などがある。

地方公共団体の歳出は性質別と目的別に分類することができる。ここでは目的別分類に従って説明する。都道府県と市町村のそれぞれの歳出構成を示すと表 14.2 のようになる。都道府県ではその他を除くと，教育費，民生費，公債費，土木費の順に高く，市町村では民生費，総務費，土木費，教育費，公債費の順に高い。市町村の民生費が都道府県に比べて高いのは，児童手当の支給事

表 14.2 歳出（目的別分類，2015 年）

費 目	都道府県		市町村	
	金額（億円）	構成比（%）	金額（億円）	構成比（%）
総務費	30,946	6.1	63,414	12.0
民生費	80,663	15.9	202,396	38.3
衛生費	17,756	3.5	42,107	8.0
農林水産業費	22,829	4.5	12,683	2.4
商工費	36,526	7.2	17,249	3.3
土木費	52,253	10.3	59,863	11.3
教育費	110,087	21.7	52,760	10.0
公債費	72,038	14.2	51,746	9.8
その他	84,214	16.6	25,873	4.9
合 計	507,312	100.0	528,090	100.0

（出所）　総務省『地方財政統計年報』(http://www.soumu.go.jp/iken/zaisei/toukei.html)。

務，社会福祉施設の設置・運営事務や生活保護に関する事務が市町村によって行われているからである。また，都道府県の教育費が高い理由は，都道府県立高校と義務教育の教職員の給料を都道府県が支払っていることがあげられる。また，市町村と都道府県の土木費はほぼ同じ比率になっているが，市町村では都市計画に関する支出が高い。主な歳出の説明は次のとおりである。

- 土木費：道路，河川，住宅，都市，公園などの公共施設の建設と維持管理に要する費用である。
- 教育費：学校教育，社会教育などの教育行政を推進するための経費である。
- 農林水産業費：生産基盤の整備，構造改善等に要する経費で，農林漁業の振興と食料の安定供給をはかろうとするためのものである。
- 民生費：児童，老人，心身障害者等のための各種福祉施設の整備や運営，生活保護等のために必要な経費で，これによって社会福祉の充実を達成しようとするものである。

ふるさと納税制度

ところで，地方の財源として期待されているものにふるさと納税制度がある。地方で小中高を過ごした人たちは，都会に出て働く傾向が強い。地方で受ける教育費は地方が負担するが，都会に出た若者は都会で税を支払うことになるため，地方で賄われた教育費や医療費は負担しないことになる。そこで，地方で賄われた教育費や医療費の一部を都会から地方に還元しようという発想のもとにできたのが 2008 年 4 月に導入されたふるさと納税制度である。実際には，自分が育ったふるさとに限らず，居住地以外のどの地域にも寄付することができる。そして，寄付額から 2000 円を差し引いた金額が，居住地に支払う地方税の個人住民税および国税の所得税の両方で税が還付される仕組みになっている。

導入当初は，地方の財政を応援するための寄付金として機能していたが，寄付者への感謝として送られる返礼品が高価となる返礼品競争（ブランド牛や高価なカニなど）が過熱していくという問題が発生した。返礼品競争の加熱もあり，導入年度の寄付額はわずか 73 億円であったが，2016 年度には約 2840 億円にものぼっている。このような返礼品競争は寄付文化の精神をむしばむと考えられる。また，高所得者ほど寄付額が大きくなり得をするという不公平な側面もふるさと納税には潜んでいる。そこで，総務省は返礼率を 30% 以内にすることや，趣旨にそぐわない返礼品（高額品や金券など）を返礼品から外すことなどを自治体に要請している。

寄付を受ける自治体は財政上恩恵を受けるし，寄付者は 2000 円を負担するだけで返礼品を手に入れることができるので，双方とも win-win の関係にある。しかし，寄付者の居住地の自治体の税収は減少するので，当該自治体の寄付をしない住民には地方交付税による補塡があるものの税収減という形で負担が発生している。さらには，所得税の還付税は寄付者以外の国民の税負担に

よるものである。このように，ふるさと納税制度はこの制度を利用しない国民の負担により成り立っており，不透明感をぬぐえない。

ふるさと納税制度として，企業が自治体に寄付すると税負担が軽くなる企業版ふるさと納税制度がある。ただ，これまで述べてきた個人版に比べると十分な寄付が集められている状況ではない。

3 地方公共財

地方公共財の定義

公共財でその便益が比較的小さな地域に限定されるとき，その公共財は地方公共財と呼ばれる。たとえば，一般道路，橋，消防，公園，図書館，警察などがある。公共財は，消費における非競合性と非排除性の性質を備える財を指していう。

非競合性は，ある人の消費が，他の人の消費量を減少させないことを意味する。別の言い方をすると，複数の消費者が同時に消費できる性質である。たとえば，放送はこのような性質を備えている。多くの消費者は他の消費者の効用に影響を及ぼすことなくラジオ放送を同時に楽しむことができる。これに対し，ケーキなどの私的財はこの性質を備えていない。誰かがケーキを食べてしまえば，ほかの誰もそのケーキを食べることができないからである。

非排除性は，消費者をある財の消費から排除できないことをいう。一般道路を考えてみよう。一般道路を誰かが使用しようとするとき，道路の交差点に料金所を設けて，そこでドライバーが料金を支払わない場合，そのドライバーに道路を使わせないようにすることは可能である。しかし，実際にはそのための費用が莫大にかかるため排除できない。このようなとき，非排除性が成立し

図14.2 公 共 財

ているという。国防や国立公園などもこのような性質を備えている。排除費用は，われわれが直面している制度や適用できる技術などに依存するため相対的なものである。すなわち，かりに技術進歩によりすべての一般道路の利用を安価にチェックできるシステムができれば，一般道路は非排除性の性質を保有しなくなる。このようにある財の非排除性の性質は絶対的なものでなく，社会の制度や技術に依存している。

国防，司法などのように，非競合性と非排除性を同時に満たすとき，純粋公共財と呼ばれる。他方，一般道路のように，車の追加的な乗り入れが渋滞などの混雑現象を引き起こすとき，準公共財と呼ばれる。たとえば，ゴミ収集，公園などがその例である。

図14.2では，非排除性の性質と非競合性の性質から，代表的な公共財を位置づけている。左下には競合性と排除性の程度が非常に高い私的財が位置し，右上には非競合性と非排除性の程度が非常に高い純粋公共財が位置している。有線放送や高速道路は，非排除性の観点からは私的財に近いが，前者は非競合性の程度が高く，後者はそれほど高くない。公園，警察，消防，ゴミ収集，一般道路の非排除性は高く，非競合性の程度はそれほど高くないであろう。

地方公共財の最適供給水準と足による投票

望ましい地方公共財の供給水準,つまり地方公共財の最適供給条件がどのようなものになるかを検討する。地方公共財の例として公園をとり,AとBの2人の個人が消費するとしよう。

図14.3(a)では横軸に個人Aの公園の消費量Gが,縦軸には限界便益MB_Aがとられており,公園の個人Aの需要曲線D_Aが描かれている。図14.3(b)には,個人Bの需要曲線D_Bが描かれている。

AとBの合計の需要曲線,つまり全体の需要曲線と個々の需要曲線の関係は次のようになっている。地方公共財の性質から,公園はAとBによって同じ量だけ消費されなければならない。たとえば,AがG_1だけ消費すればBもG_1だけ消費することができる。図14.3(c)で示されているように,AとBがG_1を消費するとき,限界便益はそれぞれM_AとM_Bなので,合計の限界便益はM_A+M_Bとなる。それぞれの供給水準で,同様の作業をすることによって,AとBの合計の需要曲線が得られる。このように,公園の全体の需要曲線は個々の需要曲線を垂直に加えることによって得られる。

公園の最適供給水準は,社会的余剰が最大になっている点,つまりAとBの限界便益の合計と地方公共財の限界費用MCが等しくなる点で得られる。図14.3(c)では,この点は,公園の全体の需要曲線D_{AB}とMCが交わったE点で示されており,公園の最適供給水準はG^*である。このように,地方公共財の最適供給条件は,公園の限界便益の合計が公共財の限界費用に等しくなるときに得られ,

$$MB_A+MB_B=MC$$

と表せる。これは,サミュエルソン条件と呼ばれている。式の右辺は地方公共財を1単位増やした場合の費用の増加分,左辺は地

3 地方公共財 263

図 14.3 地方公共財の最適供給

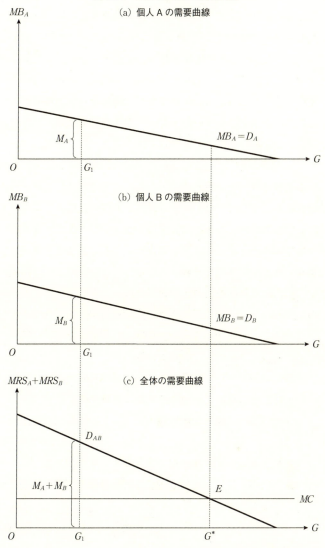

方公共財を 1 単位増やした場合の個人 A, B の効用の増加の合計である。したがって，公共財が最適に供給されているときは，公共財を 1 単位増やした場合の便益（式の左辺）と費用（式の右辺）が等しくならなければならないことがサミュエルソン条件の直観的意味である。

実際に地方公共財を供給する場合，非排除性という性質から需要を低めに顕示するフリーライダーの問題が発生する。この問題を回避するためにさまざまな供給方法が考案されているが，ティブー（C. Tiebout）は地方公共財の供給に関して足による投票という地域の選択過程を提示することによって地方公共財が最適に供給されることを示した。つまり，ある地域の提供する地方公共財の供給水準は住民の選好に完全に一致することはなく，その種類や水準に不満を感じる住民も存在し，不満を感じる住民は自分の選好に合致する地域に移動することになる。このような住民の地域間の自由な移動を足による投票と呼ぶ。そして，地域数が多数あるなら，足による投票により地方供給財が最適に供給されることになる。これをティブー仮説と呼んでいる。ティブー仮説は次の 6 つの仮定からなっている。

① 多くの移動可能な住民：住民の地域間移動は完全に自由で，住民は自分の選好に合致する地域に移動する。
② 完全情報：住民は地域の歳入歳出パターンを完全に知っている。
③ 多数の地域：住民が選択できる多くの地域がある。
④ 配当所得：住民は配当所得を得ているので，雇用機会による制約はない。
⑤ スピルオーバーの非存在：ある地域の地方公共財の便益が他地域にスピルオーバー（波及）しない。
⑥ 最適都市規模の存在：ある地方公共財の水準に対し，最適

な都市規模が存在する。

ティブー仮説のもとでは,住民は足による投票により地域間を移動するので,それぞれの地域は絶えず他地域と競争状態にあり,結果として地方公共財が最適に供給されることになる。

社 会 資 本

公共財を拡張した概念として社会資本がある。社会資本には,公共財のほか,公共投資,行政投資,公共事業など多くの類似概念がある(伊多波・齋藤[1999]を参照)。社会資本の定義には,一般的に制度面と機能面の2通りの考え方がある。1つは,社会資本は社会的に必要性があることから,広義の政府による公共投資がストックされたものであるという事業主体に着目した制度面からの定義である。これは,事業主体により社会資本と民間資本を区別しようとするものである。もう1つは,社会資本は生産活動や国民生活に不可欠であるが,生産への貢献が間接的であると同時に,公共財的性格をもつために市場機構を通じては十分な供給が必ずしも保証されないという機能面に着目した定義である。明らかに前者よりも後者のほうが広義の社会資本といえる(経済企画庁総合計画局編[1998]第1章を参照)。

経済企画庁総合計画局編[1998]では,各種の見解が存在する社会資本の定義を受けて,次の3点に要約している。

① 直接生産力のある生産資本に対するものとして,間接的に生産資本の生産性を高める機能を有する社会的間接資本として捉える考え方
② 人間生活に不可欠(必要)な財であるが,共同消費性,非排除性などの財の性格から,市場機構によっては十分な供給が期待しえないような財として捉える考え方
③ 事業の主体に着目し,公共主体によって整備される財とし

図 14.4 公共投資等の範囲

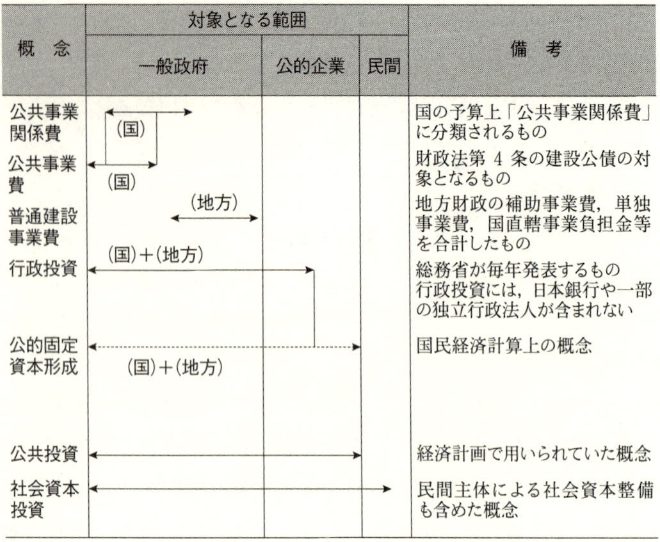

概　念	対象となる範囲			備　考
	一般政府	公的企業	民間	
公共事業関係費	←(国)→			国の予算上「公共事業関係費」に分類されるもの
公共事業費	←(国)→			財政法第4条の建設公債の対象となるもの
普通建設事業費	←(地方)→			地方財政の補助事業費，単独事業費，国直轄事業負担金等を合計したもの
行政投資	←(国)＋(地方)→			総務省が毎年発表するもの 行政投資には，日本銀行や一部の独立行政法人が含まれない
公的固定資本形成	←(国)＋(地方)‥‥‥‥‥‥‥‥→			国民経済計算上の概念
公共投資	←‥‥‥‥‥‥‥‥‥‥‥‥‥‥→			経済計画で用いられていた概念
社会資本投資	←‥‥‥‥‥‥‥‥‥‥‥‥‥‥‥‥→			民間主体による社会資本整備も含めた概念

(注) 1. ←―→ は，用地補償を含み，←‥‥→ は用地補償を含まない。
 2. この図は公共投資に関する諸概念を把握するために作成したもので，細部についてはこの図では説明できない。
 3. 公共事業関係費には，住宅対策費等を含むが，文化施設整備費等は含まない。
 4. 公共事業費には，文化施設整備費等を含むが，住宅対策費等は含まない。

(出所) 経済企画庁総合計画局編『今つくる明日への社会資本』大蔵省印刷局，1991年，81頁の表を修正。

て捉える考え方

①は機能的な側面に着目した生産資本との関係からの捉え方であり，②は財の性質に着目した市場機構との関係からの捉え方であり，③は制度的な側面に着目した分類といえる。

実際に社会資本の範囲を決めるには，②の財の性質に着目した捉え方だけでは不十分である。それは，社会資本には高速道路のように料金を徴収することによって，排除可能な財が存在するからである。したがって，③の事業主体に着目した捉え方が必要となる。私鉄，私立学校，私立病院など民間が事業主体であるが，

社会資本の場合は、①の社会的間接資本の捉え方で補完できるだろう。

このように、実際にどれが社会資本であるかを判断することは容易ではない。図14.4は、社会資本のフローの範囲をまとめたものである[注1]。図14.4から、それぞれのフロー概念の対象範囲について大まかに把握することができる。

(注1) フローとストックという概念は、よく水道の蛇口からでる水にたとえられる。蛇口から一定時間に流れ出た水がフローであり、下のバケツに溜まった水がストックである。社会資本はストックの概念であり、フローの概念は社会資本投資である。つまり、フローとしての社会資本投資がストックとして蓄積したものが社会資本である。

高度成長時代に供給された道路などの社会資本は、これから更新の時期を迎える。地方では、高齢化や社会保障費の増大などにより厳しい財政状況に直面しており、今後どのように社会資本を維持・更新していったらいいのかやっかいな問題が横たわっている。

PPP（公民連携）

このような社会資本を整備する際、通常は資金として税金を用いることになるが、最近は民間の資金や技術を用いる仕組みが活用されている。これはPPP（Public Private Partnership）といわれるもので、公民連携あるいは官民連携と訳されている。つまり、官（行政）と民（民間企業）が連携して社会資本を提供する仕組みである。ただし、たんに社会資本などのハードだけではなく医療サービスなどソフトを提供する際にも使われている。PPPのもとでは、官と民でリスクが適切に配分される点や、将来にわたる財政資金の効率的運用など官だけでは得られない利点が生まれるのである。

民間資金を積極的に活用するため,1986年にはいわゆる「民活法(民間事業者の能力の活用による特定設備の整備の促進に関する臨時措置法)」が,1987年には「民都市法(民間都市開発の推進に関する特別措置法)」が成立した。これを受けて,民間資金を活用する形として第三セクター方式や公設民営方式などが考案され,事業が行われるようになった。第三セクター方式は注目を集めさまざまな事業が実施された。しかし,第三セクター方式をとる事業は必ずしもうまくいっていない。これに変わる仕組みとしてPPPが注目されているのである。

PPPの具体的な仕組みとしては,指定管理者制度,PFI(Private Finance Initiative, プライベート・ファイナンス・イニシアチブ)などがあげられる。指定管理者制度とは,図書館や運動場などの公的施設の管理運営を民間事業会社やNPOなどの法人に委託する制度である。

PFIは,社会資本整備のため民間資金や民間経営ノウハウを積極的に活用する新たな方法として提案されたもので,イギリスで最初導入されたものである。日本では,1999年に「PFI法」(民間資金等の活用による公共施設等の整備等の促進に関する法律)が成立した。同法に基づき2000年3月に「基本方針」がとりまとめられ,ここでは事業や事業者の選定,事業実施,制度上の支援等に関する基本的な事項などが定められている。「PFI法」によれば,PFI事業の対象範囲の一部をあげると,道路,鉄道,港湾,空港,河川,公園,水道,下水道,公共用水等の公共施設,公営住宅および教育文化施設,廃棄物処理施設,医療施設,社会福祉施設などとなっており,きわめて広範囲にわたっている。地方自治体においては文化・教育施設,公営住宅,医療・福祉などで多く用いられている。

PFIでは,資金を調達する方法として,プロジェクト・ファイ

ナンスが採用されている。プロジェクト・ファイナンスとは、プロジェクトから生み出されるキャッシュフローなどを担保にして当該プロジェクトの資金をファイナンスする資金調達方法である。いわゆる企業金融とはさまざまな点で異なるが、とくに将来発生するリスクを誰が負担するのかを事業の関係者が事前に契約するという点が特徴的である。これによって第三セクターなどの破綻の原因といわれている「官民のもたれあい」を排除できる。

4 政策評価

地方自治体の実施状況

国だけでなく地方公共団体の間でも、政策評価を取り入れる試みが行われている。通常、政策とは政府の活動方針を意味している。そして、政策評価とは、政策に関する情報を集め、それを分析・評価する2つのプロセスを指していう（山谷 [2011] を参照）。日本では地方自治体としてははじめて三重県が本格的に実施した。

地方自治体では厳しい財政状況が続くなか、政策を適切に評価し健全な財政運営を行うとともに、住民のニーズに合った政策を行ううえで政策評価は欠くことのできない活動となっている。

2013年10月現在、政策評価は都道府県ではすべての団体、政令指定都市、中核市および特例市ではほぼすべての団体、その他の市区でも8割以上の団体で導入されているが、町村では導入は3分の1にとどまっている[注2]。政策評価を導入した目的としては、行政運営の効率化、行政活動の成果向上、PDCAサイクルの確立、職員の意識改革などがあげられている。町村では導入が進んでいないが、今後も導入を予定していない団体も多い。その理由として、自治体規模が小さく体制が取れないこと、評価手法・基準が未確立であることなどがあげられている。評価する際

の人材の確保ならびに評価手法の確立が望まれる。

(注2) 本節は総務省［2014］をもとにしている。

政策体系は政策－施策－事務事業の3段階からなるが，行政評価の対象となるものは事務事業が一番多く，次に施策，政策と続く。政策評価は公務員による評価，すなわち内部評価によるが，外部有識者による外部評価を導入している団体も多く，政策評価を導入している団体のうち4割で実施している。このようにして公平な評価に努めている。ただ，初期の目的を達成したとして，外部有識者による評価を廃止している団体もみられる。他方で，議会の関与や住民から意見を取り入れる仕組みを設けている団体も多い。

評価結果の透明性を高めるためには外部に公表する必要があるが，政策評価を導入している団体のうち，都道府県，中核市以上では9割以上の団体，その他の市区でも約8割の団体が政策評価の結果を公表している。ただ，事務事業の目的や妥当性あるいは効率性など具体的な評価内容について公開を実施している団体は1割未満である。

また，評価結果の予算等への反映等についてみてみると，行政評価を導入している団体のうち約7割の評価結果を予算要求等に，またその9割以上は予算査定で評価結果を反映しているのが現状であり，政策評価結果が有効に使われている。

費用便益分析

先に述べたように，町村で導入が遅れている1つの原因として評価手法の問題があった。ここでは，政策評価手法において重要な位置を占める**費用便益分析**について簡単に述べる（伊多波編著［2009］を参照）。

費用便益分析は，道路などの公共投資などを行う場合，その費

用と便益を算定した後,費用便益指標を求めることによって,公共投資あるいはプロジェクトなどを実施することが望ましいかどうかを経済厚生の観点から評価する手法である。経済厚生の観点から評価するため,かりにあるプロジェクトが費用便益分析で望ましいと評価されても,財務分析を行ったら赤字になるということも十分考えられる。たとえば,道路は先に述べたように料金を徴収することはできない地方公共財である。このように,道路投資財務分析を行った場合,必ず赤字になってしまう。しかし,経済全体でみた場合,道路投資のために調達された税金よりも道路の便益が大きいことが考えられる。この場合,財務分析上,赤字だからといって道路投資を断念することにはならない。したがって,費用便益分析と財務分析は区別して考える必要がある。中央政府あるいは地方政府が事業を行う場合,それらの事業の多くは市場で取引されないものが多く,評価するのが困難である。このようなとき,事業計画の実施を判断する際の情報を与えてくれる

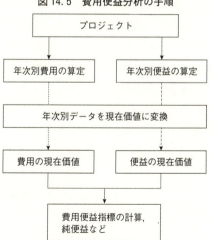

図14.5 費用便益分析の手順

のが費用便益分析である。公共投資あるいはプロジェクトなどに適用されると先に述べたが,ハード事業だけでなく地方自治体の行うソフト事業,たとえば医療費助成政策などにも適用可能である。

費用便益分析は図 14.5 に示されているような手順で進められる。プロジェクトの年次別費用と便益が最初に算定される。次にこれらの年次別データを現在価値に変換しなければならない。その後,これらのデータを用いて費用便益指標を求める。純便益法 (Net Present Method) によると,公共投資の便益の現在価値からその費用の現在価値を控除したものが純便益と定義され,純便益が正なら公共投資が採択されることになる。

5 地方分権の道

地方分権は中央から地方に権限を移譲し,地方の独自性に任せようとするものである。このことによって,地方は地域住民の選好に合致した地方公共財を提供することができる。地域間で選好は異なるが,地域内では選好が等しいとき,中央集権的に一律に地方公共財を供給するよりも,地域住民の選好に合うようにそれぞれの地域が地方公共財を提供したほうが社会全体の厚生は高くなる。これは分権化定理と呼ばれている。したがって,分権化定理により地方分権の推進は望ましい。1990 年代に入り地方分権推進の動きが高まりをみせた。地方分権改革の動きは,第 1 次分権改革,三位一体改革および第 2 次分権改革に分けることができる。さらに,地方の行財政能力の向上をめざす市町村合併も地方分権を支える動きでもある。以下では,これらを順にみていく。

地方分権改革の動き

(1) 第1次分権改革

1995年に地方分権推進法が制定された後，これを受けて地方分権推進委員会が設けられ，5次にわたる勧告が提出された。そして，これらの勧告を受けて政府は2000年4月に475本からなる関係法律の改正箇所を一本化した地方分権一括法案を施行した。これら一連の動きは第1次分権改革と呼ばれるものである。

地方分権一括法案によって地方財政制度に大きな変化がみられたが，主要な点を述べると次のようになる。

第1に，具体的な制度改革が行われるための前提として，国と地方公共団体の役割分担に関して，基本的な考え方が明確にされている。地方自治法において新たに第1条の2の規定が設けられ，国と地方の役割分担が明確にされている。

第2に，このような役割分担を背景に，国が自治体を国の下請け機関として位置づけて行わせていた機関委任事務が廃止された。この結果，地方公共団体の事務は自治事務と法定受託事務の2つからなるようになった。「法定受託事務」は地方自治法で規定されており，「自治事務」は地方公共団体が処理する事務のうち，「法定受託事務」以外の事務となっている。

第3に，地方税改正において，法定外普通税の許可制が協議制に改められた[注3]。協議制のもとでは，国税または他の地方税と課税標準を同じくし，かつ，住民の負担が著しく過重にならないなどいくつかの要件について国との同意を必要とする協議を行うことになる。また，改正後は法定外目的税の新設も可能になった。現在，産業廃棄物など各地で新たな法定外目的税の創設が試みられている。山梨県の富士河口湖町遊漁税，東京都と大阪府の「ホテル税」などいくつかの法定外目的税が実施されている。

(注3) 法定普通税は，地方税法で地方団体が課税しなければならない税

目であるのに対し,法定外普通税は,地方団体がとくに必要がある場合に課税する税目である。後者には,核燃料税などがある。

第4に,地方債の発行については,許可制から協議制に大幅な変更がみられた。地方債の許可制度に対しては地方公共団体の財政運営の自主性を損なうものだという批判があり,地方公共団体の自立性をより高める観点から,地方債の円滑な発行の確保,地方財源の保障などをはかるため,協議制に移行した。

(2) 三位一体改革

地方分権一括法案の施行により地方の自主性がかなり発揮されるようになった。これを踏まえて,受益と負担を明確にしてより効率的な財政運営を果たすため,そして,厳しい財政状況のもとで持続可能な財政運営を果たすため行われたのが三位一体改革である。三位一体改革は2002年6月の閣議で国庫補助負担金,交付税,税源移譲を含む税源配分のあり方を三位一体で検討することと決定された後,2005年度までに具体的な内容が決定された。この結果,2007年から約3兆円を国の所得税から個人住民税に税源移譲することになったが,税源移譲は十分ではない。このような状況では,地方の自主性が十分発揮されるとは思われず,さらなる地方財源の充実が望まれる。

(3) 第2次分権改革

一連の地方分権改革の総仕上げが第2次分権改革である。これは2007年4月の地方分権改革推進委員会の設置から始まる。ここでは,次のように4次にわたる勧告が提示された。

- 第1次勧告(2008年5月):国と地方の役割分担見直し
- 第2次勧告(2008年12月):国の出先機関を地方振興局と地方工務局に統廃合するなどし,約3万5000人を削減
- 第3次勧告(2009年10月):地方自治関係法制の見直し(たとえば,教育委員会の必置規制の見直しなど)や国が法令で地方

自治体の事務の内容を縛る「義務づけ・枠づけ」の見直し
- 第4次勧告（2009年11月）：地方税財源の充実確保など税財政改革が中心

 その後，民主党政権下で2010年6月には地方分権をよりいっそう改革するため地域主権戦略大綱が閣議決定されている。地域のことは地域に住む住民が決めるということで，地方分権から地域主権へと用語を変え，地方分権のよりいっそうの推進の意気込みが示されている。2011年4月には，地域主権を実現するため地域主権改革関連3法が成立し，地方分権推進の加速が期待された。これにより市町村への権限委譲などある程度地方分権が進んだものの，十分とはいえない。

 これまで地方分権改革推進委員会から出された勧告に従い改革を推進してきたが，このような方法に代わる新たな手法として，2014年度からは地方公共団体の事務・権限の委譲，地方に対する規制緩和（義務づけ・枠づけの見直しおよび必置規制の見直し）に関して個々の地方公共団体に提案を募集する提案募集方式を導入しており，新たな地方分権改革の段階に突入している。

市町村合併

 地方分権をよりいっそう推進するためには，市町村の行財政能力の向上が必要である。これに対応するために推進されたのが市町村の合併，いわゆる平成の大合併である。加えて，市町村が直面する財政危機を回避するために実施されていることも指摘しなければならない。いままでに行われた市町村合併には明治の合併と昭和の合併がある。図14.6に示されているように合併のたびごとに市町村数は減少し，2016年10月現在で1718となっている。

 1995年に市町村合併特例法が改正・延長された時期には合併

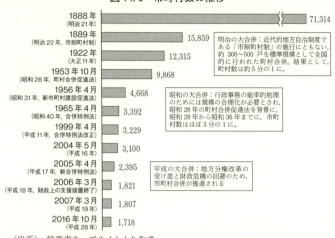

図 14.6 市町村数の推移

（出所） 総務省ウェブサイトより作成。

は自主的に行われ，合併数も 1999 年には兵庫県篠山市の 1 件，2001 年には新潟県新潟市など 5 件と少なかった。しかし，2003 年からは合併数が多くなってくる。この背景には，1999 年 7 月に改正された市町村合併特例法で決められた合併特例債（合併後のまちづくりなどの経費のために合併特例債を認め，一定額を交付税で措置する）と，地方交付税算定替え（合併後 10 年間は合併前の普通交付税額を全額保障，その後 5 年間は激変緩和措置を取る）の合併促進策などからなる旧合併特例法によるところが大きい。さらに，2000 年 12 月に市町村合併後の自治体数を 1000 とし，自主的な市町村合併を積極的に推進し，行財政基盤を強化することを閣議決定した「行政改革大綱」の影響が大きいものと思われる。旧合併特例法は 2006 年 3 月に期限が切れることになっていたが，その後も合併法は改正され，合併自治体に対して地方交付税の合併算定替え（適用期間は縮小）が継続して行われている。直近では，2010 年に合併特例法が改正され，2020 年 3 月まで合併算定替え

が継続されることになっている。このように,当初は自主的な合併を促進していたが,時間とともにいわば国策として合併を進める姿がみられる点が平成の合併の特徴といえる。

合併のメリットとしては,規模の経済による行財政の効率化,住民の利便性の向上,広域的観点からの地域計画の策定実施などが,またデメリットしては,広域化による住民の意見の反映の困難さ,広域化による移動コストの増加,地域の文化・伝統の継承の困難さ等があげられる。平成の大合併に関する実証分析がいくつか行われている(中澤・宮下[2016]を参照)。歳出削減効果に関する実証分析をみてみると,市町村合併には1人当たりの歳出が減少する傾向にあり,規模の経済がみられることがわかる。平成の大合併に際しては地方交付税の合併算定替えや特例債の発行など財政支援が行われており,これらの効果を取り除いた分析が行われていないため,合併単独の歳出に及ぼす影響が抽出されているわけではない。ただ,以上のような財政支援が行われなかった昭和50年代の市町村合併に関する実証分析では規模の経済による歳出削減効果がみられるので(塩津・原田・伊多波[2001]を参照),財政支援を取り除いても平成の大合併には歳出削減効果がみられると思われる。平成の大合併の裏には中央政府の厳しい財政状態の改善が期待されていたが,地方交付税の削減は十分ではなく国の財政状況の改善に貢献するほどではなかった。

合併の評価をする際には,歳入面あるいは歳出面のどちらかを対象にするのではなく,財政全体の効率性を分析する必要がある(伊多波[2012]を参照)。1人当たり歳出規模の逆数を効率性と定義し分析すると,合併は効率性を低下させたり,合併する自治体数が多いほど効率性がより低下したりする傾向があることなどが明らかにされている。とくに,最後の点は,市町村数が多いと合併に際して自治体がただ乗りしようとする傾向,つまりフリーラ

イダーの傾向があることがわかる。

最近の状況：進む自治体連携

平成の大合併は地方自治体の行財政能力の向上が期待された。しかし，日本の人口が減少し続けるなか，人びとは地方から東京に移動していることもあり，地方の人口減少に歯止めがかからず，存続の危機に直面する地域もある。

このようななかで，地方分権の動きはやや停滞し，むしろ人口が減少する地域を活性化させようとする動きがみられる。この対策としては地域創生という取り組みが国によって推進されている。これは，東京一極集中を是正したり，日本経済の活力を引き上げようとしたりすることを目的とする政策パッケージである。

また，平成の大合併後，地域からの人口流出に歯止めをかけようとする動きが展開されている。いわゆる，定住自立圏構想といわれるものである。さらには，ある程度人口規模が大きい市を中心に周辺の地域が連携して，圏域全体の経済を活性化しようとする連携中枢都市圏構想もある。

このように，地方分権の動きはやや停滞し，代わりに自治体間の連携を強化して，縮小する地域経済に備える動きがみられている。

第15章 地域政策

1 地域政策の目的と地域開発戦略

地域政策の課題

　地域は，その特性と他地域との相互関係のもとで，それぞれ異なった経済的環境と課題をもっている。したがって，経済政策の実施にあたっても，各地域の直面する課題と社会・経済環境に応じた目標と手段の選択が必要になる。すなわち，地域政策が求められるのである。

　地域政策の目的は，地域住民の厚生の最大化にある。そのためには，生活に必要な最低限のサービス（ナショナル・ミニマム）の供給を保障するとともに，良好な生活環境を維持しつつ，生活の質の向上をはかるために経済的な成長を実現する必要がある。最低限のサービスの供給は分配の公平に関する問題であり，成長の実現は効率的な資源配分に関する問題である。ただし，政策目標としての公平と効率は，しばしばトレードオフの関係になることに注意しなければならない。

　政府が政策によって市場へ介入する必要が生じるのは，市場が効率的な資源配分を実現できない，あるいは市場では解決できない問題が存在するからである。このような市場メカニズムがもつ問題は市場の失敗と呼ばれる。市場が失敗するのは，規模の経済，

外部性，公共財，情報の非対称性や不確実性が存在する場合で，政府は市場の資源配分機能に直接あるいは間接に働きかけることが求められる。それに対して，市場では解決できない最も重要な問題は分配の公平であり，政府による再分配政策が必要になる。とくに，地域政策においては，地域間の所得格差に基づく経済的格差の是正が最大の課題とされてきた。

政府の市場への介入に関しては，市場メカニズムを重視する立場と政府の直接的な関与を重視する立場がある。前者の立場にたつと，格差の原因は，何らかの障害によって市場が有効に機能していないために，資本や労働力などの資源が地域間に最適に配分されていないことにある。政府の役割は自由な市場の働きを妨げる障害を除去することであり，政府の市場への介入を減らすこと，生産物や生産要素の地域間の自由な移動を促進することが主要な政策課題になる。

それに対して，後者の立場からは，地域間格差は地域経済の構造的な問題であるため，自由な市場のメカニズムでは基本的に解決困難であり，政府の積極的な直接介入が必要とされる。資源の地域間配分に関する規制と補助を用いた誘導，公共投資による基盤整備等の政策が中心になる。

第2次世界大戦後の日本の地域政策をみると，地域間の均衡ある発展を目標に中央政府が積極的に市場に介入する，規制と補助による立地の誘導と公共投資による基盤整備が中心であった。しかし，1990年代の後半からは，構造改革と地方分権の推進のなかで，地域政策においても規制緩和と地域の主体的な取り組みが重視されるようになり，それまでの中央政府の積極的な介入から市場重視へと方針の転換がはかられてきたといえる。

地域開発戦略

　地域政策において，政府の積極的な直接介入を必要とする立場からみた地域経済の構造的な問題の1つは，後進地域においては市場規模が小さいため発展に必要な投資が行えず，そのことがまた市場の拡大を妨げるという，投資と市場規模との間の相互関係である。両者の相互関係を踏まえて，後進国や後進地域の経済をいかに成長軌道に乗せるかが，1950年代を中心に盛んに議論された開発経済学の主要なテーマであった。

　ヌルクセ（Nurkse [1953]）は，市場の狭隘さと投資機会の少なさの因果関係ゆえに低い所得水準にとどまる状態を「貧困の悪循環」と呼び，多くの産業部門への同時投資によって悪循環を打破することを主張した。このような多部門への同時投資戦略は均整成長（balanced growth）の理論といわれる。ここでの相互関係のメカニズムは，同時投資により各産業が相互に市場になることができ，需要の増加が規模の経済を発揮させて生産性の上昇をもたらし，それが外部経済となって市場を介して波及し，新たな需要をもたらすというものである。

　それに対して，ハーシュマン（Hirschman [1958]）は，初期の投資に必要な資源には制約があるとして均整成長理論を批判し，**不均整成長**（unbalanced growth）の理論を主張した。これは，戦略的な産業への投資を集中的に行えば，中間投入物の供給者への**後方連関効果**と生産物の需要者への**前方連関効果**という産業間の2つの連関効果により，関連産業への外部経済の波及と投資の誘発が起こり成長につながるという考え方である。

　ハーシュマンは不均整成長の空間的な側面にも言及し，地域の成長においては，経済活動を集中させて集積の経済を発揮する1つまたは数個の成長拠点を開発することが必要であると主張した。そして，成長過程では地域間格差は不可避であるが，いずれは成

長拠点が周辺地域の失業者を吸収し,周辺地域に対する原材料需要の増加をもたらすという**浸透効果**(trickling-down effect)が発揮され,周辺地域の成長が誘発されることになる。

同様の主張は,「成長の極」(growth pole)の理論で知られるペルー(Perroux [1955])にもみられる。ペルーは,平均を上回る成長を実現している部門が推進力となり,外部経済の波及を通して他部門の成長が誘発されるメカニズムを提示した。空間的な成長の極は,成長の推進力となる中核的な産業を中心にした産業複合体の集積拠点であり,近接性が生み出す外部経済効果が拠点内の経済活動を強化するとともに,その影響が周辺地域に波及して地域構造を変革する効果をもつと期待された。

逆流効果

成長の極(拠点)の形成という地域開発戦略においては,拠点の成長が周辺地域の成長を誘発することが期待されているが,最初からこのような望ましい波及過程が顕在化するわけではない。拠点の成長には,そこにおける生産要素への需要の増大,規模の経済の効果による生産物の競争力強化により,生産要素の成長拠点への移動,成長拠点の生産物の移出増加が起こり,周辺地域との格差が拡大するというマイナスの効果,すなわち,**逆流効果**(backwash effect)がともなう。経済発展には循環的・累積的な因果関係が働くため,先進地域と後進地域との間の格差は拡大する傾向にあると主張したミュルダール(Myrdal [1957])は,浸透効果と同様の効果を**波及効果**(spread effect)と呼び,波及効果が逆流効果を上回れば周辺地域が成長拠点の累積的な成長過程に組み込まれて格差は縮小するが,逆流効果が大きいなら累積的な格差拡大の過程が生じるとした。したがって,逆流効果が波及効果(浸透効果)を上回る状況が続くなら周辺地域の成長は望めないた

め,政府による格差是正のための政策介入が必要になる。

ただし,成長拠点への累積的集中を止める要因も存在する。すなわち,成長拠点における集積の不経済である。過度の集中による地価や賃金の上昇,混雑や環境汚染の悪化による費用増大が拠点からの分散を促す遠心力になる。その他の要因として,ミュルダールは資本ストックの陳腐化による埋没費用の増大が資本の更新を遅らせる効果や,独占的な地位を獲得しリスク回避を望む企業の存在をあげる。このような成長拠点における経済構造の硬直化や企業の保守的な行動が技術革新や変革への対応を遅らせ,新しい企業の他地域での立地を促すことにつながる。

2　日本の地域政策

戦後の国土計画

日本の地域政策は,対象となる地域の範囲や活動にかかわらず,国,すなわち,中央政府が国土計画という視点から国土の空間構造のあり方について問題点や方向性を示し,必要な手段を準備して該当する地域に対して適用するという方式が中心になってきた。国土計画の策定に関連した主要な法律と計画は,表15.1のようにまとめられる。

第2次世界大戦後の日本の国土計画は,1950年に「国土総合開発法」が制定されて制度面の基本的な枠組みが整えられた。ただし,具体的な計画としては,戦後復興という喫緊の課題に対処するために特定地域の開発に重点が置かれ,資源開発を主たる目的とした特定地域総合開発計画から出発した。

経済復興が軌道に乗りはじめて経済活動の規模の拡大と広域化が進むと,国土計画にも広域的な視点が求められ,地域ブロック単位の整備・開発計画を策定する動きが現れた。1つは,3大都

第15章 地域政策

表 15.1 地域開発・国土計画関係の主要な法律・計画

制定年	全国・地域ブロック計画関係	特定地域・産業振興等
1950	国土総合開発法（2005年に「国土形成計画法」に変更） 北海道開発法	
1953		離島振興法
1956	首都圏整備法	
1957	東北開発促進法（2005年に廃止）	
1959	九州地方開発促進法（2005年に廃止）	工場等制限法（首都圏）（2002年に廃止）
1960	北陸地方開発促進法（2005年に廃止） 中国地方開発促進法（2005年に廃止） 四国地方開発促進法（2005年に廃止）	
1961		低開発地域工業開発促進法
1962	全国総合開発計画（全総）	新産業都市建設促進法（2001年に廃止） 豪雪地帯対策特別措置法
1963	近畿圏整備法	
1964		工業整備特別地域整備促進法（2001年に廃止） 工場等制限法（近畿圏）（2002年に廃止）
1965		山村振興法
1966	中部圏開発整備法	
1969	新全国総合開発計画（新全総）	
1970		過疎地域対策緊急措置法（1980年に失効）
1971	沖縄振興開発特別措置法（2002年に失効）	農村地域工業等導入促進法
1972		工業再配置促進法（2006年に廃止）
1974	国土利用計画法	
1976	国土利用計画（全国計画）	
1977	第三次全国総合開発計画（三全総）	
1980		過疎地域振興特別措置法（1990年に失効）
1983		テクノポリス法（高度技術工業集積地域開発促進法）（1998年に「新事業創出促進法」に引き継がれて廃止）
1985	第二次国土利用計画（全国計画）	半島振興法
1987	第四次全国総合開発計画（四全総）	リゾート法（総合保養地域整備法）
1988	多極分散型国土形成促進法	頭脳立地法（地域産業の高度化に寄与する特定事業の集積の促進に関する法律）（1998年に「新事業創出促進法」に引き継がれて廃止）
1990		過疎地域活性化特別措置法（2000年に失効）
1992		地方拠点法（地方拠点都市地域の整備及び産業業務施設の再配置の促進に関する法律）
1996	第三次国土利用計画（全国計画）	

年		
1997		地域産業集積活性化法（特定産業集積の活性化に関する臨時措置法）（2007年に「企業立地促進法」に引き継がれて廃止）
1998	21世紀の国土のグランドデザイン	新事業創出促進法（2005年に「中小企業の新たな事業活動の促進に関する法律」に引き継がれて廃止）
1999		産業活力再生特別措置法（2009年に「産活法」に変更）
2000		過疎地域自立促進特別措置法
2002	沖縄振興特別措置法	構造改革特別区域法
2003	社会資本整備重点計画法	
2005	地域再生法 国土形成計画法	中小企業の新たな事業活動の促進に関する法律（2016年に「中小企業等経営強化法」に変更）
2007	広域的地域活性化法（広域的地域活性化のための基盤整備に関する法律）	企業立地促進法（企業立地の促進等による地域における産業集積の形成及び活性化に関する法律）（2017年に「地域未来投資促進法」に改正・変更） 中小企業地域資源活用促進法（中小企業による地域産業資源を活用した事業活動の促進に関する法律）
2008	国土形成計画（全国計画） 第四次国土利用計画（全国計画）	農商工等連携促進法（中小企業者と農林漁業者との連携による事業活動の促進に関する法律）
2009	国土形成計画（広域地方計画）	産活法（産業活力の再生及び産業活動の革新に関する特別措置法）（2013年に「産業競争力強化法」に引き継がれて廃止）
2010		六次産業化・地産地消法（地域資源を活用した農林漁業者等による新事業の創出等及び地域の農林水産物の利用促進に関する法律）
2011		総合特別区域法
2013		国家戦略特別区域法 産業競争力強化法
2014	国土のグランドデザイン2050 地方創生関連2法（まち・ひと・しごと創生法，地域再生法の一部を改正する法律）	
2015	国土形成計画（全国計画） 第五次国土利用計画（全国計画）	
2016	国土形成計画（広域地方計画）	中小企業等経営強化法
2017		地域未来投資促進法（地域経済牽引事業の促進による地域の成長発展の基盤強化に関する法律）

（出所）　日本政策投資銀行地域企画部編 [2017] の「1. 戦後地域開発関係諸計画・諸法律の経緯」（187～192頁）を参考に作成。

市圏への人口や経済活動の集中に対応するための大都市圏整備である。1956年に，首都圏の整備を目的とした「首都圏整備法」が制定され，それに基づく首都圏整備計画の策定が始まった。その後，同様の法律制定と計画策定が1963年に近畿圏を，66年には中部圏を対象に行われ，3大都市圏の整備体制が整えられた。

もう1つは3大都市圏以外の地域，すなわち，地方圏の開発促進である。1950年に「北海道開発法」が制定され，他の地方圏に対しても，57年に東北，59年には九州，そして60年には北陸，中国，四国を対象に地方開発促進法が議員立法によって制定され，それらに基づく開発促進計画が策定されることになった。沖縄県に関しては，日本への復帰前年の1971年末に「沖縄振興開発特別措置法」（2002年からは「沖縄振興特別措置法」）が制定された。

全国総合開発計画

以上のような地域ブロック単位の開発・整備の体制が整えられる一方で，政府は1960年に所得倍増計画を発表し，高度成長への移行を確実かつより急速なものにするために，京浜，中京，阪神，北九州の4大工業地帯への立地政策に重点を置く，いわゆる「太平洋ベルト地帯構想」を打ち出した。しかし，これはすでに顕在化しつつあった3大都市圏と地方圏との間の経済格差をさらに拡大させるとして地方圏からの強い反発を受け，政府は国土の全域にわたる計画を策定する必要に迫られた。こうして，1962年に国土総合開発法に基づく最初の総合開発計画である「全国総合開発計画」（全総）が策定されたのである。そして，表15.2にあるように，1998年までの間に4度の改訂が行われた。

全総は，大都市の過大化の防止と地域格差の是正を通して「地域間の均衡ある発展」をはかることを基本目標とし，地方の開発手段として拠点開発方式を採用した。これは，鉄鋼や石油化学等

表 15.2 全国総合開発計画の比較

	全国総合開発計画（全総）	新全国総合開発計画（新全総）	第三次全国総合開発計画（三全総）	第四次全国総合開発計画（四全総）	21世紀の国土のグランドデザイン
閣議決定	昭和37（1962）年10月	昭和44（1969）年5月	昭和52（1977）年11月	昭和62（1987）年6月	平成10（1998）年3月
背景	1 高度成長経済への移行 2 過大都市問題，所得格差の拡大 3 所得倍増計画	1 高度成長経済 2 人口，産業の大都市集中 3 情報化，国際化，技術革新の進展	1 オイルショック 2 安定成長経済 3 人口，産業の地方分散の兆し	1 東京一極集中 2 地方圏での雇用問題の深刻化 3 本格的国際化	1 地球時代 2 人口減少・高齢化時代 3 高度情報化時代
基本目標	地域間の均衡ある発展	豊かな環境の創造	人間居住の総合的環境の整備	多極分散型国土の構築	多軸型国土構造形成の基礎づくり
基本的課題	1 都市の過大化防止と地域格差を是正 2 自然資源の有効利用 3 諸資源の適切な地域配分	1 人間と自然との調和 2 開発可能性の全国土への拡大均衡化 3 国土利用の再編，効率化 4 安全，快適，文化的環境条件の整備保全	1 居住環境の総合的整備 2 国土の保全と利用 3 経済社会の新しい変化への対応	1 定住と交流による地域の活性化 2 国際化と世界都市機能の再編成 3 安全で質の高い国土環境の整備	1 自立の促進と誇れる地域の創造 2 国土の安全と暮らしの安心の確保 3 恵み豊かな自然の享受と継承 4 活力ある経済社会の構築 5 世界に開かれた国土の形成
開発方式等	拠点開発方式	大規模プロジェクト構想	定住構想	交流ネットワーク構想	交流と連携

（出所）国土審議会基本政策部会中間報告参考資料（2001年11月）（http://www.mlit.go.jp/kokudokeikaku/kihon-chukanhoukoku/images/sankou_sankou.pdf）と松原［2014］第15章の表15-1（216頁）に基づき作成。

を中核とする工業拠点を地方圏で整備し，その開発効果を周辺地域へ波及させて地域経済の発展をはかろうとするものであった。そして，工業の開発拠点を形成するために1962年に「新産業都市建設促進法」が，64年には「工業整備特別地域整備促進法」が制定され，全国で15の新産業都市と6つの工業整備特別地域が指定され，開発が進められた。

しかし，1960年代の日本経済は，全総が想定した以上の成長を続け，大都市圏内部における過密問題と地方圏における過疎問題がより深刻化するとともに，公害問題等が新たに顕在化することになった。公害問題に対しては，1967年に「公害対策基本法」が制定され，71年には環境庁（現在は環境省）が設置されて，日本の環境政策の体制が整えられた。国土政策においても地方の開発の加速化と環境との調和が求められ，全総を見直して「新全国総合開発計画」（新全総）が1969年に策定された。

新全総は開発の加速化という要請に対して大規模プロジェクト構想を採用して規模の経済を最大限に発揮させる効率的な開発をめざすとともに，地域開発の単位となる圏域として広域生活圏を提言した。大規模プロジェクトとしては，高速道路や新幹線による全国的な高速交通ネットワークの形成と大規模産業開発プロジェクトが取り上げられた。高速交通ネットワークで既存の大都市と地方圏の大規模開発拠点を有機的に連結し，開発可能性を全国土に拡大して国土利用の再編をはかろうとしたのである。

新全総の策定後，地域産業政策においても工業の地方分散を促進する制度の充実をはかるために，1971年に「農村地域工業等導入促進法」，72年には「工業再配置促進法」が制定された。これらにより，工場立地を大都市から地方へ誘導する種々の施策が講じられるようになった。また，過疎対策に関しては「過疎地域対策緊急措置法」が1970年に10年間の時限立法として制定され，

その後も 10 年ごとに後継となる過疎対策法が制定されてきた。

新全総は、その後の日本における高速交通体系の整備に大きな影響を与えるとともに、環境への視点や広域生活圏という都市圏の概念を取り入れた計画であった。しかし、計画の具体化の過程では大規模開発に注目が集まり、結果として開発のデメリットが顕在化した。第 11 章で指摘されたように、1970 年代前半に大規模開発や乱開発にともなう地価高騰、土地利用の混乱等の土地問題が深刻化することになったのである。そのため、土地問題への対策に重点を置いた新たな政策が求められ、1974 年に「国土利用計画法」が制定された。

さらに、1973 年に石油危機が起こり、日本経済はエネルギー等の資源の制約という問題に直面し、これまでの高度成長から一転して低成長・安定成長へと移行した。また、1970 年代前半には地方圏から 3 大都市圏への人口移動の沈静化と所得格差の縮小が進み、「地方の時代」と呼ばれる状況がみられるようになった。以上のような社会・経済条件の変化により、新全総が構想した大規模プロジェクトは見直しを迫られ、国民の安定した生活基盤の整備に重点を置いた「第三次全国総合開発計画」（三全総）が 1977 年に策定された。

三全総は、人間と自然との調和のとれた健康で文化的な人間居住の総合的環境の整備を基本目標とし、開発手法として**定住構想**を掲げた。そして、構想の具体化のためにモデル定住圏の設定が行われた。日常生活圏の単位で生活環境の整備と雇用の創出をはかり、地方における人口定住の促進をめざしたのである。

1980 年代になると、世界経済に占める日本経済の役割の増大を背景に、東京が国際金融センターとして世界都市化を進めたことにともない、東京圏への高次機能の一極集中と人口の再集中という現象がみられるようになった。さらに、情報化やサービス経

済化の進展により産業構造の変化が起こり，工場誘致に重点を置いた地域産業政策のみでは地方における雇用確保が困難になってきた。こうして，先端的な情報技術や研究開発に重点を置いた多様な地域産業の振興策の展開や，工業以外の新たな産業の振興が求められることになり，1983 年に「テクノポリス法」，87 年には「リゾート法」，そして，88 年には「頭脳立地法」が制定された。同時に，三全総の見直しが行われ，東京一極集中という国土構造の変化と国際化の進展を踏まえた新しい全国総合開発計画である「第四次全国総合開発計画」（四全総）が 1987 年に策定された。

　四全総は，特色ある機能をもつ多くの極（都市）が地域間，国際間で相互に補完，触発しあいながら交流する多極分散型国土の形成を基本目標として，交流ネットワーク構想を打ち出した。各地域が主体となり，自身の特性を活かして創意と工夫により個性的な地域づくりを行うことが求められたのである。

　四全総の構想の具体化をはかるために，1988 年には「多極分散型国土形成促進法」が制定され，都道府県における振興拠点となる振興拠点地域の設定と開発構想の策定が行われることになった。地域産業政策のうえでも，1992 年に「地方拠点法」が制定され，大都市圏からの分散をはかる産業業務機能の受け皿となる都市圏（拠点都市地域）を地域が主体的に整備する体制が整えられた。

　しかし，1990 年代になると，日本経済はバブル崩壊にともなう経済的不振と不良債権等の問題に苦しめられることになった。これらの課題に対処するために，日本の社会・経済構造を全面的に見直す動きが本格化した。さらに，1995 年 1 月に阪神・淡路大震災が起こり，都市施設の脆弱性が明らかになり，生活の安全に対する国民の不安が高まった。また，グローバル化の進展により個々の地域が国境を越えた地域間競争に直面することになる一

方で，日本の人口が21世紀初頭にピークを迎え，その後は減少に転じて人口減少・高齢化時代に入ることが確実になった。これらの変化は日本社会が大きな転換点を迎えたことを意味し，国土政策においても21世紀に向けた新しい国土構造の構築が模索され，1998年に新しい全国総合開発計画として「21世紀の国土のグランドデザイン」が策定された。

日本の国土構造は，種々の分散化政策にもかかわらず，東京を頂点に，太平洋ベルト地帯を中心軸とする一極一軸型の階層的な構造を維持してきた。「21世紀の国土のグランドデザイン」は，このような構造を多軸型の国土構造へ転換することをめざして「北東国土軸」「日本海国土軸」「太平洋新国土軸」「西日本国土軸」の4つの国土軸を提示した。これらの国土軸の形成を通して，東京への集中と依存に基づく階層的ネットワークを自立と相互補完に基づく連携と交流の水平的ネットワークへ転換することが意図されたのである。

国土計画の見直しと国土形成計画の策定

「21世紀の国土のグランドデザイン」は，国土計画制度の見直しと新たな体制づくりにも言及し，国土計画の理念の明確化と地方分権・行政改革への対応，国土総合開発法と国土利用計画法の抜本的見直しと新たな要請にこたえることのできる国土計画体系の確立をめざすとした。これらを踏まえて，国土総合開発法の全面的な改正が行われることになり，2005年7月に「国土形成計画法」が成立した。改正にあたっては，人口減少時代の到来を前に，量的拡大に重点をおいた開発のための計画から質的な充実に重点をおいた計画への脱皮をはかることが意図されたといわれる（大西［2015］を参照）。

「国土形成計画法」のもとでは，全国総合開発計画に替えて，

全国計画と広域地方計画からなる国土形成計画が策定される。全国計画は国土づくりの方向性を示すもので，国土の形成にかかわる施策の指針としての役割を担う。そして，国土利用計画の全国計画と一体のものとして作成すること，策定から一定期間を経過した段階で政策評価法に基づく政策評価を実施すること，都道府県・政令指定市に提案権を与えることが定められている。

　広域地方計画は，総合的な整備を一体として推進する必要がある区域を広域地方計画区域として指定し，自立的な経済圏としての広域ブロック形成に向けての整備方針，目標，主要施策を区域ごとに定めるものである。2006年には，広域地方計画区域の区分とそれぞれの区域の範囲を指定する政令が制定され，北海道と沖縄県を除く全国が，第1章の表1.1に示されている8つの広域地方計画区域に区分されることになった。これにより，東北，北陸，中国，四国，九州の地方開発促進法はすべて廃止された。なお，北海道については北海道開発法に基づく「北海道総合開発計画」が，沖縄県については沖縄振興特別措置法に基づく「沖縄振興計画」が，当該地域の広域地方計画に相当する。

　最初の「国土形成計画（全国計画）」が2008年に，そして，広域地方計画は2009年に策定された。全国計画は，表15.3に示されているように，予想を上回る早さでの人口減少社会の到来，東アジアの経済発展，東京を頂点とした一極一軸構造等の課題を踏まえ，「多様な広域ブロックが自立的に発展する国土を構築するとともに，美しく暮らしやすい国土の形成を図る」ことを基本構想とし，5つの戦略目標を掲げた。これらによって，それぞれの広域地方計画区域が自立的な広域ブロックを形成し，広域ブロック相互の交流・連携によって活力ある国土を形成するとした。

　同時に，広域ブロック内部においては，ブロック内の成長エンジンとなりうる都市・産業の強化をはかるとともに，安心して住

表 15.3 国土形成計画（全国計画）の概要

	国土形成計画（全国計画）	新たな国土形成計画（全国計画）
閣議決定	平成 20（2008）年 7 月	平成 27（2015）年 8 月
背　景	1　経済社会情勢の大転換 　　人口減少時代の到来と急速な高齢化 　　グローバル化の進展と東アジアの経済発展 　　情報通信技術の発達 2　国民の価値観の変化・多様化 　　安全・安心，地球環境，美しさや文化に対する国民意識の高まり 　　ライフスタイルの多様化 　　「公」の役割を果たす主体の成長 3　国土をめぐる状況 　　一極一軸型国土構造 　　都道府県を越える広域的課題の増加 　　人口減少等を踏まえた人と国土のあり方の再構築の必要性	1　国土を取り巻く時代の潮流と課題 　　急激な人口減少，少子化，地域的偏在（東京一極集中）の加速 　　異次元の高齢化の進展 　　変化する国際社会のなかでの競争激化 　　巨大災害の切迫，インフラの老朽化 　　食料・水・エネルギーの制約 　　地球環境問題 　　ICT の劇的な進歩等技術革新の進展 2　国民の価値観の変化 　　ライフスタイルの多様化 　　コミュニティの弱体化 　　共助社会づくりにおける多様な主体の役割の拡大・多様化 　　安全・安心に対する国民意識の高まり 3　国土空間の変化 　　人口減少が国土空間に与える影響
基本構想	多様な広域ブロックが自立的に発展する国土の構築と，美しく暮らしやすい国土の形成	対流促進型国土の形成
構想実現のための戦略目標	①　東アジアとの円滑な交流・連携 ②　持続可能な地域の形成 ③　災害に強いしなやかな国土の形成 ④　美しい国土の管理と継承 ⑤　「新たな公」を基軸とする地域づくり	重層的かつ強靭な「コンパクト＋ネットワーク」 ①　ローカルに輝き，グローバルに羽ばたく国土 ②　安全・安心と経済成長を支える国土の管理と国土基盤 ③　国土づくりを支える参画と連携

（出所）　国土交通省［2008, 2015］に基づき，舘［2016］を参考に作成。

み続けることのできる生活圏域を複数の市町村の連携によって形成し、人口減少のなかで暮らしの基盤を維持することが意図された。なお、ここで提唱された生活圏域は、2008年に創設された定住自立圏(第8章を参照)によって具体的な圏域形成が担われることになった。

地方創生と新しい国土形成計画

2008年を境に日本の人口は減少を始め、本格的な人口減少社会を迎えた。そのなかにあっても人口の東京一極集中が続き、「消滅可能性都市」(第1章を参照)に象徴されるような、人口減少の著しい地域の持続可能性が問われるようになった。さらに、2011年には東日本大震災が発生し、広範囲にわたって甚大な被害がもたらされたことで、国土の脆弱性が再認識されるとともに、南海トラフ地震等の巨大災害の発生が切迫した危機として認識されることになった。このような課題を踏まえて、今後の国土づくりの指針の検討が行われ、その結果が2014年7月に「国土のグランドデザイン2050——対流促進型国土の形成」として公表された。

「国土のグランドデザイン2050」では、2050年をみすえて、人口減少や厳しい財政状況等の制約下で、「コンパクト＋ネットワーク」の考え方に基づく地域の再構築と、多様な地域間の連携によるヒト・モノ・情報が活発に交流(対流)する国土構造を実現して、国全体の生産性の向上をはかることが提言された。ここで、「コンパクト」は、人口減少下で各種のサービスを効率的に提供するための集約化(コンパクト化)を意味する。また、「ネットワーク」は、高次のサービスを供給するのに必要な市場を確保するために、各地域をネットワーク化することを意味している。そして、コンパクトな拠点として、集落地域における小さな拠点と都

市部におけるコンパクトシティの形成が,さらに,ネットワークを活用して複数の地方都市が連携する「高次都市連合」の構築が提言された。

2014年11月になると,「地方創生」の体制を整えるために「まち・ひと・しごと創生法」が制定された。地方創生は,人口減少・超高齢社会を迎えた日本の活力の維持を目的に,人口減少に歯止めをかけ,それぞれの地域で住みよい環境を確保するための一連の取り組みである。「まち・ひと・しごと創生法」は地方創生の理念や施策の指針を示すもので,これに基づいて50年後をみすえた「長期ビジョン」と,基本目標と具体的な政策のパッケージを示す「総合戦略」が12月に策定された。

「長期ビジョン」では,地方創生がめざす方向が「自らの地域資源を活用した多様な地域社会」とされ,「総合戦略」では4つの基本目標のなかの1つに「時代に合った地域をつくり,安心なくらしを守るとともに,地域と地域を連携する」ことがあげられた。そして,これを実現するための政策パッケージとして,「国土のグランドデザイン2050」で提示された国土づくりのための施策が取り上げられている[注1]。

(注1) 『まち・ひと・しごと創生総合戦略』(平成26年12月27日閣議決定 (http://www.kantei.go.jp/jp/singi/sousei/pdf/20141227siryou5.pdf))を参照。

以上のような経緯を踏まえて,新しい「国土形成計画(全国計画)」が2015年8月に策定された。その概要は表15.3のとおりである。さらに,2016年には新しい「国土形成計画(広域地方計画)」が策定されている。

新しい全国計画では,「国土のグランドデザイン2050」策定の背景となった国土を取り巻く状況の変化を受け,国土計画の側からの人口減少への適応策と緩和策を提示することが意図されてい

る。そのため，計画は，「国土のグランドデザイン2050」の提言に従い，多様な地域間の連携から生じるヒト・モノ・カネ・情報の活発な交流である「対流」を全国で起こしてイノベーションの創出を促す「対流促進型国土」の形成を基本構想とし，それを実現するために重層的かつ強靭な「コンパクト＋ネットワーク」の形成を進めることを戦略としたのである。

ここで，「コンパクト＋ネットワーク」は，人口減少下においても地域の住民の暮らしを守るとともに経済的な活力も維持する，すなわち，地域の持続可能性を維持するための手段として，人口減少への適応策として位置づけられる。具体的には，「まち・ひと・しごと創生総合戦略」を受けて，小さな拠点，コンパクトシティ，定住自立圏と連携中枢都市圏の形成を進めることによって持続可能な地域の形成をはかることになる。

地域政策の変化

1990年代の日本経済はバブル崩壊にともなう経済的不振と不良債権等の問題に直面して閉塞状況に陥り，社会・経済の抜本的な構造改革が必要とされ，行財政改革や規制緩和等の改革が行われた。地域産業政策についても見直しが進められていった。

既存政策の見直しとしては，工場等を地方に誘致して工業の地方分散を進める政策からの転換が注目される。その背景には，グローバル化にともなう生産活動の海外移転による工場立地件数の減少や国内産業の空洞化問題に直面して，これまでの誘致型政策の実効性に懸念が生じたという認識がある。さらに，2008年の「国土形成計画」が全総以降の全国総合開発計画を総括するなかで指摘しているように，計画に共通するテーマであった「国土の均衡ある発展」という言葉が画一的な資源配分や地域の個性の喪失を招いた面もあった。従来の誘致による地方分散を中心とする

地域政策が有していたこれらの課題への反省から、地域の独自資源を活用した内発的で自立的な発展に重点を置いた政策への転換が進められるようになったのである。

工業分散化政策からの転換としては、全総において拠点開発のための中心的な施策であった「新産業都市建設促進法」と「工業整備特別地域整備促進法」が2001年に廃止されたことが、第1に指摘される。さらに、2002年に、規制緩和の一環として首都圏と近畿圏の「工場等制限法」が廃止され、2006年には「工業再配置促進法」も廃止された。

誘致型の工業分散化に代わる地域の内発的な発展に重点を置いた政策としては、既存の産業の再生・活性化をはかる政策と、新しい産業や事業の創出をはかる政策がある。前者としては、1997年に既存の産業集積の活性化を目的として制定された「地域産業集積活性化法」や、1999年に制定された「産業活力再生特別措置法」があげられる。後者としては、テクノポリス法と頭脳立地法の内容も引き継いで、地域の産業資源を活用して事業環境の整備をはかり、個人や中小企業による新事業の創出を促すことを目的に1998年に制定された「新事業創出促進法」がある。

ただし、これらの法律は、政策効果を踏まえた再検討を経て、改正や新法の制定にともなう廃止が行われ、それにともなって政策の重点も変化した。「地域産業集積活性化法」は、2007年に制定された、地域の特性を活かして企業立地を促進し多様な産業集積の形成をめざす「企業立地促進法」に引き継がれた。さらに、2017年に同法の改正が行われ、「地域未来投資促進法」になった。この改正法は、都道府県知事が承認した地域経済を牽引する事業と、事業の担い手となることが期待される中堅企業を支援することを目的にする。地域の中核となりうる成長性を有した企業を発掘して支援することに重点が置かれているのである。

「産業活力再生特別措置法」についても 2009 年に改正され，生産性の向上に向けた再編や設備投資などの支援を目的とする「産活法」になり，さらに，2013 年に制定された「産業競争力強化法」へと引き継がれた。同法の内容は，企業単位で規制緩和を進めるとともに，事業の発展段階にあわせた支援策を用意して産業の新陳代謝を進めて産業の競争力を高めようとするものである。

また，「新事業創出促進法」は，2005 年に制定された「中小企業の新たな事業活動の促進に関する法律」へ引き継がれ，さらに，2016 年に改正されて，「中小企業等経営強化法」になっている。この法律は，中小企業や小規模事業者を対象に，事業分野ごとに指針を定めて経営力の向上に向けた取り組みを支援するものである。ここで取り上げた法律の変化をみると，地域や産業を単位としたマクロ的な支援策から，個別の企業を単位としたミクロ的な支援策へと重点が移されてきたといえる。

なお，規制緩和に向けた施策としては，2002 年の「構造改革特別区域法」の制定による「構造改革特区」制度の開始があげられる。これは，特定の地域に限定した規制改革を地方自治体や民間事業者等の自発的な提案により行う制度であるが，規制緩和の効果を特定の地域でモニターして，成果のあった改革は全国へ波及させることをめざす社会実験と位置づけられている。同様の，地域を特定して規制緩和を進めて当該地域の活性化につなげることを意図した政策は，2011 年の「総合特区」制度，2013 年の「国家戦略特区」制度の導入というように拡大されている。

産業クラスター計画

1990 年代後半からの構造改革の推進と地域産業政策の転換においては，地域資源を活用してイノベーションの母体になる経済集積を形成し，競争力の強化をはかって地域経済を活性化し，日

本経済の競争力を回復することが意図されてきた。そのための施策の1つが,『国の競争優位』で知られる経営学者のポーター (Porter [1990]) が提唱したクラスター (cluster) という概念を取り入れた産業クラスター計画である。

クラスターは,ポーターによって,相互依存関係をもつ経済活動を把握するための新しい枠組み・分析単位として提唱された。地理的な概念としては,「特定の分野に関して,連関し合う企業,原材料やサービスを供給する専門事業者や関連産業の企業,さらには大学,政府機関,業界団体等の関連機関が地理的に近接して立地し,相互に協力しつつ競争している状態」(Porter [2000]) と定義される。ポーターは,国や地域の競争優位は「投入要素条件」「関連・支援産業」「需要条件」「企業の戦略と競争」という4つの決定要因の相互作用によって規定されるとし,それらの相互作用システムを「ダイヤモンド」と名づけた。そして,国際的に成功している産業に属する企業が地理的に集中していることが多いのは,「ダイヤモンド」における決定要因間の相互作用が地理的近接性によって高められるからであるとする。それを支えるのは,個人間のインフォーマルな関係を基礎に構築されるネットワークを介した知識,技術等の情報への近接性によって実現される継続的な知識や情報の交換と学習である。

日本における政府の施策としては,経済産業省が2001年に「産業クラスター計画」を開始した。計画では,産学官の広域的な人的ネットワークの形成,地域の特性を活かした技術開発の推進,起業家育成施設の整備を三位一体の政策として推進し,世界に通用する地域産業・企業の育成と発展を支援するとされた。さらに,文部科学省が2002年から「知的クラスター創成事業」を立ち上げた。この事業は,産業クラスター計画と連携して,クラスターの核となる産学官の連携システムの形成に焦点を当てるも

のであった。

「知的クラスター創成事業」は 2009 年度に廃止されたが，2011 年からは文部科学省が経済産業省等と連携して「地域イノベーション戦略推進地域」を選定し，イノベーションの創出に向けた地域の取り組みを支援する事業に引き継がれている。経済産業省の「産業クラスター計画」も，政府による直接的な支援は 2010 年度までで終了したが，計画自体は自立発展期に移行し，民間や自治体を中心に地域主導型のクラスターとして活動は継続されている。

さらに，産業構造審議会地域経済産業分科会工場立地法検討小委員会は，2014 年の報告（「今後の地域経済活性化施策の方向性」）において，新たな産業クラスター施策の考え方として，「地域の強みを活かしながら，競争力の源泉となるイノベーションを絶えず創出し，事業化への取り組みを今まで以上に加速化させていくこと」の必要性を強調した。地域経済の発展の原動力となるイノベーションを創出する環境づくりとしての産業クラスターの重要性が再認識されている[注2]。

(注2) 日本の産業クラスター計画の評価と近年の動向については松原［2014］を参照。

地域再生と地域資源の活用

地域に存在する独自の資源を活用して内発的な発展をめざす政策は，より多面的な展開をみせている。2005 年には「地域再生法」が制定され，地域資源の有効活用によって経済の活性化をはかるための地域の自立的な取り組みに対して，権限委譲を含む支援を行う体制が整えられた。

さらに，特産物を地域資源として指定し，それを活用する中小企業の事業を支援しようという制度が，2007 年に制定された「中小企業地域資源活用促進法」のもとで設けられた。ここで対

象となる地域の特産物は，農産品または鉱工業品，鉱工業品の生産に関わる技術，そして，文化財や自然風景地，温泉等の観光資源とされ，都道府県が指定することになる。

　地域資源としての農林水産物に焦点を当てて，他の産業分野との連携や，農林漁業者自身による新事業創出の取り組みに対して支援を行う制度づくりも行われている。2008年に「農商工等連携促進法」が制定され，農林漁業者と中小企業が連携して新商品や新サービスの開発，販路開拓の取り組みへの支援体制が整えられた。2010年には，農林漁業者による地域資源を活用した新事業の創出による6次産業化（農林水産物の生産〔1次〕＋生産物の加工〔2次〕＋加工品の販売〔3次〕）と，地域の農林水産物の利用を拡大するための地産地消に関する施策を総合的に推進することを目的とした「六次産業化・地産地消法」が制定された。

　以上のように，地域産業政策においては，種々の地域資源の活用に重点を置いた地域活性化策として，第1次産業から第3次産業までの幅広い分野にわたる施策が展開されている。そのなかで，政府が地域や産業を指定して政策を推進することから，政府が設定した枠組みに基づき，都道府県等の自治体がそれぞれの地域の実情に合わせて主体的に選択を行う形へと変化しつつある。

3　地域再生と観光政策

国土計画と観光

1962年以降，4回にわたって策定されてきた全国総合開発計画のそれぞれにおいて，観光，またはレクリエーションに関する言及がなされてきた。「全国総合開発計画」（全総）では「観光開発の方向」（第7章）が設けられ，所得水準の向上と余暇の増大にともなって新たな観光地の形成が必要になってきたとの認識から，

観光開発は工業開発等と並ぶ重要な地域開発であると位置づけられている。観光開発の方向性では低開発地域の観光開発として自然景観と風俗・習慣等があげられ，都市およびその周辺の観光開発としては文化財，建築物，その他の人工美が対象としてあげられている。

第2次となる新全総（1969年）では観光は独立した章ではなく，「産業開発プロジェクトの実施」という節において観光レクリエーションの整備という観点で論じられている。高度成長期に国民の消費水準が上昇し，レクリエーション需要が大幅に増大することに応じて，キャンプ場，ホテル，スキー場等の自然レクリエーション地区の整備や都市観光との連携が計られている。

三全総（1977年）では観光は独立した項目として取り上げられることはなくなり，観光に代わってレクリエーションの概念が重視されている。三全総では定住圏構想が計画の中心的な概念であり，身近な環境におけるレクリエーションの充実に重点が置かれるようになったためである。

四全総（1987年）では多極分散型国土の形成と交流ネットワーク構想を打ち出し，新全総で示された観光レクリエーションの整備がリゾート地域の整備という形に変わって登場する。四全総と「総合保養地域整備法」（リゾート法）は同年に制定され，リゾート開発を地域振興の柱として推し進めたのである。

第5次の全国総合開発計画に当たる「21世紀の国土のグランドデザイン」（1998年）では，「文化の創造に関する施策」（第2章）のなかに「国内及び国外からの観光の振興」として観光が再び大きく取り上げられることになる。世界的に国際観光が成長するなかで日本では外国人観光客が伸び悩んでいるという問題意識を背景にして，地方圏への外国人観光客の誘致，観光産業の高度化，地域からの情報発信といった観光による地域の活性化の具体

策が示され，現在に通じる観光政策が展開された。

観光立国の推進

　日本は戦後長らく，技術力の向上で付加価値の高い製品を生産し，輸出によって貿易黒字を積み立てるという貿易立国を基本的な経済体制としてきた。しかし，貿易収支は1980年代から2000年代まで黒字を続けていたが，11年から15年まで赤字に陥っている。21世紀に入ってさまざまな経済指標が低迷するなか，観光立国への政策展開が打ち出されるようになった。

　高度成長期に国民の所得水準，生活水準は向上し，観光に関する国民の関心は高まるようになった。1964年には東京オリンピック開催にともなって外国人旅行者が増加し，外貨獲得手段としての観光に期待が集まった。このような社会背景から1963年には国の観光政策の基本方針を示す「観光基本法」が制定された。観光基本法は成立後，実質的な改正は行われてこなかったが，バブル景気崩壊後の長引く景気低迷，少子高齢化による人口減少によって経済環境は大きく変化し，とくに人口減少に悩む地方圏では地域活性化策として観光への期待が高まるようになった。

　2003年1月，小泉首相の施政方針演説において「2010年までに訪日外国人旅行者数を1000万人とする」という目標が示され，観光立国宣言がなされた。2003年度からは国，地方公共団体，民間が共同して訪日観光促進に取り組む「ビジット・ジャパン・キャンペーン」が始まっている。2006年，「観光基本法」を全面的に改正し，観光を21世紀の日本の重要な政策の柱として位置づけた「観光立国推進基本法」が，07年には同法に基づく「観光立国推進基本計画」が制定された。従来，国の観光行政は国土交通省が中核になって推進されてきたが，08年には国土交通省の外局として観光庁が設置された。

観光庁の設立以降，国をあげて観光による経済活性化を実現するための多くの政策，施策が打ち出されるようになった。2013年には「日本再興戦略」が策定され，2030年に訪日旅行者数3000万人をめざすとする目標が掲げられた。2016年には「明日の日本を支える観光ビジョン」が策定され，観光を日本の成長戦略の柱，地方創生の切り札として位置づけるとともに，観光を日本の基幹産業へと成長させることを目標として掲げている。

地域再生と観光

少子高齢化による人口の自然減と全国的な都市化の進展や東京一極集中による人口流出によって，地域経済は人口減少に苦慮している。また，公共事業の削減や第1次産業の縮小は地域経済の沈滞に拍車をかけている。このような現状認識のもと，2003年10月，内閣に地域再生本部が設置され，05年4月には地域再生法が制定された。地域再生の考え方は，地域経済の活性化，地域における雇用機会の創出，その他の地域の活力再生をはかることを目的として地域は自主的，自立的，自考的な取り組みを行い，国はその取り組みに対して支援するというものである。地域再生制度において地方公共団体は地域再生計画を作成し，国に対して認定申請を行うことになっており，2005年から15年までの期間で認定件数は1870となっている。

日本の人口は2008年をピークにして，それ以降減少しはじめ，「消滅可能性都市」に関するレポートが示されるなど地域経済の存続自体に危機感が広がるようになった。このような危機感から国は「地域再生」という表現に代えて「地方創生」を最重要課題として推し進めるようになった。2014年11月に「まち・ひと・しごと創生法」が制定され，12月には地方創生の「長期ビジョン」と「まち・ひと・しごと総合戦略」が策定された。このため，

近年は地域再生よりも地方創生という用語がよく用いられるようになっている。

「総合戦略」における政策パッケージには雇用創出, 地方への人の流れの創出, 若い世代の結婚・子育て支援, 時代に合った地域づくりと地域連携の4点があげられており, 雇用創出を実現する施策として「観光業を強化する地域における連携体制の構築」があげられている。雇用創出において観光の役割が重視される理由は, 観光が「旺盛なインバウンド需要の取り込み等によって交流人口を拡大させ, 地域を活性化させる原動力」となるからであり, 観光がもつ広範な経済波及効果を活かして, 国内外の観光客の地方への流れを戦略的に創出し, 地域の個性を活かした魅力ある観光地づくりを進め, それを効果的に発信する施策が必要とされる。

主な施策としては, ①日本版 DMO を世界水準に育成させて, DMO を核とした観光地域づくりを推進し, 地域独自のブランドを確立すること, ②文化財, 美術・芸術などの文化産業, スポーツイベント, 地域特有の食, 自然資源, 産業遺産など地域の多様な資源を活かしたコンテンツづくりへの支援, ③決済手段の整備, 多言語化の充実, 通訳案内の質の向上など外国人旅行者の受入環境整備があげられるが, そのなかでも重要視されているのが日本版 DMO の設立である。

DMO とは Destination Management/Marketing Organization の略で行政と民間が連携して観光のマーケティング, プロモーション, マネジメントを行う組織であり, 1990年代後半から欧米の観光先進地で相次いで設立されるようになった。日本の従来の観光行政では地域の自治体と観光協会が連携して観光振興を行ってきたが, 公平性の観点から特定の観光事業者との連携や特定の観光商品に関わるということができず, マーケティングや

プロモーションの専門家を擁するということもできにくかった。それに対してDMOはマーケティングやプロモーションはもとより，観光事業者や観光客向けの自主事業を行うことにより収益をあげ，企業経営のように観光地経営を行うことができる。観光庁は日本版DMOの登録制度を進めており，2017年11月現在，日本版DMOが41，日本版DMO候補法人が133登録されている。登録されると，関係省庁によって組織，人材，資金面などの多岐にわたる支援が受けられるようになる。

　観光振興は地域における既存の観光資源の魅力度を高めたり，地域に存在するさまざまな資源に対して観光に活用できる手法を新たに開発したりしなければならないが，日本版DMOの役割が期待される。地域政策において自治体が主体的に選択を行うように変化しつつあるのと同様に，観光政策においても地域の自主性に任される方向に変化している。

観光の経済効果

　観光は地域経済の活性化策として大いに期待されているが，地域経済にどの程度の経済効果をもたらしているかを明らかにしなければならない。観光の経済効果を把握するためにはさまざまな経済活動のなかで観光がどの部分を占めているのか，言い換えると観光産業の範囲はどこまでなのかを明確にする必要がある。観光産業はしばしば裾野の広い産業であると形容されるが，本来，産業とは同一または類似の生産活動を行う生産者をまとめる概念であり，そのような観点からは観光産業とは供給側からみた概念ではなく，需要側からみた概念であることがわかる。

　観光産業の範囲が把握しにくかったためにいままで観光産業の計測が進んでこなかったが，観光がさまざまな産業において雇用と経済活動を生み出していることから，観光産業と観光経済活動

を計測することの必要性が高まってきた。一国のマクロ経済はSNA（国民経済計算）によって体系的に把握されているが，現在基準となっている93SNAでは特定の経済活動を別勘定として推計するサテライト・アカウントという方式が採用されている。旅行・観光サテライト勘定（TSA：Tourism Satellite Account）は93SNAのサテライト・アカウントの1つとして採用されたものであり，日本では観光庁がTSAの作成・公表を行っている。

TSAの導入によって観光関連の経済活動が正確に推計できるようになり，主な指標として観光GDP，観光雇用，観光消費額が2004年以降公表されている。観光GDPは観光客に提供された財・サービスの粗付加価値であり，2015年の観光GDPは9.9兆円で名目GDP（530.5兆円）に占める比率は1.9％になる。名目GDPに占める観光GDPの比率は2006〜15年において1.7〜2.2％の範囲で推移しており，2010年代に入ってやや下降している。観光客向け財・サービスの提供に従事した就業者数は2015年で201万人，就業者総数（6617万人）に占める比率は3.0％である。就業者総数に占める比率は2006〜15年において2.7〜3.6％の範囲で推移しており，これも2010年代にはやや低下傾向にある。

近年，インバウンド観光によって観光市場は大いに活気づいているにもかかわらず，経済活動に占める観光の比重がやや低下しているのは，日本人による国内旅行が低迷しているからである。2006年の日本人宿泊旅行消費額は20.2兆円，日本人日帰り旅行消費額は6.6兆円であったが，15年はそれぞれ15.8兆円，4.6兆円にまで落ち込んでいる。2012年からの訪日外国人旅行者の急増で，訪日観光消費額は12年の1.3兆円から15年の3.3兆円へ2.6倍にも増えているが，日本人旅行者の消費額を含めた全体の消費額（内部観光消費）は10年代にやや落ち込んでいる。インバ

ウンド観光の好調を地域経済に取り込むためには日本人による国内観光の活性化をはからねばならない。

　TSA によって国全体における観光の経済効果は推計されるようになったが，地域別の推計はまだ行われていない。県内観光 GDP の推計は一部の県で試算されているが，都道府県別に比較可能な段階にはなっていない。従来，都道府県による観光入込客数や観光消費額の調査は定義や調査手法がまちまちであったが，2010 年から「観光入込客統計に関する共通基準」に基づき都道府県が調査を実施するようになり，観光庁がそれらをとりまとめ，全国集計値を公表している。共通基準はほとんどの都道府県で導入されているが，集計に時間がかかるため，公表されている都道府県の数値は毎年 40 県前後である。

　表 15.4 は，都道府県の経済規模を示す都道府県 GDP（2014年）と都道府県観光消費額（外国人分を含む）を比較したものである。観光消費額が公表されている 38 都道府県での都道府県 GDP に占める観光消費額の割合は平均で 4.7% であり，高いところでは山梨（14.3%），佐賀（11.1%），長野（8.3%）の順となっている。また，2015 年の訪日観光消費額（3.3 兆円）は日本人旅行消費額（20.4 兆円）の約 16% にまで達しており，訪日観光の経済規模は小さなものではない。観光消費の地域経済に占める割合が大きな県もあることから，地域経済にとって観光振興が有望な分野であることがわかる。

　インバウンド観光は数少ない成長領域とみなされており，地域経済活性化策として大いに期待されているが，訪日外国人の増加は経済面だけの影響にとどまらない。世界各国の訪問外国人旅行者数を合計した国際観光客到着数は 1996 年の 5.6 億人から 2016 年の 12.4 億人へと成長し，世界金融危機の 2009 年などわずかな時期を除くと，絶え間なく高い成長を継続している。これはある

表15.4 都道府県観光消費額と県内総生産の比較（2014年）

県名	観光消費額(億円)	県内総生産(億円)	割合(%)	県名	観光消費額(億円)	県内総生産(億円)	割合(%)
北海道	8,462	184,846	4.6	三重	3,359	76,564	4.4
青森	1,493	44,279	3.4	滋賀	1,734	58,459	3.0
岩手	1,603	46,470	3.4	京都	6,286	100,538	6.3
宮城	3,582	88,959	4.0	兵庫	7,122	197,881	3.6
秋田	1,638	34,586	4.7	奈良	1,252	35,407	3.5
山形	2,109	37,546	5.6	和歌山	1,576	35,790	4.4
福島	2,794	73,999	3.8	鳥取	1,039	17,792	5.8
茨城	2,261	116,124	1.9	島根	1,020	23,823	4.3
栃木	4,684	81,829	5.7	岡山	1,607	72,428	2.2
群馬	2,559	80,055	3.2	山口	1,420	59,690	2.4
東京	55,509	949,021	5.8	徳島	1,196	30,123	4.0
神奈川	9,601	303,220	3.2	香川	1,589	36,723	4.3
新潟	3,608	86,991	4.1	愛媛	1,221	47,565	2.6
富山	1,292	44,526	2.9	高知	857	23,495	3.6
石川	2,642	45,880	5.8	佐賀	3,043	27,372	11.1
山梨	4,460	31,187	14.3	熊本	3,872	55,999	6.9
長野	6,572	78,870	8.3	大分	2,247	41,426	5.4
岐阜	2,694	72,088	3.7	宮崎	1,503	36,434	4.1
愛知	7,270	359,903	2.0	鹿児島	2,627	53,303	4.9

（出所） 観光庁『観光白書』（平成29年版），内閣府「県民経済計算（平成26年度）」より作成。公表されている都道府県のみ表示。

分野の経済現象とみるよりも人的交流のグローバル化の進展が表出したものといえる。日本では中国，香港，台湾，韓国やその他のアジア新興国の経済成長，円高の進展，ビザ発給要件緩和などの観光施策の効果があいまって2012年からの急激なインバウンド観光の成長が続いているが，国際観光の増大は世界的な現象である。日本の多くの地域において日常空間で外国人旅行者と交流する機会が急増し，外国語表記，通訳，決済方法，食事の対応など受け入れ体制の改善が喫緊の課題となるとともに，外国人旅行者との接し方や日本文化の伝え方を進化させていくことが社会全体に求められている。

第16章 都市政策とまちづくり

1 都市政策の展開

都市化と都市問題・都市政策

　個々の都市問題（土地問題，住宅問題，交通問題，環境問題など）とそれらに対応する政策についてはすでに触れてきたが，これらの都市問題も都市化の大きな流れのなかで発生してきた。そこで本章では，産業革命以後の都市化と都市問題の展開を追跡しつつ，都市政策（その中心となった都市計画）の発展を捉えることにする。都市化にともなって生じた種々の都市問題のなかで，とくに重要な問題は土地利用と貧困問題であった。市場の失敗により効率的な土地利用が行われない状態が生じると，種々の都市問題が派生する。同時に，都市化にともなう低所得者層の都市への流入が，土地市場の失敗とあいまって深刻な貧困問題と，そこから派生する種々の社会問題を引き起こしてきた。したがって，政府が土地市場に介入して都市の土地利用を是正し，貧困問題への対策を講じることが，関連する都市問題の解決のために求められた。

　土地市場への介入は，望ましい土地利用のあり方を土地利用計画として示し，それに基づく土地利用規制と都市施設の整備により適切かつ有効な土地利用へ誘導する政策が基本になる。このような土地利用計画を中心に都市の空間構造のあるべき姿を描いて，

その実現をはかる都市政策が都市計画である。現代の都市につながる都市化は19世紀の産業革命とともに始まったが、近代都市計画も、そこから生まれた非効率な土地利用と貧困問題への対策として誕生した。

産業革命により都市の工業化が進むと、工場労働者を中心に大量の人口が都市へ集中する、**集中的な都市化**が起こった。その結果、都市内部は高密度化し、社会資本の不足による外部不経済の増大という過密の弊害が深刻になった。とくに、低所得の工場労働者は工場周辺に密集し、狭小で衛生面でも劣悪な環境をもつ密集住宅地がスラムとして形成された。そこでは、伝染病がしばしば起こり、都市の衛生問題への対応が迫られることになった。

イギリスにおいては、このような都市内部の劣悪な居住環境の改善のために、環境汚染の発生源の取締りを目的とした公衆衛生法が1848年に制定され、75年の改正で建築規制が導入された。これが、近代都市計画の萌芽とされている。同時に、工場労働者への公営住宅の供給をはかるための住宅政策が推進され、1909年の住宅および都市計画法の制定となった。

以上のような政府による対策の一方で、民間において理想的な都市の建設をめざす取り組みも行われた。その代表的な例が、ハワード（E. Howard）が1898年に発表した「田園都市」(Garden City) である。彼は、都市集中による過密の弊害の解決策として、都市と農村の結婚、すなわち、都市の利便性と農村の快適な自然環境をあわせもつ自立的な小都市を大都市の周辺に建設することを提唱した。彼の提案は、支持者の支援を得て、1903年のレッチワース（Letchworth）等の建設として実現している。

都市への人口集中が進むなかで、交通手段の発達が都市の外延的な拡大を可能にした。すなわち、郊外化の進展である。所得の上昇した都市住民が、中心都市の過密の弊害を避け、より広い居

住空間と快適な自然環境を求めて中心都市の周辺に住居を移し，初期の段階では鉄道の発達にともない鉄道沿線に郊外が形成された。その後，自動車の普及と道路整備の進展によりモータリゼーションが起こると，人口の郊外化に拍車がかかることになる。

郊外化は，集中的な都市化によって引き起こされた中心都市の過密化に対する市場メカニズムを介した解決策であった。しかし，その過程で新たな都市問題が生じることになった。無秩序な都市空間の拡大，すなわち，スプロール現象である。飛び地状の開発をともなう無秩序な郊外の住宅開発で市街地の拡散が進み，通勤の長距離化による通勤コストの増大，中心都市周辺の農地や緑地の宅地化による自然破壊，郊外における社会資本の不足による混雑や汚染の悪化，市街地の拡散による社会資本や公共サービスの供給コストの上昇などの問題が引き起こされたのである。こうして，都市計画においても，中心都市の過密化対策とともに，スプロールへの対策が重要な課題になった。

イギリスにおいては，都市・田園計画を策定して，中心都市と郊外を合わせた地域を対象とした空間整備の取り組みが1930年代から始められた。都市周辺の農地や緑地を保全してスプロールの阻止をはかるグリーンベルト政策や，大都市周辺に新しい人口の受け皿を建設して計画的な分散をはかる，ハワードの田園都市の発想を引き継いだニュータウン政策などである。

ところで，欧米，とくにアメリカにおいては，以上のような集中的都市化から郊外化の段階において引き起こされた都市問題をより深刻なものにした要因として，社会階層間の空間的な分離，いわゆるセグリゲーション（segregation）の問題がある。郊外化の過程で，所得水準からみて中流以上の人口が中心都市から流出するが，そのあとに低所得者が流入して新たなスラムやゲットーが形成されることになる。こうして，中心都市内部は低所得者層，

1 都市政策の展開

郊外は高所得者層という分離が進む。その結果，中心都市では貧困問題が深刻化した。

人口の郊外化がいっそう進むと，中心都市の人口は減少を始める。さらに，人口に続いて中心都市の産業活動が郊外や大都市圏外部へ流出しはじめると，中心都市は衰退に転じることになる。欧米の一部の大都市圏は，1970年代に中心都市の衰退が大都市圏全体の人口減少をもたらし，逆都市化の段階に入った。

衰退が最も顕著に現れたのが，低所得者層が集中して居住する都心周辺地区（インナー・シティまたはインナー・エリア）であった。なぜなら，産業活動の流出が中心都市の低所得者層の就業機会を減少させ，失業の増大と貧困の悪化をもたらした結果，都心周辺地区はますます荒廃し，スラムの拡大や犯罪増加等の社会的病理現象が深刻化したからである。このような都心周辺地区の荒廃はインナー・シティ問題と呼ばれるが，都市計画においても，中心都市の衰退を食い止め，インナー・シティ問題を解決するための都市再生が重要な課題になった。

イギリスでは，1970年代末から中心都市内部の産業基盤の整備と居住環境の改善を目的に，都心部の再開発が積極的にはかられることになった。そして，1980年代には，国が主導して都心の再開発をはかるための都市開発公社や，企業立地を都市へ誘導するためのエンタープライズ・ゾーン制度が創設された。アメリカにおいても，都心の衰退地区の再開発を促進するために，インセンティブ・ゾーニング，開発権移転，計画単位開発などの手法が導入され，民間の再開発事業を衰退地区へ誘導する市場メカニズムを用いた政策が実施された。このように，低所得の労働者階級が居住していたスラムや衰退地区に投資し，再開発してより豊かな中産階級（middle class）が居住する地区に変容させること（居住者階層の上方変動）をジェントリフィケーション（gentrification) と呼び，その意義が種々論じられている。問題は，立ち退き者が低所得者，高齢者，マイノリティ等の社会的弱者であり，最近は社会的包摂 (social inclusion) の視点からも都市政策のあり方が問われている。

日本の都市計画制度

以上のような欧米における都市計画の展開を参考にしつつ，日本でも近代都市計画が導入されていく。日本における近代都市計画制度は，1888年公布の「東京市区改正条例」に起源をもつが，1919年に「都市計画法」が制定されて，全国の主要都市で本格的な都市計画が実施されることになった。1919年法では，工業化の進展にともなう都市人口の急増による市街地の乱開発に対して市街地開発の計画的誘導をはかることを目的として，都市計画区域と用途地域制（ゾーニング規制）が導入された。

第2次世界大戦後は，高度成長とともに3大都市圏への人口集中が顕著になり，大都市圏の過密対策と郊外化にともなうスプロールへの対策が課題となった。大都市圏では，大都市整備計画が策定されるとともに，イギリスのニュータウン政策を参考にして計画的な郊外化をはかるために，ニュータウン（千里や多摩など）の建設が始まった。

しかし，その後も大都市圏への人口集中と郊外化にともなうスプロールは続き，より強力な規制によるスプロールの抑制と土地利用の適正化が求められることになり，1968年に新しい「都市計画法」が制定された。そこでは，スプロール抑制のために**区域区分制**と**開発許可制度**が創設され，土地利用の適正化のために用途地域の細分化が行われた。その後も，1992年，2000年の大幅な改正などにより，都市計画決定権限の分権化，住民参加制度の充実，土地利用規制や開発規制の強化と弾力化がはかられた。

表 16.1 日本の都市計画制度

都市計画の対象区域		都市計画区域 準都市計画区域
都市計画の全体像		都市計画区域マスタープラン（都道府県） 市町村マスタープラン
都市計画の内容	土地利用計画	区域区分　（市街化区域，市街化調整区域） 地域地区　（用途地域，特別用途地区，特定用途制限地域，高度地区，特定街区，都市再生特別地区，高度利用地区，風致地区等） 地区計画 開発許可
	都市施設整備	交通施設（道路等），公園・緑地，下水道等
	市街地開発事業	土地区画整理事業，市街地再開発事業等

　現在の日本の都市計画は，国土計画と連携して策定される国土利用計画という上位計画のもとでの個別計画の1つと位置づけられている。そして，都市計画制度の仕組みと計画の手続きについて規定した「都市計画法」と，個々の建築物の敷地・構造・設備等についての規制を定めた「建築基準法」に基づき，都市計画が立案・決定・実施される。現行の都市計画制度の概要は，表16.1のようにまとめられる。

　都市計画の第1歩は，対象区域の設定である。都道府県は，一体の都市として総合的に整備・開発・保全する必要のある区域を「都市計画区域」として指定する。また，2000年の都市計画法改正では，都市計画区域に指定されない区域を対象に都市計画による規制の網をより広くかけるために，「準都市計画区域」制度が新たに設けられた。

　都市計画の全体像はマスタープランとして描かれる。日本の都市計画制度においては，長期的な視点で都市空間整備の見通しを明らかにするマスタープランの導入は比較的新しく，1992年の都市計画法の改正で「市町村マスタープラン」（市町村の都市計画

に関する基本的な方針）が，2000年の改正で都道府県が策定する「都市計画区域マスタープラン」（都市計画区域の整備，開発及び保全の方針）が創設された。

マスタープランに基づき具体的な都市計画が定められるが，その内容は土地利用計画，都市施設整備，市街地開発事業に大別される。都市施設整備は，住民生活や企業活動に不可欠な社会資本の適正な配置を都市計画で定め，整備するものである。市街地開発事業は，既成市街地の再開発や新市街地の開発などの面的な整備で，その中心となる手法が「土地区画整理事業」である。これらに対して，土地利用計画は都市の土地の合理的な利用を実現するための基本的な計画であり，それに依拠した規制を通して望ましい土地利用への誘導がはかられることになる。

土地利用計画の前提となるのが，スプロールを抑制して計画的な市街化をはかるために，都市計画区域を「市街化区域」と「市街化調整区域」に区分する「区域区分制」である。市街化区域はすでに市街化されている区域とおおむね10年以内に優先的に市街化をはかるべき区域，市街化調整区域は市街化を抑制するべき区域である。後者には，郊外化にともなう都市空間の無秩序な拡大を抑制する防波堤の役割を果たすことが期待されている。なお，2000年の法改正で，地域の実情にあわせて弾力的に運用できるように，3大都市圏と政令指定都市以外の都市計画区域については，都道府県が区域区分の実施の有無を選択できることになった。

土地利用規制の基本的な制度は「開発許可制度」と「地域地区制」である。開発許可制度は，建築物の建築のために土地の区画や形態の変更を行う開発行為を規制するもので，都市計画区域内や準都市計画区域内で開発行為を行う場合は，小規模な開発等の例外を除き，都道府県知事の許可を得なければならない。とくに，市街化調整区域内における開発行為に関しては，法律や条例で定

表 16.2　用途地域

用途地域	趣　旨
①第1種低層住居専用地域	低層住宅の専用地域
②第2種低層住居専用地域	150 m² までの店舗の立地を認める主に低層住宅のための地域
③第1種中高層住居専用地域	中高層住宅の専用地域
④第2種中高層住居専用地域	必要な利便施設の立地を認める主に中高層住宅の専用地域
⑤第1種住居地域	大規模な店舗，事務所の立地を制限する住宅地の環境を守るための地域
⑥第2種住居地域	主に住宅地の環境を守るための地域
⑦準住居地域	道路の沿道で自動車関連施設などと住宅が調和して立地する地域
⑧近隣商業地域	近隣の住宅地の住民のための店舗，事務所などの利便の増進を図る地域
⑨商業地域	店舗，事務所などの利便の増進を図る地域
⑩準工業地域	環境の悪化をもたらすおそれのない工業の利便の増進を図る地域
⑪工業地域	工業の利便の増進を図る地域
⑫工業専用地域	工業の利便の増進を図るための専用地域

（出所）　加藤・竹内 [2006] の表 4.5（120 頁）の一部を引用。

図 16.1　土地利用規制の概念図

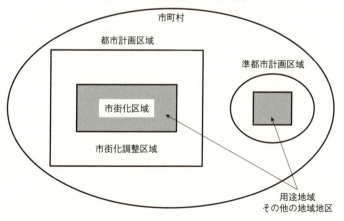

められた条件を満たす場合以外は原則として禁止される。さらに，2006年の改正で，それまで許可が不要とされていた社会福祉施設，医療施設，学校等の公共公益施設についても開発許可が必要になっている。

地域地区制は一般的規制手法としてのゾーニング規制である。基本的な土地利用のタイプを示す用途地域と，それを補完して特定の土地利用の促進あるいは保全を目的とした特別用途地区，高度地区，特定街区，風致地区等の地区・街区からなる。これらのなかで，土地利用規制の中心は用途地域で，現在は表16.2の12地域に区分されている。用途地域ごとに建築可能な建築物が規制されるとともに，建築基準法に従って，建築物の容積率，建ぺい率，高さなどに関する制限が定められる。以上のような土地利用規制に関する基本的な制度の空間的な関係は，図16.1のように表される。

日本の土地利用規制は，上述のように，一般的規制手法であるゾーニング規制というアメリカ型の規制を基本としているが，ドイツなど主としてヨーロッパの都市計画で採用されている計画規制手法も取り入れている。計画規制手法では，「計画なきところに開発なし」という考え方のもとで，全体計画としてのマスタープランと個別の具体的な計画である地区詳細計画の2本立てで都市空間の整備が行われる。日本においても，街区単位で土地利用規制と都市施設の整備・開発・保全を同時に行って特徴ある街づくりをめざす「地区計画」制度が1980年に創設された。

2 都市再生政策

世界都市の登場

欧米諸国では，すでに述べたように，1970年代に産業構造の

変化, 基盤産業の中心都市からの流出, インナー・シティ問題の深刻化等によって, 多くの都市で都市衰退が生じ, 逆都市化を経験することになった。イギリスのロンドン, マンチェスター, グラスゴー, アメリカのボストン, ボルチモアはその代表的な例であり, 1970年代半ばに生じたニューヨークの財政破綻もその表れである。これに対し, これらの都市では都市再生(アーバン・ルネッサンス)をはかることが都市政策の目標となり, 種々の都市再生政策が実施された。後に述べる「文化による都市づくり」もその1つであるが, ニューヨークやロンドンでは遊休施設や衰退地区の再開発を進めつつ, 多国籍企業の本社機能や国際金融・法人サービス機能の誘致・集積をはかる戦略を打ち出して, 国際金融センターとしての地位を確保しつつ, マネーと情報流通の世界的中心として成長, 「世界都市」と呼ばれるようになる。この背景には, 経済のグローバル化, 高度情報化, 交通通信技術の発達があり, アジアでも, シンガポール, 香港, 上海, そして東京が世界都市としての地位を獲得していく。東京は, 欧米の動向に追随し, いちはやく都市再生政策を導入し, 国際的な金融・情報機能の受け皿づくりをめざしてインフラ整備を行ったのである。

日本の都市再生政策

そこで, 日本の都市再生政策の流れをみよう。2大都市圏の中心都市である東京特別区部と大阪市の人口は1960年代の後半から減少を続け, 人口のドーナツ化による都心の空洞化が進んでいた。また, 高度成長期における大都市の過密化対策として「工場等制限法」により工場等の大規模施設の大都市内立地が規制されるとともに, 分散化政策が推進されてきた。こうして, 大都市の中心部では工業機能の流出が進んだが, 同時に, 土地利用上の新たな問題も生じてきた。工場跡地, 廃止された鉄道貨物駅の跡地

や港湾の再開発問題である。

日本における都市の再開発政策は，1969年に「都市再開発法」が制定され，都市防災と市街地改造を中心に進める制度として整備された。同法は，その後たびたび改正され，再開発を促進するための支援制度や民間による再開発事業を誘導する制度が導入されてきた。さらに，2000年代になると，日本経済の構造改革と活性化をはかるための重点分野の1つとして都市再生が取り上げられ，2002年に「都市再生特別措置法」が制定されて，都市再生事業に対して都市計画法上の特例を認める規制緩和と民間投資を喚起する制度がつくられた。また，規制緩和の一環として，2002年には工場等制限法が廃止された。

このように，日本における近年の都市再生政策の1つの流れは，大都市を主な対象に，規制緩和により民間事業者の参入を促し，都市内の遊休地を中心に積極的に再開発しようとするものである。大都市では多くの都市再開発プロジェクトが実現し，地価下落の効果もあって，人口の都心回帰もみられるようになった。東京特別区部の人口は1990年代後半から増加に転じており，大阪市でも2000年代に入り増加に転じた。

大都市中心の都市再生に対して，もう1つの都市再生は，地方中核都市や地方中心都市における中心市街地の空洞化・衰退への対策である。これらの地方都市においても，モータリゼーションを背景に郊外化が進んで，スプロールをともなう都市空間の外延的拡大が起こった。その過程で病院・学校等の公共公益施設の郊外立地も進んだ。その結果，マイカー依存がさらに高まった。また，商店街の老朽化が進むとともに，商店街の経営者層の高齢化も進行し，空き店舗が増えていった。さらに，1990年代に入って規制緩和が始まった。1974年に施行された大店法（大規模小売店舗法）では，大型店の出店を抑制し，生業的経営の既存商店街

を保護する役割を果たしていたが,日米貿易摩擦による日米構造協議によって,2000年に同法は廃止された。その結果,郊外のロードサイド等に大型店が進出するようになった。こうして,中心商店街の衰退は深刻化し,地方都市の中心市街地の再生が都市政策上の大きな課題になってきたのである。

そのため,1998年に「まちづくり三法」が制定され,中心市街地の空洞化問題への対策が新たに講じられることになった。すなわち,大型店の立地の可否を道路渋滞や騒音などによる生活環境への影響という点から審査する「大規模小売店舗立地法」(大店立地法)の制定,中心市街地の再生・活性化事業を支援する体制づくりのための「中心市街地活性化法」の制定,特別用途地区制度を用いた大型店の立地規制を可能にするための「都市計画法」の改正が行われたのである。

しかし,その後も,とくに地方都市において中心市街地の空洞化や衰退に歯止めがかからず,より強力な対策が実施されることになった。その前提となった政策の方向づけ(社会資本整備審議会「新しい時代の都市計画はいかにあるべきか〔第1次答申〕」2006年2月)は,大規模商業施設を含む種々の都市機能が無秩序に薄く拡散している状態に対して,都市機能の拡散を抑制して,既存の公共交通ネットワークを活用し,新たな大規模投資を行うことなく,自動車に過度に依存しない社会への誘導を行い,自然環境への負荷を抑えた持続可能な都市の実現を提言した。

このような提言を踏まえ,まちづくり三法の見直しが行われ,都市計画法と中心市街地活性化法の改正が2006年に行われた。都市計画法の改正では,大型小売店等が立地可能な用途地域の制限や公共公益施設を開発許可の対象に加えるという,大規模施設の分散立地を抑制する規制強化が行われた。他方で,開発整備促進地区を定めて大規模集客施設の立地を誘導できる制度も設けら

れた。また、中心市街地活性化法の改正により、活性化の基本計画の認定制度が導入された。

これからの日本は、人口減少と高齢化が進んだ成熟社会となる。そのなかで、持続可能な社会を構築していくためには、環境と共生できる都市型社会の形成が課題になる。その方向を示唆する都市像が持続可能な都市である。

持続可能な都市は、第13章で説明されたように、EUの都市戦略として提起された都市像で、社会・経済・環境の3つの要素が持続可能な形で発展していく都市を意味する。欧米においては、郊外化による都市のスプロールに対して、低密度で自動車に過度に依存した都市空間が形成されるため、都市財政の面から、さらにはエネルギー消費や環境負荷の面からみて非効率であるとの批判が起こった。そのため、ヨーロッパでは、1990年代のはじめから持続可能な都市をめざす都市政策のあり方について検討が進められるなかで、コンパクトシティ（compact city）概念が提起され、都市政策の1つのモデルとなった。コンパクトシティは、多様な主体が混在する高密度なヒューマン・スケールの都市空間である。そこでは、日常生活に必要な機能が徒歩・自転車で到達可能な範囲で充足でき、公共交通の利便性が高く、独自の個性をもった自律的なコミュニティの形成が期待される。

コンパクトシティ政策

日本においても、コンパクトシティ論は海道［2001］等によって早くから提起され、論じられていたが、人口減少・高齢化時代に入り、社会資本の老朽化や都市の衰退現象があらわとなるにいたって、ようやくその意義・重要性が認識されるようになる。そして、2014年に「都市再生特別措置法」が改正され、「立地適正化計画」制度を創設してコンパクトシティ政策が本格的に推進さ

れることになった。

　コンパクト化政策は，先駆的に富山市や青森市等においてすでに実施されていたが，その経験等を参考にして国が推進しようとするコンパクトシティ政策の基本的な考え方は，都市の1拠点にすべてを集中させようとするのではなく，公共交通と連携しながら複数の拠点に誘導しようとする「多極ネットワーク型コンパクトシティ」であり，「コンパクト＋ネットワーク」とも称されている。この政策を実施しようとする市町村は，「立地適正化計画」を作成し，都市機能誘導区域，居住誘導区域，居住調整区域を定めることができる。コンパクトシティのコアとなるのは都市機能誘導区域で，福祉・医療，商業等の生活サービス機能を誘導すべき区域である。この区域と居住誘導区域を結ぶ公共交通は必要不可欠であり，公共交通システムの再編が必要な場合も生ずることになる。そこで，コンパクトシティ形成と公共交通の連携を強化するために，2007年制定の「地域公共交通活性化・再生法」（地域公共交通の活性化及び再生に関する法律）は改正され，「地域公共交通網形成計画」制度が導入された。そして，これら一連の施策を実施するために，財政・金融面からの支援制度も定められたのである。こうして，日本の都市計画・都市づくりは，コンパクト化を含む体系となり，進みつつある。

3　まちづくりの展開

　第1節でみた都市計画による都市づくりは，行政と専門家（都市計画等）が作成した都市計画マスタープランに基づいて行われるトップ・ダウン型の都市づくりといってよい。これに対して，住民が主体となって行うボトム・アップ型の「まちづくり」が，20世紀の後半には，広く行われるようになる。

それは，1960年代に，公害問題に抵抗し居住環境を守る運動として始まった（神戸市丸山地区，真野地区など）。そして1970年代には，歴史的町並みや景観などを保存する運動が加わる（南木曽妻籠，奈良県今井町，名古屋市有松地区など）。さらに，内発的な地域おこしのまちづくり（北海道池田町など）や観光まちづくり（長野県小布施町など），福祉のまちづくり（町田市など），防災まちづくり（墨田区京島地区）など，さまざまな「まちづくり」が展開されていく。そして，活動のスローガンもシビル・ミニマムの確保からアメニティ・生活の質の向上へと変化・多様化していく。それぞれは小規模な住民主体の活動ではあったが，活動間の連携，専門家の協力，行政との協働なども進み，都市政策の方向にも影響を与える大きな流れが形成されたのである。そこで，それらのまちづくりを総括すると，「まちづくり」とは「地域社会に存在する種々の資源を基礎として，地域住民・専門家・行政など多様な主体が連携・協働して地域の生活環境の改善や地域文化の発展に努力し，地域の魅力や活力を高め，生活の質の向上を実現する活動」ということができよう。

まちづくりの制度化

地域住民によるまちづくり運動が展開する過程で，住民はまちづくり協議会などを設立し，行政や専門家と協働して計画づくりに参画するようになる。そして，住民と行政のパートナーシップが築かれ，「まちづくり条例」の制定に結実していく。さらに，このような動きは，国の政策にも影響を与え，法律の改正や新しい法律の制定が実現するようになった。そこで，都市づくりにおいて最も重要な「景観まちづくり」の発展をみよう。

まず1964年，京都や鎌倉の歴史的風趣のある地区で開発問題が生じ，反対運動を経て，「古都保存法」（古都における歴史的風土

の保存に関する特別措置法）が制定され,「歴史的風土保存区域」制度が成立した。次いで,金沢市・倉敷市・京都市等で景観まちづくり運動が盛り上がり,1968年に金沢市伝統環境保存条例,倉敷市伝統美観保存条例が,1972年に京都市市街地景観条例が制定されている。また,先にあげた妻籠,今井町,有松地区の伝統的町並み保存運動等により,文化財保護法が改正され,「伝統的建造物群保存地区」の指定が始まった（1975年）。まちづくり活動は各地で盛んとなるが,そのなかでは,土地の乱開発を抑止しようとした大分県湯布院町の住民運動は「潤いのある町づくり条例」の制定に成功して有名となった。その後,1991年のバブル経済の崩壊はまちづくり活動にとっては追い風となり,美しいまちづくりをめざす条例が多くの自治体で制定され,国も2003年に「美しい国づくり政策大綱」を発表し,2004年には「景観法」,「都市緑地法」を制定した。以後,景観まちづくり条例を制定する自治体は大きく増加することになる。

文化による都市づくり

「景観まちづくり」とともに重要なのが「文化によるまちづくり」である。すでにふれたように,欧米諸国で都市再生が都市政策の課題となったとき,多くの都市で再生（アーバン・ルネッサンス）の手段となり目標ともなったのが文化による都市づくりであった。たとえばニューヨークでは,舞台芸術やミュージアムを支援することによって訪問客（交流人口）の増加をはかり,まちの賑わいを取り戻すことに成功した。

文化による都市づくりの成功例として最も有名なのがスペインの都市ビルバオである。疲弊した工業都市ビルバオは20世紀末から大規模な都市再生プロジェクトを展開した。その象徴となったのがグッゲンハイム美術館（1997年に開館）であるが,そのほ

かにも劇場と国際会議場を統合した文化施設を建設，さまざまの文化イベントを開催した。その結果，ビルバオは多くの観光客が訪れる文化都市に変身したのである。ビルバオ以外にも，スペインではバルセロナ，イギリスではグラスゴー，フランスのナントが文化による都市づくりに成功した都市として知られている。

また EU では，1985 年のアテネをはじめとして，毎年 1 つ以上の都市を欧州文化首都（European Capital of Culture）として選定し，選定された都市では多くの文化イベントを開催するという文化政策が実施されている。選ばれた都市は観光客を呼び込みつつ，国際交流と地域振興をはかり，都市のイメージアップを実現して，ほぼ成功裡に今日まで継続されている。

文化によるまちづくりと創造都市

ここで，「文化によるまちづくり」の展開をみよう。「文化によるまちづくり」には大きく分けて，3 つの流れがある。1 つは，「歴史文化のまちづくり」と呼ぶことができるもので，すでに述べたように，まちづくり活動の高まりを経て，古都保存法（歴史的風土保存区域），文化財保護法の改正（伝統的建造物群保存地区），景観法などの制定が実現された。そして 2008 年には「歴史まちづくり法」（地域における歴史的風致の維持及び向上に関する法律）が施行される。古都保存法の適用は古都と考えられる地域に限定されているのに対して，歴史まちづくり法は古都保存行政の理念の全国展開ということができる。この法律の対象となる「歴史的風致」は「歴史上価値の高い神社，寺院，城跡等の国民共有の文化的資産及びその周辺の市街地と，地域の歴史・文化を反映しつつ営まれる人々の活動が一体となって形成される良好な市街地の環境」と定義されており，歴史文化遺産だけでなく，その周辺，つまりバッファー・ゾーンも対象となっている。この法律の制定以

後，金沢市・高山市・彦根市・萩市・亀山市・犬山市等が「歴史まちづくり計画」（歴史的風致維持向上計画）を策定・実施している。

もう1つの流れは，「文化振興まちづくり」と呼ぶことができるもので，1975年に釧路市が文化振興条例を制定して以後，秋田市，東京都，津市，横須賀市と続き，2001年には国が「文化芸術振興基本法」を制定する。その後，文化振興条例を制定する自治体が急増した。なかには，広島県の「文化芸術振興のまちづくり推進条例」のように，まちづくりを明記している自治体もあるが，多くは，目的の1つとして「まちづくり」を掲げており，文化振興とまちづくりを関連させている。

文化振興をより積極的に地域経済の活性化に結びつけようというのが第3の流れで，「創造都市づくり」（創造都市政策）と呼ぶことができる。創造都市とは，文化の創造性を活かした創造産業を基礎に創造経済を展開して，文化と経済の相互発展をめざす都市であり，1990年代にランドリー（Landry [2000]）等によって提起された。以来，21世紀の都市のあり方を示す都市論・都市政策論として今日大いに論じられている（佐々木 [2001]，後藤 [2005]，野田 [2014] 等）。

創造産業（クリエイティブ産業）を国の将来の発展を担う産業として位置づけたのはイギリス政府である。イギリスの文化・メディア・スポーツ省は1998年に「創造性やスキル，才能を必要とし，知的財産の開発によって富と雇用を生み出す潜在力をもつ産業」を創造産業と定義し，次の13分野をあげた——アートとアンティーク，工芸，建築，デザイン，デザイナーファッション，音楽，舞台芸術，フィルムとビデオ，テレビとラジオ，ソフトウェア，ゲームソフト，出版，広告。

イギリスの創造産業政策は世界の多くの国の政策に影響を及ぼしたが，なかでも国連貿易開発会議（UNCTAD）は2008年と10

年に『クリエイティブ経済レポート』を発刊し，創造産業が生み出す創造経済は，先進国だけでなく発展途上国においても大きく成長しており，グローバル経済の新たな担い手になる，と論じた (UNCTAD [2010])。

創造産業を振興して創造経済の発展を戦略目標とする都市が創造都市である。創造都市では，文化芸術と科学技術を創造性という概念のもとで統一的に捉え，その創造プロセスにおいて都市のダイナミックな発展が期待される。ユネスコは，2001年に「文化多様性に関する世界宣言」を採択し，文化多様性は人類共通の遺産であり，交流・革新・創造の源として人類に必要なものであるとして，その重要性を主張しているが，文化多様性を推進するためのスキームの1つとして，「創造都市ネットワーク」を2004年に発足させた。このネットワークに参加を希望する都市は，7つの分野（文学，映画，音楽，工芸・フォークアート，デザイン，メディアアート，食文化）から1つの分野を選んでユネスコに申請し，審査を経て加盟が認められることになる。現在までに認定を受けた都市を例示すると，文学ではエジンバラ，ダブリン等，映画ではシドニー等，音楽ではボローニャ，セビリア等，工芸・フォークアートではサンタフェ，アスワン等，デザインではベルリン，上海，ソウル等，メディアアートではリヨン等，食文化ではポパヤン，成都など，であり，日本からは金沢（工芸），名古屋（デザイン），神戸（デザイン），札幌（メディアアート），浜松（音楽），鶴岡（食文化），篠山（工芸），山形（映画）が加盟している。

日本でも，2013年に「創造都市ネットワーク日本」が設立され，設立時に22の自治体と6民間団体が加盟，以後参加団体は増加している。なお，文化庁は，文化芸術創造都市づくりに取り組む自治体等を支援する補助制度として，文化芸術創造都市推進事業を2010年から行っている。

文献案内

I 本書全体にかかわる基礎的な文献

広義の地域経済学に関する教科書としては以下の文献が包括的である。

黒田達朗・田渕隆俊・中村良平［2008］『都市と地域の経済学』新版，有斐閣。

McCann, P. [2001] *Urban and Regional Economics*, Oxford University Press（黒田達朗・徳永澄憲・中村良平訳［2008］『都市・地域の経済学』日本評論社）．

佐藤泰裕［2014］『都市・地域経済学への招待状』有斐閣。

狭義の地域経済学・地域政策に関する教科書としては，以下の文献がある。

Armstrong, H. and J. Taylor [2000] *Regional Economics and Policy*, 3rd ed., Blackwell（佐々木公明監訳［2005］『地域経済学と地域政策』改訂版，流通経済大学出版会）．

松原宏編著［2014］『地域経論入門』古今書院。

岡田知弘・川瀬光義・鈴木誠・富樫幸一［2016］『国際化時代の地域経済学』第4版，有斐閣。

鄭小平［2001］『地域政策の理論と実践』大学教育出版。

中村良平［2014］『まちづくり構造改革：地域経済構造をデザインする』日本加除出版。

山崎朗ほか［2016］『地域政策』中央経済社。

このうち，Armstrong and Taylor [2000] はヨーロッパの事例が豊富で，バランスのとれた教科書である。

都市経済学に関する教科書としては，以下の文献がある。

宮尾尊弘［1995］『現代都市経済学』第2版，日本評論社。

山田浩之・西村周三・綿貫伸一郎・田渕隆俊編［1995］『都市と土地の経済学』日本評論社。

佐々木公明・文世一［2000］『都市経済学の基礎』有斐閣。

杉浦章介［2003］『都市経済論』岩波書店。

山崎福寿・浅田義久［2008］『都市経済学』日本評論社。

高橋孝明［2012］『都市経済学』有斐閣。

金本良嗣・藤原徹 [2016] 『都市経済学』第 2 版, 東洋経済新報社。

このうち, 宮尾 [1995] がわかりやすい入門書である。金本・藤原 [2016] は内容豊かな中級書である。なお, 教科書ではないが, 都市経済学に関連する重要な文献として次の書物をあげておく。

Jacobs, J. [1961] *The Death and Life of Great American Cities,* Random House (山形浩生訳 [2010] 『アメリカ大都市の死と生』鹿島出版会).

Jacobs, J. [1984] *Cities and the Wealth of Nations: Principles of Economic Life,* Random House (中村達也訳 [2012] 『発展する地域衰退する地域:地域が自立するための経済学』筑摩書房).

空間経済学に関しては, 以下の文献があげられる。

Fujita, M., P. Krugman and A. Venables [1999], *The Spatial Economy: Cities, Regions and International Trade,* MIT Press (小出博之訳 [2000] 『空間経済学:都市・地域・国際貿易の新しい分析』東洋経済新報社).

Fujita, M. and J. F. Thisse [2013] *Economics of Agglomeration: Cities, Industrial Location, and Globalization,* 2nd ed., Cambridge University Press (徳永澄憲・太田充訳 [2017] 『集積の経済学:都市, 産業立地, グローバル化』東洋経済新報社).

佐藤泰裕・田渕隆俊・山本和博 [2011] 『空間経済学』有斐閣。

以上にあげた文献は, 以下の各章別の参考文献から省略する。

II 各章の参考文献

第 1 章

井原健雄 [1996] 『地域の経済分析』中央経済社。

国土交通省 [2014] 「国土のグランドデザイン 2050:対流促進型国土の形成」(http://www.mlit.go.jp/common/001047113.pdf)。

坂下昇 [1977] 「地域経済学の課題と方法」貝塚啓明編『社会科学への招待 経済学:政策篇』日本評論社, 所収, 221〜236 頁。

日本創成会議・人口減少問題検討分科会 [2014] 「人口再生産力に着目した市区町村別将来推計人口について」(『成長を続ける 21 世紀のために「ストップ少子化・地方元気戦略」』資料 1)(http://www.policycouncil.jp/pdf/prop03/prop03_1.pdf)。

藤田昌久 [1996] 「空間経済システムの自己組織化と発展について」大

山道広ほか編『現代経済学の潮流1996』東洋経済新報社, 所収, 89〜114頁。
Isard, W. [1975] *Introduction to Regional Science*, Prentice-Hall (青木外志夫・西岡久雄監訳 [1980]『地域科学入門』大明堂).
Krugman, P. [1991] *Geography and Trade*, MIT Press (北村行伸・高橋亘・妹尾美起訳 [1994]『脱「国境」の経済学』東洋経済新報社).
Richardson, H. W. [1978] *Regional Economics*, University of Illinois Press.

第2章

石川義孝 [1994]『人口移動の計量地理学』古今書院。
須田昌弥 [1999]「交通・通信の整備・普及と都市・都市システム」『経済地理学年報』第45巻第4号, 307〜316頁。
総務省 [2013]「日本標準産業分類一般原則」(http://www.soumu.go.jp/main_content/000286955.pdf)。
内藤邦男・水鳥川和夫 [1987]『国際金融都市・東京の未来』東洋経済新報社。
八田達夫・田渕隆俊 [1994]「東京一極集中の諸要因と対策」八田達夫編『東京一極集中の経済分析』日本経済新聞社, 所収。
米花稔 [1981]『日本の産業立地政策』大明堂。
ペティ, W. (大内兵衛・松川七郎訳) [1955]『政治算術』岩波書店。
増田寛也編 [2014]『地方消滅』中央公論新社。
矢野恒太記念会編 [2013]『数字でみる日本の100年』改訂第6版, 矢野恒太記念会。
矢野恒太記念会編 [2017]『日本国勢図会:2017/18』矢野恒太記念会。
Clark, C. [1951] *The Conditions of Economic Progress*, 2nd ed., Macmillan (大川一司ほか訳編 [1953, 55]『経済進歩の諸条件』上・下, 勁草書房).

第3章

井出眞弘 [2003]『Excelによる産業連関分析入門』産能大学出版部。
井原健雄 [1996]『地域の経済分析』中央経済社。
小長谷一之・前川知史編 [2012]『経済効果入門:地域活性化・企画立

案・政策評価のツール』日本評論社。
坂下昇［1985］「わが国における地域経済の開放性」福地崇生・村上泰亮編『日本経済の展望と課題』日本経済新聞社，所収，161〜179頁。
土居英二ほか編［1996］『はじめよう地域産業連関分析』日本評論社。
宮本勝浩［2012］『「経済効果」ってなんだろう？：阪神，吉本，東京スカイツリーからスポーツ，イベントまで』中央経済社。

第4章

戸堂康之［2015］『開発経済学入門』新世社。
中村良平［2005］「地域経済の循環構造：序説」『岡山大学経済学会雑誌』第36巻4号，39〜67頁。
Barro, R. J. and X. Sala-i-Martin [2004] *Economic Growth*, 2nd ed., MIT Press（大住圭介訳［2006］『内生的経済成長論』第2版，九州大学出版会）.
Jones, C. I. [1998] *Introduction to Economic Growth*, W. W. Norton & Company（香西泰監訳［1999］『経済成長理論入門：新古典派から内生的成長理論へ』日本経済新聞社）.
Meier, G. M. [2004] *Biography of Subject: An Evolution of Development Economics*, Oxford University Press（渡辺利夫・徳原悟訳［2006］『開発経済学概論』岩波書店）.
Richardson, H. W. [1978] *Regional and Urban Economics*, Penguin Books.
Richardson, H. W. [1985] "Regional Development Theories," in H. Richardson and J. Turek, eds., *Economic Prospects for the Northeast*, Temple University Press.
Solow, R. M. [1957] "Technical Change and the Aggregate Production Function," *The Review of Economics and Statistics*, Vol. 39, No. 3, pp. 312–320.

第5章

伊藤元重・大山道広［1985］『国際貿易』岩波書店。
坂下昇［1990］「地域交通の経済学」『運輸と経済』第50巻第4号，30〜39頁。
曽道智・高塚創［2016］『空間経済学』東洋経済新報社。

田中鮎夢 [2015]『新々貿易理論とは何か：企業の異質性と21世紀の国際経済』ミネルヴァ書房。

Bogart, W. T. [1998] *The Economics of Cities and Suburbs*, Prentice-Hall.

Krugman, P. R., M. Obstfeld and M.J. Melitz [2015] *International Economics: Theory and Policy*, 10th ed., Pearson Education（山形浩生・守岡桜訳 [2017]『クルーグマン国際経済学：理論と政策』上：貿易編, 原書第10版, 丸善出版).

Stiglitz, J. E. and C. E. Walsh [2002] *Economics*, 3rd ed., W. W. Norton & Company（藪下史郎ほか訳 [2005]『スティグリッツ入門経済学』第3版, 東洋経済新報社).

第6章

小野旭 [1994]『労働経済学』第2版, 東洋経済新報社。

経済審議会NNW開発委員会編 [1973]『新しい福祉指標：NNW』大蔵省印刷局。

橘木俊詔・浦川邦夫 [2012]『日本の地域間格差：東京一極集中から八ヶ岳方式へ』日本評論社。

田渕隆俊 [1987]「地域間所得格差と地域間人口移動」『地域学研究』第17巻, 215～226頁。

脇坂明 [2011]『労働経済学入門：新しい働き方の実現を目指して』日本評論社。

綿貫伸一郎 [1984]『所得不平等と地域格差』大阪府立大学経済学部。

Borts, G. H. and J. L. Stein [1964] *Economic Growth in a Free Market*, Columbia University Press.

Cahuc, P., S. Carcillo and A. Zylberberg [2014] *Labor Economics*, 2nd ed., MIT Press.

Capello, R. [2016] *Regional Economics*, 2nd ed., Routledge.

Euwals, R., M. Knoef, and D. van Vuuren [2011] "The Trend in Female Labour Force Participation: What Can Be Expected for the Future?" *Empirical Economics*, Vol. 40, pp. 729-753.

Greenwood, M. J. [1997] "Internal Migration in Developed Countries," in M. R. Rosenzweig ed., *Handbook of Population and Family Economics*, Elsevier, pp. 647-720.

Henderson, J. V. [1982] "Evaluating Consumer Amenities and Interregional Welfare Differences," *Journal of Urban Economics*, Vol. 11, No. 1, pp. 32–59.

Molho, I. [1986] "Theories of Migration: A Review," *Scottish Journal of Political Economy*, Vol. 33, No. 4, pp. 396–419.

Sakanishi, A. [2015] "Regional Differences in Female Labor Force Participation," *The International Journal of Economic Policy Studies*, Vol. 10, pp. 1–16.

Williamson, J. G. [1965] "Regional Inequality and the Process of National Development: A Description of the Patterns," *Economic Development and Cultural Change*, Vol. 13, pp. 3–45.

第7章

西岡久雄 [1976]『経済地理分析』増補版,大明堂。

松原宏編 [2002]『立地論入門』古今書院。

Alonso, W. [1968] "Location Theory," in L. Needleman ed., *Regional Analysis*, Penguin, pp. 337–366.

Chamberlin, E. H. [1933] *The Theory of Monopolistic Competition*, 8th ed., Harvard University Press(青山秀夫訳 [1966]『独占的競争の理論』至誠堂).

Greenhut, M. L. [1956] *Plant Location in Theory and in Practice: The Economics of Space*, University North Carolina Press(西岡久雄監訳 [1972]『工場立地:理論と実際』上・下,大明堂).

Hotelling, H. [1929] "Stability in Competition," *Economic Journal*, Vol. 39, No. 153, pp. 41–57(田渕隆俊訳 [1987]「競争の安定性」下総薫監訳『都市解析論文選集』古今書院,所収,7~23頁).

Isard, W. [1956] *Location and Space-Economy*, MIT Press(木内信蔵監訳 [1964]『立地と空間経済』朝倉書店).

Krugman, P. [1991] *Geography and Trade*, MIT Press(北村行伸・高橋亘・妹尾美起訳 [1994]『脱「国境」の経済学』東洋経済新報社).

Lösch, A. [1940] *Die räumliche Ordnung der Wirtschaft*, Gustav Fischer(篠原泰三訳 [1991]『レッシュ経済立地論』大明堂).

Moses, L. N. [1958] "Location and the Theory of Production,"

Quarterly Journal of Economics, Vol. 72, pp. 259-272.

Sakashita, N. [1967] "Production Function, Demand Function and Location Theory of the Firm," *Papers in Regional Science Association*, Vol. 20, pp. 109-122.

Weber, A. [1909] *Über den Standort der Industrien*, Verlag von J. C. B. Mohr（篠原泰三訳 [1986]『工業立地論』大明堂）.

第8章

金本良嗣・徳岡一幸 [2002]「日本の都市圏設定基準」『応用地域学研究』第7号, 1～15頁。

亀山嘉大 [2006]『集積の経済と都市の成長・衰退』大学教育出版。

徳岡一幸 [2006]「都市経済と都市圏」『都市研究』（近畿都市学会学術雑誌）第5・6号, 15～27頁。

中村良平・江島由裕 [2004]『地域産業創生と創造的中小企業』大学教育出版。

藤田昌久・浜口伸明・亀山嘉大 [2018]『復興の空間経済学：人口減少時代の地域再生』日本経済新聞出版社。

山田浩之 [1980]『都市の経済分析』東洋経済新報社。

山田浩之・徳岡一幸 [1983]「戦後の日本における都市化の分析：『標準大都市雇用圏』によるアプローチ」『地域学研究』第14巻, 199～217頁。

Berry, B. J. L. [1976] "The Counterurbanization Process: Urban America since 1970," in B. J. L. Berry ed., *Urbanization and Counterurbanization*, Sage Publication, pp. 17-30.

Bogart, W. T. [1998] *The Economics of Cities and Suburbs*, Prentice-Hall.

Franklin, R. S. [2014] "The Landscape of Population Decline in the United States: Considering the Role of the Demographic Components of Change and Geography," in H. W. Richardson and C. W. Nam eds., *Shrinking Cities: A Global Perspectives*, pp. 74-85.

Frey, W. H. and A. Speare, Jr. [1988] *Regional and Metropolitan Growth and Decline in the United States*, Russell Sage Foundation.

Fujita, M. [2007] "The Development of Regional Integration in East Asia: From the Viewpoint of Spatial Economics," *Review of*

Urban and Regional Development Studies, Vol. 19, No. 1, pp. 2–20.

Glaeser, E. L. et al. [1992] "Growth in Cities," *Journal of Political Economy*, Vol. 100, No. 6, pp. 1126–1152.

Jacobs, J. [1969] *The Economy of Cities*, Random House（中江利忠・加賀谷洋一訳 [1971]『都市の原理』鹿島研究所出版会).

Klaassen, L. H. et al. [1981] *Transport and Reurbanisation*, Gower.

Kondo, K. [2015], "Does Agglomeration Discourage Fertility? Evidence from the Japanese General Social Survey 2000–2010," RIETI Discussion Paper, 15-E-067.

Lucas, R. E., Jr. [1988] "On the Mechanics of Economic Development," *Journal of Monetary Economics*, Vol. 22, No. 1, pp. 3–42.

Marshall A. [1890] *Principles of Economics*, Macmillan (8th ed. Published in 1920).

Morita T. and K. Yamamoto [2014] "Economic Geography, Endogenous Fertility and Agglomeration," RIETI Discussion Paper, 14-E-045.

OECD [2012] *Redefining "Urban": A New Way to Measure Metropolitan Areas*, OECD Publishing (http://dx.doi.org/10.1787/9789264174108-en).

van den Berg, L. et al. [1987] "Urban Revival?" in L. van den Berg et al. eds., *Spatial Cycles*, Gower, pp. 127–145.

Weber, Max [1921] *Wirtschaft und Gesellschaft*, Kapitel IX（世良晃志郎訳 [1964]『都市の類型学』創文社).

Wirth, L. [1938] "Urbanism as a Way of Life," *American Journal of Sociology*, Vol. 44, No. 1, pp. 1〜24（高橋勇悦訳 [1965]「生活様式としてのアーバニズム」鈴木広訳編『都市化の社会学』誠信書房, 所収, 127〜147頁).

World Bank [2008] *World Development Report 2009: Reshaping Economic Geography*, World Bank（田村勝省訳 [2008]『世界開発報告 2009：変わりつつある世界経済地理』一灯舎).

第9章

阿部和俊 [1991]『日本の都市体系研究』地人書房。

阿部和俊 [1993]「日本の都市の階層性について」『人文地理』第45巻

第 4 号, 94〜105 頁。

阿部和俊 [1996]『先進国の都市体系研究』地人書房。

阿部和俊 [2015]「経済的中枢管理機能からみた日本の主要都市と都市システム (2010 年)」『季刊地理学』第 67 巻第 3 号, 155〜175 頁。

阿部和俊・山﨑朗 [2004]『変貌する日本のすがた:地域構造と地域政策』古今書院。

徳岡一幸 [1998]「1995 年国勢調査結果に基づく標準大都市雇用圏とその課題」(同志社大学経済学部ワーキングペーパー, No.7)。

徳岡一幸 [2003]「日本の都市圏に関する 2 つの定義:標準大都市雇用圏と都市雇用圏」『経済学論叢』(同志社大学) 第 55 巻第 2 号, 21〜82 頁。

西原純 [1991]「企業の事業所網の展開からみたわが国の都市群システム」『地理学評論』64A-1, 1〜25 頁。

Alonso, W. [1968] "Location Theory," in L. Needleman ed., *Regional Analysis*, Penguin, pp. 337–366.

Beckman, M. J. [1958] "City Hierarchies and the Distribution of City Size," *Economic Development and Cultural Change*, Vol. 6, pp. 243–248.

Berry, B. J. L. and J. B. Parr *et al.* [1988] *Market Centers and Retail Location: Theory and Applications*, Prentice-Hall (奥野隆史・鈴木安昭・西岡久雄訳 [1992]『小売立地の理論と応用』大明堂).

Brakman, S., H. Garretsen and C. van Marrewijk [2001] *An Introduction to Geographical Economics*, Cambridge University Press.

Christaller, W. [1933] *Die Zentralen Orte in Süddeutschland*, Gustav Fischer (江澤譲爾訳 [1969]『都市の立地と発展』大明堂).

Lösch, A. [1940] *Die räumliche Ordnung der Wirtschaft*, Gustav Fischer (篠原泰三訳 [1991]『レッシュ経済立地論』新訳版, 大明堂).

Pred, A. R. [1971] "Large-City Interdependence and the Preelectronic Diffusion of Innovations in the U. S.," *Geographical Analysis*, Vol. 3, No. 2, pp. 165–181.

Richardson, H. W. [1973] *The Economics of Urban Size*, Saxon House.

Rosen, K. T. and M. Resnick [1980] "The Size Distribution of Cities:

An Examination of the Pareto Law and Primacy," *Journal of Urban Economics*, Vol. 8, No. 2, pp. 165-186.

World Bank [2008] *World Development Report 2009: Reshaping Economic Geography*, World Bank (田村勝省訳 [2008]『世界開発報告 2009：変わりつつある世界経済地理』一灯舎).

第10章

山田浩之 [1980]『都市の経済分析』東洋経済新報社。

Alonso, W. [1964] *Location and Land Use*, Harvard University Press (大石泰彦監訳・折下功訳 [1966]『立地と土地利用』朝倉書店).

Fujita, M. [1989] *Urban Economic Theory*, Cambridge University Press (小出博之訳 [1991]『都市空間の経済学』東洋経済新報社).

Mills, E. S. and B. W. Hamilton [1994] *Urban Economics*, 5th ed., Harper Collins College Publishers.

O'Sullivan, A. [2007] *Urban Economics*, 6th ed., McGraw-Hill.

第11章

岩田規久男 [1992]『ストック経済の構造』岩波書店。

岩田規久男・小林重敬・福井秀夫 [1992]『都市と土地の理論』ぎょうせい。

岩田規久男・山崎福寿・花崎正晴・川上康 [1993]『土地税制の理論と実証』東洋経済新報社。

西村清彦編 [2002]『不動産市場の経済分析』日本経済新聞社。

日本不動産学会編 [2002]『不動産学事典』住宅新報社。

野口悠紀雄 [1989]『土地の経済学』日本経済新聞社。

DiPasquale, D. and W. C. Wheaton [1996] *Urban Economics and Real Estate Markets*, Prentice-Hall (瀬古美喜・黒田達朗訳 [2001]『都市と不動産の経済学』創文社).

第12章

岩田規久男・八田達夫編 [1997]『住宅の経済学』日本経済新聞社。

柿本尚志 [2008]『都市不動産の経済学』ミネルヴァ書房。

国土交通省住宅局住宅政策課監修 [2006]『最新日本の住宅事情と住生

活基本法』ぎょうせい。
瀬古美喜［1998］『土地と住宅の経済分析』創文社。
都市住宅学会編［2016］「特集　住生活基本計画の評価」『都市住宅学』第94号。
中川雅之［2003］『都市住宅政策の経済分析』日本評論社。
山崎福寿［1999］『土地と住宅市場の経済分析』東京大学出版会。
山田浩之［1980］『都市の経済分析』東洋経済新報社。
Bogart, W. T. [1998] *The Economics of Cities and Suburbs*, Prentice-Hall.
DiPasquale, D. and W. C. Wheaton [1996] *Urban Economics and Real Estate Markets*, Prentice-Hall（瀬古美喜・黒田達朗訳［2001］『都市と不動産の経済学』創文社）.
Mills, E. S. and B. W. Hamilton [1994] *Urban Economics*, 5th ed., Harper Collins College Publishers.
O'Sullivan, A. [2007] *Urban Economics*, 6th ed., McGraw-Hill.

第13章

植田和弘［1996］『環境経済学』岩波書店。
衛藤卓也監修，大井尚司・後藤孝夫編［2011］『交通政策入門』同文舘出版。
岡野行秀編［1977］『交通の経済学』有斐閣。
岡部明子［2003］『サステイナブルシティ』学芸出版社。
兒山真也［2014］『持続可能な交通への経済的アプローチ』日本評論社。
關哲雄・庭田文近編著［2007］『ロード・プライシング：理論と政策』勁草書房。
都市交通研究会［2002］『これからの都市交通』山海堂。
福川裕一・矢作弘・岡部明子［2005］『持続可能な都市』岩波書店。
三橋規宏［2007］『環境経済入門』第3版，日本経済新聞出版社。
文世一［2005］『交通混雑の理論と政策』東洋経済新報社。
山内弘隆・竹内健蔵［2002］『交通経済学』有斐閣。
山田浩之編［2001］『交通混雑の経済分析』勁草書房。
Mohring, H. [1976] *Transportation Economics*, Ballinger（藤岡明房・萩原清子監訳［1987］『交通経済学』勁草書房）.
OECD [2013] *Compact City Policies: A Comparative Assessment*

(*Japanese version*)(『コンパクトシティ政策：世界5都市のケーススタディと国別比較』), OECD Publishing.

Powell, T. [2001] *The Transport System: Markets, Modes and Policies*, PTRC Education and Research Services（岡野行秀・藤井弥太郎・小野芳計監訳 [2007]『現代の交通システム：市場と政策』NTT出版）.

Small, K. A. [1992] *Urban Transportation Economics*, Harwood Academic Publishers（金沢哲雄・三友仁志監訳 [1999]『都市交通の経済分析』勁草書房）.

第14章

伊多波良雄 [2012]「市町村合併の効率性分析：京都府・滋賀県・兵庫県のケース」『経済学論叢』（同志社大学）第64巻第2号, 355～380頁。

伊多波良雄編著 [2009]『公共政策のための政策評価手法』中央経済社。

伊多波良雄・齋藤英則 [1999]「社会資本ストックと民間資本ストックの推計」『同志社政策科学研究』第1巻, 67～90頁。

経済企画庁総合計画局編 [1998]『日本の社会資本：21世紀へのストック』東洋経済新報社。

塩津ゆりか・原田禎夫・伊多波良雄 [2001]「市町村合併の実証分析」『会計検査研究』第24号, 65～86頁。

総務省 [2014]「地方公共団体における行政評価の取組状況等に関する調査結果（平成25年10月1日現在）」(http://www.soumu.go.jp/iken/83106_2.html)。

中澤克佳・宮下量久 [2016]『「平成の大合併」の政治経済学』勁草書房。

山谷清志 [2011]『政策評価』ミネルヴァ書房。

第15章

大西隆 [2015]「縮小時代の国土政策：地方創生の課題と展望」土地総合研究所編『明日の地方創生を考える』東洋経済新報社, 所収, 60～80頁。

国土交通省 [2008]「国土形成計画（全国計画）」(http://www.mlit.go.jp/common/001119706.pdf)。

国土交通省 [2014]「国土のグランドデザイン2050：対流促進型国土の

形成」(http://www.mlit.go.jp/common/001047113.pdf)。

国土交通省[2015]「国土形成計画(全国計画)」(http://www.mlit.go.jp/common/001100233.pdf)。

国土庁計画・調整局監修[1999]『21世紀の国土のグランドデザイン:地域の自立の促進と美しい国土の創造——新しい全国総合開発計画の解説』時事通信社。

米浪信男[2008]「地域再生と地域観光」『現代観光のダイナミズム』同文舘出版,所収,115〜141頁。

竹内正人・竹内利江・山田浩之編著[2018]『入門観光学』ミネルヴァ書房。

舘逸志[2016]「新たな国土形成計画(全国計画)概説」『交通学研究』第59号,9〜21頁。

中村直之[2015]「日本版DMOの創設による新たな広域観光ビジネス創生のあり方」『緊急提言 地方創生』Vol. 16, 野村総合研究所。

日本政策投資銀行編[2017]『2017年度版 地域ハンドブック:地域データと政策情報』日本政策投資銀行。

萩原愛一[2009]「観光立国と地域活性化をめぐって」『レファレンス』第704号,1〜23頁。

山田耕生[2017]「観光地域振興と地域経済政策」帝京大学地域経済学科・山川充夫編『地域経済政策学入門』八朔社,所収,201〜219頁。

Hirschman, A. O. [1958] *The Strategy of Economic Development*, Yale University Press(小島清監修, 麻田四郎訳[1961]『経済発展の戦略』巌松堂出版)。

Myrdal, G. [1957] *Economic Theory and Under-developed Regions*, Gerald Duckworth(小原敬士訳[1959]『経済理論と低開発地域』東洋経済新報社)。

Nurkse, R. [1953] *Problems of Capital Formation in Underdeveloped Countries*, Basil Blackwell and Mott(土屋六郎訳[1968]『後進諸国の資本形成』改訳版, 巌松堂出版)。

Perroux, F. [1955] 'Note sur la notion de 《pôle de croissance》,' in *Économie appliquée*, Vol. 8, No. 1-2, pp. 307-320 (translated by L. Gates and A. M. McDermott, 'Note on the Concept of "Growth Pole",' in D. L. McKee *et al.* eds. [1977] *Regional Economics : Theory and Practice*, Free Press, pp. 93-103).

Porter, M. E. [1990] *The Competitive Advantage of Nations*, Free Press (土岐坤ほか訳 [1992]『国の競争優位』上・下, ダイヤモンド社).

Porter, M. E. [2000] "Location, Competition, and Economic Development: Local Clusters in a Global Economy," *Economic Development Quarterly*, Vol. 14, No. 1, pp. 15–34.

第 16 章

池上惇 [2012]『文化と固有価値のまちづくり』水曜社。

石原武政・西村幸夫編 [2010]『まちづくりを学ぶ:地域再生の見取り図』有斐閣。

井上繁 [1991]『まちづくり条例:その機能と役割』ぎょうせい。

大西隆ほか編 [2003]『都市再生のデザイン:快適・安全の空間形成』(講座 新しい自治体の設計, 第 2 巻) 有斐閣。

海道清信 [2001]『コンパクトシティ:持続可能な社会の都市像を求めて』学芸出版社。

加藤晃・竹内伝史編 [2006]『新・都市計画概論』改訂 2 版, 共立出版。

近畿都市学会編 [2008]『21 世紀の都市像:地域を生かすまちづくり』古今書院。

近畿都市学会編 [2014]『都市構造と都市政策』古今書院。

後藤和子 [2005]『文化と都市の公共政策:創造的産業と新しい都市政策の構想』有斐閣。

後藤和子 [2013]『クリエイティブ産業の経済学:契約, 著作権, 税制のインセンティブ設計』有斐閣。

小長谷一之 [2005]『都市経済再生のまちづくり』古今書院。

齊藤誠編著 [2018]『都市の老い:人口の高齢化と住宅の老朽化の交錯』勁草書房。

佐々木雅幸 [1997]『創造都市の経済学』勁草書房。

佐々木雅幸 [2001]『創造都市への挑戦:産業と文化の息づく街へ』岩波書店。

佐々木雅幸・総合研究開発機構編 [2007]『創造都市への展望』学芸出版社。

田村明 [1997]『まちづくりの発想』岩波書店。

田村明 [1999]『まちづくりの実践』岩波書店。

中井検裕［2005］「空洞化・郊外化と都市」植田和弘ほか編『都市のシステムと経営』（都市の再生を考える，第6巻）岩波書店，所収。

中川雅之［2008］『公共経済学と都市政策』日本評論社。

似田貝香門ほか編［2008］『まちづくりの百科事典』丸善。

日本建築学会編［2004］『まちづくりの方法』丸善出版。

野田邦弘［2014］『文化政策の展開：アーツ・マネジメントと創造都市』学芸出版社。

藤井正・神谷浩夫編［2014］『よくわかる都市地理学』ミネルヴァ書房。

家中茂・藤井正・小野達也・山下博樹編著［2019］『地域政策入門』新版，ミネルヴァ書房。

山田浩之・赤﨑盛久編著［2019］『京都から考える都市文化政策とまちづくり』ミネルヴァ書房。

Howard, E.［1902］*Garden Cities of Tomorrow*, Swan Sonnenschein and Company（長素連訳［1968］『明日の田園都市』〔SD選書28〕鹿島研究所出版会）.

Landry, C.［2000］*The Creative City: A Toolkit for Urban Innovation*, Earthscan Publishers（後藤和子訳［2003］『創造的都市：都市再生のための道具箱』日本評論社）.

OECD［2005］*Culture and Local Development*（寺尾仁訳［2014］『創造的な地域づくりと文化』明石書店）.

UNCTAD［2010］*Creative Economy Report 2010*（明石芳彦ほか訳［2014］『クリエイティブ経済』ナカニシヤ出版）.

事項索引

● アルファベット

CBD →中心業務地区
CBSA（Core-based Statistical Area） 158
DMO（Destination Management/Marketing Organization） 305
FUA →機能的都市圏
Jターン 24
LRT（Light Rail Transit） 232
MI →原料指数
NNW（純国民福祉） 104
PFI（Private Finance Initiative） 268
PPP（Public Private Partnership） 267
PPP →汚染者負担の原則
RESAS →地域経済分析システム
SMEA →標準大都市雇用圏
SNA →国民経済計算体系
TDM →交通需要マネジメント
TSA →旅行・観光サテライト勘定
UEA →都市雇用圏
Uターン 23

● あ 行

空き家問題 231
足による投票 264
アメニティ 103
アロンゾ＝ミュース＝ミルズ・モデル 193
域内産業 54
移出基盤モデル 54, 59
移出産業 54
移出入 33
一般化交通費用 236
一般的規制手法 318
移動性向 109
移動費用 100, 112
移入係数 46
イノベーション 300
インカム・ゲイン 192
インナー・シティ 142, 313, 319
インバウンド観光 307
インフラストラクチャー 139
衛星都市 142
エコまち法 251
エッジ・シティ 142
欧州文化首都 326
汚染 218
汚染者負担の原則（PPP） 248
汚染費用 248
汚染物質 247

● か 行

階層 175, 181, 183
開発許可制度 314, 316
開発利益 212
外部経済 132, 145, 147, 218
　MAR（Marshall-Arrow-Romer）型の―― 148
　ジェイコブス型の―― 149
　ポーター型の―― 148
　マーシャルの―― 133, 147, 152
外部性（外部効果） 71, 132, 218
　土地利用の―― 211
外部費用 240
　――の内部化 245
外部不経済 103, 132, 149, 218, 238, 244
開放性 10, 38, 40, 73, 139
価格競争 130
過疎（問題） 23, 288
価値財 228
合併特例債 276

事項索引 345

過密（問題） 23, 288
環境基本法 249
環境税 248
環境と開発に関する世界委員会（ブルントラント委員会） 251
環境未来都市 251
環境モデル都市 250
観光 301
　――の経済効果 306
観光 GDP 307
観光基本法 303
観光産業 306
観光立国推進基本法 303
間接効果 49, 50
機会費用 78, 236
企業城下町 145
企業の異質性モデル 88
技術進歩 68, 70
技術的外部経済 147
技術的外部性（技術的外部効果） 133, 151
帰属家賃 222
機能的都市圏（FUA） 158
基盤産業 55
基盤比率 58
規模に関して収穫一定 65, 85
規模に関して収穫逓減 112
規模の経済 3, 61, 76, 85, 115, 145, 277
逆都市化 155, 319
逆 U 字型仮説 99
逆流効果 282
キャピタル・ゲイン 192, 213, 216
協議制 273
供給主導型モデル 64
行政改革大綱 276
競争優位 299
局地原料 123
拠点開発方式 286
均衡産出高モデル 45
均衡所得水準 35

均整成長 281
金銭の外部経済 151
金銭の外部性（金銭的外部効果） 133, 152
金銭の走行費用 240
近隣外部性 220
区域区分制 314, 316
空間経済学 3, 87, 150
空間的競争（モデル） 122, 126
空間的需要円錐体 172
空洞化問題 296
組立型産業 21
クラスター 143, 299
グラビティ・モデル（重力モデル） 111
クリエイティブ産業 →創造産業
グロス生産 →総生産
グローバル化 27
計画規制手法 318
計画地域 6
景観法 325
景観まちづくり 324
経済厚生 88
経済波及効果 50
形式地域 5, 7
結節性 140
結節地域 5, 6
ゲットー 219, 227, 312
限界消費性向 34
限界生産性 65
現在価値 191
県内概念 31
県内純生産 32
県内総生産（生産側） 32
県内総生産（支出側） 33
県民概念 31
県民所得 33
県民総所得 33
原料指数（MI） 123, 124
広域行政圏 165
広域地方計画 292

広域連携　165
公営住宅　229
郊外　140
　——化　141, 154, 218, 311
公害対策基本法　249, 288
公害問題　249, 288
公共交通　234
公共財　260
公共投資　265
公示地価　217
構造改革特区　298
公団住宅　229
交通　234
交通混雑　149
交通サービス　235
交通システム　232
交通需要　236
　——マネジメント（TDM）　246
交通密度　239
後方連関効果　150, 281
効用格差　107
効率的な資源配分　→資源配分の効率性
交流ネットワーク構想　290
国際化　25, 27
国土計画　283
国土形成計画（法）　7, 291, 292, 296
国土形成計画（全国計画）　13, 292, 295
国土形成計画（広域地方計画）　292, 295
国土軸　291
国土政策　20
国土総合開発法　283
国土のグランドデザイン2050　13, 294
国土利用計画（法）　315
国民経済　10
国民経済計算体系（SNA）　30, 307
国家戦略特区　298
国庫支出金　254, 256

固定資産税　215
古都保存法　324, 326
雇用乗数　55
混雑　235, 238
　広義の——　247
混雑税　245
混雑費用　242, 244
混雑料金　244
コンパクトシティ　252, 295, 321
　——政策　321
コンパクト＋ネットワーク　294, 296, 323

● さ 行

在庫不可能性　235
最終需要　45
最適交通量　244
再都市化　157
サステイナブル・シティ　→持続可能な都市
サービス経済化　25
差別化　86, 126
サミュエルソン条件　262
産業型公害　249
産業間交易　76
産業競争力強化法　298
産業クラスター（計画）　148, 299
産業集積　132
産業内交易　76, 87
産業連関表　42
　競争移入型——　44
　非競争移入型——　44
産業連関分析　45
三全総　→第三次全国総合開発計画
三位一体改革　274
ジェントリフィケーション　313
市街化区域　316
市街化調整区域　316
自家輸送　234
時間価値　236
時間費用　240

事項索引　347

資源配分の効率性　1, 279
死重的損失　92
市場価格表示　31
市場地代曲線　202
市場の失敗　210, 228, 279, 310
持続可能な都市（サステイナブル・シティ）　251, 321
持続可能な発展　251
地代　121, 191, 224
自治事務　273
自治体連携　278
市町村合併　165, 275
市町村マスタープラン　315
ジップの法則　→順位・規模法則
指定管理者制度　268
指定都市制度　164
私的限界費用　242
私的交通　234
支店経済　180
支払意思額　236, 243
資本化価値（収益還元価格）　192
社会資本　139, 144, 265
社会的限界費用　241
社会的限界便益　243
社会的費用　238
社会的包摂　314
借地借家法　217, 230
収益還元価格　→資本化価値
収穫逓増　147
就業機会　108
　　──格差モデル　108, 111
集合性　139
住生活基本法　231
集積　132, 133
　　──の経済　61, 71, 109, 115, 145, 150, 151
　　──の不経済　150, 283
　　──の不利益　149
　　──のメカニズム　4
　　──の利益　131, 145
　　──力　153

住宅　220
　　──の資本コスト　222
住宅市場　221, 223
住宅政策　227, 229
住宅立地モデル　194
集中的都市化　154
重量減損原料　123
重力モデル　→グラビティ・モデル
需要主導型モデル　54
需要の運賃弾力性　237
順位・規模分布　183, 186
順位・規模法則（ランク・サイズ・ルール，ジップの法則）　184, 188
準公共財　261
純国民福祉　→NNW
純粋原料　123
純粋公共財　261
純生産（ネット生産）　31
準都市計画区域　315
純便益法　272
小開放経済　139
商圏　6, 168
消費者余剰　89
情報化　25
情報の非対称性　211, 221
情報の不完全性　211
消滅可能性都市　13, 294
職探しモデル　110
所得格差　115
　　──モデル（賃金格差モデル）　108, 111
所得乗数　35, 42, 60
人口移動（モデル）　10, 22, 105, 107, 115
人口集中地区（DID）　163
人口動態　22
新経済地理学　3
新古典派の成長モデル　64, 69
新々貿易理論　88
新全国総合開発計画（新全総）　288, 302

人的資本（モデル）　71, 108
浸透効果　282
新貿易理論　87
ストック　267
ストック−フロー・アプローチ　224
ストロー効果　29
スプロール　23, 141, 207, 218, 312, 314
スラム　219, 227, 312
政策評価　269
生産可能曲線（生産可能フロンティア）　77
生産関数　64, 147, 224
生産者余剰　89
生産緑地制度　214
成長会計　64, 68
成長の極　282
世界都市　319
セグリゲーション　219, 312
絶対優位　81
全国計画　292
全国総合開発計画（全総）　286, 301
前方連関効果　150, 281
全要素生産性　68
総合特区　298
総合保養地域整備法（リゾート法）　302
総生産（グロス生産）　31
創造産業（クリエイティブ産業）　327
創造都市　140, 327
　——づくり（創造都市政策）　327
　——ネットワーク　328
相続税　216
装置型産業　21
即時財　→無形財
ソーシャル・ミニマム　228
ゾーニング　218, 316

● た　行

第1次産業／第2次産業／第3次産業　17, 19
大規模プロジェクト構想　288
第三次全国総合開発計画（三全総）　289, 302
第三セクター方式　268
対事業所サービス業　21
大店法　320
大店立地法　321
大都市圏　141, 158
太平洋ベルト地帯（構想）　21, 286
対面接触　→フェイス・トゥ・フェイス・コミュニケーション
第四次全国総合開発計画（四全総）　290, 302
対流促進型国土　296
ただ乗り　→フリーライダー
単一中心都市　193
地　域
　——の経済成長　53
　——の定義　4, 7
地域イノベーション戦略推進地域　300
地域科学　3
地域間格差　20, 93, 100
地域間交易　73
地域間産業連関表　43
地域間所得格差　95, 98
地域間人口移動　105, 112, 114
地域経済　2, 10
地域経済学　2, 3, 14
地域経済計算　30
地域経済分析システム（RESAS）　16
地域公共交通活性化・再生法　323
地域公共交通網形成計画　323
地域再生（計画）　300, 304
　——法　300
地域産業政策　296

地域産業連関表　43, 73
地域資源　301
地域所得　93
地域政策　279
地域地区制　316
地域特化の経済　146
地域内産業連関表　43
地域内人口移動　105
地域未来投資促進法　297
小さな拠点　294
地　価　190, 205
地価税　215
地区計画　318
知識の漏出　133, 147, 152
知的クラスター創成事業　299
地方公共財　212, 253, 260
　——の最適供給　262
地方交付税　254, 256
　——算定替え　276
地方債　256, 274
地方財政　254
　——計画　254
地方消滅　24
地方税　256
地方政府　253
地方創生　278, 295, 304
地方中核都市　24, 180
地方中枢都市　24, 180
地方分権　164, 272
　——一括法案　273
　——改革　273
中位点立地の原理　120
中核市制度　164
中間需要　45
中間投入　32, 43
中小企業地域資源活用促進法　300
中小企業等経営強化法　298
中心業務地区（CBD）　140, 194
中心市街地活性化法　321
中心地理論　130, 168, 172, 174
中心都市　140, 313

中枢管理機能　21, 179, 181
直接効果　49, 50
付け値地代　198
　——曲線　199
　——理論　203
　オフィス企業の——　201
　家計の——　197
提案募集方式　275
定期借地権制度　217
定期借家制度　217, 230
定住構想　289
定住自立圏（構想）　165, 294
低炭素まちづくり計画　251
ティブー仮説　264
田園都市　311
伝統的建造物群保存地区　325
東海道メガロポリス　180
動学的外部経済　147
東京一極集中　24, 25
凍結効果　216
同質地域　5
投入係数　46
投入要素の共有　133, 147, 152
等費用線　126
等輸送費線　168
独占的競争　122, 150, 152
特例市制度　164
都　市　138
　——の空間構造　140
都市化　136, 154
　——の経済　146
　——の段階論　155
　集中的な——　311
　日本の——　158
都市型公害　249
都市機能誘導区域　323
都市規模分布　188
都市計画　219, 311, 314
都市計画区域　315
　——マスタープラン　316
都市計画法　207, 314, 321

都市経済学　2,3
都市圏　6, 158, 163
　　3大——　7
都市雇用圏（UEA）　158
都市再開発　214
　　——法　320
都市再生（政策）　319
　　——特別措置法　320, 321
都市システム　168, 176
　　クリスタラー型——　178
　　日本の——　181
　　プレッド型——　178
都市施設整備　316
都市人口　135
都市政策　310
都市制度　162
都市問題　310
都市緑地法　325
都心　140
　　——回帰　24
土地（問題）　205, 210, 289
土地改革　208
土地開発　213
土地基本法　207, 209
土地区画整理事業　316
土地市場　190, 210, 216
土地譲渡所得税　215
土地取得税　216
土地政策　208
土地税制　215
土地評価　217
土地保有税　215
土地利用規制　208, 218, 316
土地利用計画　219, 310
特化　79
特化係数（法）　58
ドーナツ化　23, 319
トリップ　235
取引費用　221

● な 行

内生的成長理論　71
内部経済　145
ナショナル・ミニマム　254, 279
ナッシュ均衡解　128
21世紀の国土のグランドデザイン　291, 302
日本標準産業分類　17
ニュータウン　142, 214, 314
ネット生産　→純生産
農商工等連携促進法　301
農地改革　208

● は 行

廃棄物　249
ハイテク工業　21
波及効果　45, 282
　　第1次——　50
　　第2次——　51
派生需要　235
バードーン係数　61
バブル価格　213
バブル経済　97, 206
反都市化　155
比較優位　76, 77, 142
非基盤産業　55
非競合性　260
ピグー税　245
非排除性　260
標準大都市雇用圏（SMEA）　158, 185
費用便益分析　270
比率モデル　38
貧困の悪循環　281
貧困問題　310
フィルタリング　227
フェイス・トゥ・フェイス・コミュニケーション（対面接触）　27, 200
付加価値　31

事項索引 351

不均整成長　281
福祉指標　104
不動産鑑定評価制度　217
不動産の証券化　217
プッシュ要因　111
普遍原料　123
プライス・テイカー　88
フリーライダー（ただ乗り）　264, 277
ふるさと納税制度　259
プル要因　111
ブルントラント委員会　→環境と開発に関する世界委員会
フロー　267
フロー混雑　239
プロジェクト・ファイナンス　268
文化芸術振興基本法　327
文化振興条例　327
文化多様性に関する世界宣言　328
分権化定理　272
分散的都市化　154
分散力　153
分配の公正（分配の公平）　210, 279
平均移入性向　37
平成の大合併　165, 275
ヘクシャー＝オリーン・モデル　82, 85, 107
ペティ＝クラークの法則　18
ヘドニック・アプローチ　103, 226
変動係数　95, 115
法定外普通税　273
法定外目的税　273
法定受託事務　273
ホテリング・モデル　127
ボトルネック混雑　238

● ま　行

マーケット・ファンダメンタルズ（MF）　192
マスタープラン　315
まちづくり　324
　――三法　321
　――条例　324
　文化振興――　327
　文化による――　325, 326
　歴史文化の――　326
まち・ひと・しごと創生法　295, 304
無形財（即時財）　235

● や　行

家賃　222
ユークリッド判決　218
輸送費　3, 91, 120
要素費用表示　31
用途地域　316
四全総　→第四次全国総合開発計画　290

● ら　行

ランク・サイズ・ルール　→順位・規模法則
リカード・モデル　81
リゾート法　→総合保養地域整備法
立地因子　119
立地競争　127, 173
立地三角形　125
立地条件　119
立地適正化計画　321
立地論　119, 122
旅行・観光サテライト勘定（TSA）　307
累積的因果関係　60
レオンチェフの逆行列　47
歴史的風土保存区域　325
歴史まちづくり計画（歴史的風致維持向上計画）　327
歴史まちづくり法　326
連携中枢都市圏（構想）　165, 278
労働市場　108
　共同の――　133, 147
　女性の――　115

労働生産性　65
労働力率　116
6次産業化　301
ロックイン効果　150

ロード・プライシング　245

● わ 行

『我ら共有の未来』　251

人名索引

アームストロング, H.　68
アロー, K. J.　148
アロンゾ, W.　127, 193
ウィリアムソン, J. G.　98
ウェーバー, A.　122, 125, 168
ウェーバー, M.　138
クズネッツ, S. S.　99
クラーク, C.　18
クラッセン, L. H.　155
クリスタラー, W.　168, 174, 175
クルーグマン, P. R.　76, 150, 188
グレーザー, E. L.　147
ケインズ, J. M.　33, 60
サイモン, H. A.　189
サラ-イ-マーチン, X.　70
ジェイコブス, J.　134, 140, 149
ジップ, G. K.　184
スタイン, J. L.　107
チェンバリン, E. H.　122
ティブー, C.　264
テイラー, J.　68
ヌルクセ, R.　281
バージェス, E. W.　204
ハーシュマン, A. O.　281
バロー, R. J.　70
ハワード, E.　219, 311

ピグー, A. C.　245
藤田昌久　150, 188
ブラックマン, S.　184
ブレッド, A. R.　179
ベックマン, M. J.　188
ペティ, W.　18
ベナブルズ, A.　150, 188
ベリー, B. J. L.　155
ペルー, F.　282
ヘンダーソン, J. V.　103
ポーター, M. E.　148, 299
ボーツ, G. H.　107
ホテリング, H.　127, 122
マーシャル, A.　133, 148
ミルズ, E. S.　193
ミュース, R. F.　193
ミュルダール, K. G.　60, 107, 282
ランドリー, C.　327
リチャードソン, H. W.　189
ルーカス, R. E., Jr.　71, 151
レオンチェフ, W. W.　45
レスニック, M.　184
レッシュ, A.　130, 168, 174, 175
ローゼン, K. T.　184
ローマー, P. M.　71, 148
ワース, L.　138

● 編者紹介

山田　浩之（やまだ　ひろゆき）
1932年生まれ。京都大学経済学部卒業。同大学大学院経済学研究科博士課程修了。
経済学博士。
現　　在　京都大学名誉教授，大阪商業大学名誉教授，羽衣国際大学名誉教授。
主　　著　『都市の経済分析』東洋経済新報社，1980年。
　　　　　『交通混雑の経済分析』（編著）勁草書房，2001年。
　　　　　『都市祭礼文化の継承と変容を考える』（編著）ミネルヴァ書房，2016年。

徳岡　一幸（とくおか　かずゆき）
1953年生まれ。京都大学経済学部卒業。同志社大学大学院経済学研究科博士課程
後期課程中退。
現　　在　同志社大学名誉教授。
主　　著　「都市化の進展と鉄道需要」『経済学論叢』（同志社大学）第57巻第3号，
　　　　　2006年。

有斐閣コンパクト

地域経済学入門［第3版］
Introduction to Regional and Urban Economics［3rd edition］

2002年 8 月20日	初　版第1刷発行
2007年12月30日	新　版第1刷発行
2018年 3 月25日	第3版第1刷発行
2020年10月15日	第3版第3刷発行

編　者　　山　田　浩　之
　　　　　徳　岡　一　幸

発行者　　江　草　貞　治
　　　　　東京都千代田区神田神保町 2-17

発行所　　株式会社 有　斐　閣
　　　　　電話　（03）3264-1315〔編集〕
　　　　　　　　（03）3265-6811〔営業〕
　　　　　郵便番号101-0051
　　　　　http://www.yuhikaku.co.jp/

印刷／株式会社理想社・製本／大口製本印刷株式会社
© 2018, Hiroyuki Yamada and Kazuyuki Tokuoka. Printed in Japan
落丁・乱丁本はお取替えいたします。
★定価はカバーに表示してあります。

ISBN 978-4-641-16522-9

JCOPY　本書の無断複写（コピー）は，著作権法上での例外を除き，禁じられています。複写される場合は，そのつど事前に，（一社）出版者著作権管理機構（電話03-5244-5088, FAX03-5244-5089, e-mail:info@jcopy.or.jp）の許諾を得てください。